国际观察丛书

国际贸易治理与变革

张蕴岭　张丽娟◎主编

图书在版编目（CIP）数据

国际贸易治理与变革/张蕴岭，张丽娟主编．--北京：世界知识出版社，2020.8

（国际观察丛书/张蕴岭主编）

ISBN 978-7-5012-6287-8

Ⅰ.①国… Ⅱ.①张… Ⅲ.①国际贸易—经济治理—研究 Ⅳ.①F74

中国版本图书馆CIP数据核字（2020）第154490号

责任编辑	刘豫徽
责任出版	王勇刚
责任校对	陈可望

书　　名	国际贸易治理与变革 Guoji Maoyi Zhili yu Biange
主　　编	张蕴岭　张丽娟
出版发行	世界知识出版社
地址邮编	北京市东城区干面胡同51号（100010）
网　　址	www.ishizhi.cn
投稿信箱	lyhbbi@163.com
电　　话	010-65265923（发行）　010-85119023（邮购）
经　　销	新华书店
印　　刷	北京虎彩文化传播有限公司
开本印张	720毫米×1020毫米　1/16　21印张
字　　数	251千字
版次印次	2020年9月第一版　2020年9月第一次印刷
标准书号	ISBN 978-7-5012-6287-8
定　　价	79.00元

版权所有　侵权必究

序　言

　　人类生活在一个高度相互依赖的世界。尽管世界的治理是以一个个单独运行的国家为基础的，但是，每个国家都不是闭关自守的，超越国家的全球化以多种形式把国家和人连接在一起，全球化是当今世界最重要的特征。经济上的相互连接和依赖是基础，但全球化也涉及其他各个领域。

　　全球化需要超越国家的国际治理，因此，国际治理是在国际框架下对国际事务进行管理。通过各国、各行为体的参与，在全球范围、地区范围，或者领域范围开展合作，构建合作组织（机制），制定国际规约，或者开展对话与协作。

　　二战后，国际治理得到快速的发展，涉及国际政治安全、国际经济，以及从极地、海洋到空间诸多领域。国际治理的目标是通过建立组织，制定规约和开展合作解决创建国际社会有序环境，解决单个国家不能解决的问题，应对越来越突出的全球问题，如生态环境，气候变化等。国际治理已经成为人类生存发展的不可或缺的重要组成部分。尽管国家仍然是治理的基础，但是，基于认同的国际治理在涉及国家利益和人类共同利益上起着越来越重要的作用。

　　联合国体系是国际治理的最重要组成部分。早在第一次世界大战之后，就成立了国联，旨在通过合作制定国际规则，遏制新的世界大战发生，但是，没有成功，发生了第二次世界大战。基于两次世界大战的惨痛教训，二战后建立了联合国。联合国的宗旨是制定国家间关系的基本规则，同时，通过把所有国家都纳入到一个国际体系之内，构建基于全球的国际管理机制。通过《联合国宪章》和一系列公约，奠定了基于规则的现代国际治理的基础。如今，几乎所有的国家都加入了联合国，因此，它是最具代表性的国际治理组织，从安理会的决策治理，到全会表达、诉求性的协作治理，还有为数众多、涉及各个领域的专门组织、区域委员会等，涉及全球事务的各个方面。不过，出于历史的局限性，联合国并没有走出大国治理的思维，比如安理会，由几个大国组成，并且为大国赋予了否决权，这为某个大国利用特权和霸权干预治理提供了法权依据。因此，改革安理会，改革联合国治理的呼声很高。

联合国框架下的国际组织是国际治理的基础组成部分。涉及世界经济领域的主要是国际货币基金组织（IMF）、世界贸易组织（WTO）、世界银行、地区性开发银行等，还有涉及具体领域的国际组织，如世界卫生组织、教科文组织、工发组织、粮农组织、计划开发署等，各自承担不同的功能。迄今，世界大多数国家都被纳入这些组织框架，其制定的规则成为认同的国际规则和行为规范。当然，这些国际组织主要是由美国引领的发达经济体构建并居支配地位的，随着发展中经济体，特别是世界贸易组织语境下的发展中经济体综合实力的提升和参与度加深，关于改革国际组织治理结构，更好反映发展中经济体利益与诉求的呼声很高。迄今，尽管有些调整，但是，还远不能适应变化的需要。

国际条约是国际治理的重要组成部分，涉及领域很多，如《不扩散核武器条约》，有关极地治理的相关条约，《联合国气候变化框架公约》《联合国海洋法公约》等，这些条约或公约具有很强的针对性，大多是一些国家作为创始国先行，逐步扩大成员，有的如《联合国气候变化框架公约》，从一开始世界绝大多数国家都参与其中。国际条约所治理的是涉及人类共同利益的事务，因此，是共同遵守的国际法律，具有超国家性质，各国都有遵守的义务和职责。不过，由于惩罚机制和强制执行机制较弱，有些国家不遵守，或者任意退出。

国际对话合作机制是国际治理的重要形式。比较重要的是七国集团（G7），作为发达国家的对话机制，聚焦于经济领域。一则，旨在协调发达国家之间的经济政策，二则，对于世界经济的发展具有导向作用。不过，随着世界经济结构发生巨大的变化，发达国家经济在世界经济中所占的比重降低，特别是，在世界经济增长的主要拉动力来自发展中经济体群体的情况下，七国集团对于世界经济发展导向的作用减弱，加上集团内部分歧增大，其聚合力下降。二十国集团（G20）由七国集团财长会议于1999年倡议成立，最初为财长和央行行长会议机制，2008年国际金融危机后，升格为领导人峰会。2009年9月举行的匹兹堡峰会将二十国集团（G20）确定为国际经济合作主要论坛，集合了世界发达国家和经济规模较大的发展中国家。二十国集团原本是为了应对金融危机的，如今，已经成为共商世界经济发展大事的协商机制，对于世界的发展提出指导性共识文件。

如今，国际治理具有普遍性特征，无论在治理范围，还是在治理方式上都在不断发展。这种大趋势是与国际政治、国际关系、国际经济，以及社会生活国际化发展相适应的，没有一个国家处在独立的隔离空间。二战以后，通过不断发展，在一定程度上，世界构建了有治理的国际秩序基础，这是人类历史发展的一个重要进步。

在推动构建二战后国际治理体系中，美国功不可没。作为实力最强的国家，美国曾起着出思想、出方案、出人才、出资金的关键作用。当然，美国也为此捞到相应好处，作为霸权国家，几乎在所有的国际治理规约、机制中都打上了美国主导和美国利益的烙印。如今，面对全球化发展、力量格局转变和美国国内的诸多问题，美国看似不再愿意承担国际治理的义务和责任，要么退群，要么强推利己的改变。美国的转变对国际治理影响极大。不过，也应该看到，美国霸权式的参与终结也许是一种必然。国际治理是大势所趋，国际治理体系也要发展，面向未来的调整与变革，也许不再需要一个大国来主导议程。根据时代的发展，通过协商对话，达成群体共识，推动构建一个有效、公正、包容的新体系不仅更好，也是可行的。重要的是，调整与变革不是另起炉灶，而是对现行体系的改善。

区域治理是国际治理的重要组成部分，许多不需要，或者不能够在全球层面应对和解决的问题，需要开展区域治理。任何国家都处在一定的区域之内，因此，国家的首要外交和地缘依托便是区域。从国际治理的角度来分析，区域治理基于多种动因，其中，最为重要的是处理和解决超国家的区域性问题，创建良好的区域环境。区域性利益是推动区域治理发展的内因，鉴于它们超出一国范围，为此，构建区域对话与合作机制，制定区域性规则。区域治理涉及的领域很多。属于自然领域的，如水、资源、植被、风沙等；属于经济领域的，如贸易、投资、市场、货币、金融、交通设施等；属于政治社会领域的，如对外关系、人员流动，跨国犯罪等；属于安全领域的，如安全关系、交往规则、安全管理等，既有涉及军事的传统安全问题，也有涉及复杂领域的非传统安全问题。就区域性议题而言,主要是来自作为区域的自身共有性议题,国别问题扩延,影响到区域,或者外部问题传入,影响到区域。无论哪一个方面,都超出单个国家应对与治理的能力,因此,需要在区域层面进行解决,也即需要区域治理。

区域治理没有定式,需要各方根据实际情况制定和推动。区域经济治理发展的最快,通行的方式是推动市场开放,增加区内贸易投资,方式是通过谈判签订区域性自由贸易协定或经济伙伴关系协定(FTA,CEP)。由于存在基于全球的多边体制(《关税与贸易总协定》/世界贸易组织),区域经济安排不能违反多边规则,要与多边原则一致,因此,区域安排有两个基本规则:一是区域安排只能在多边体系的基础上提升,不能下降,也就是说是必须有比多边更高水平的开放安排;二是必须范围全覆盖,不能只选择几个领域,就贸易而言,涵盖率不能低于95%(最好一揽子安排,也可分步实施,但必须有时间表)。区域安排被认为是对多边安排的补充,但是,众多的区域安排也会导致不同的规则相互矛盾,产生"意大利面碗效应",即不同的规则搅和在一起,成为跨区间贸易和投资的障碍。

区域综合治理往往通过建立区域合作组织,领导人、高官会晤机制等。在欧洲,有欧盟;在亚洲,有东盟、南盟、上合组织、亚太经合组织(APEC)等;在非洲,有非盟,非盟还签署了《非洲大陆自由贸易区协定》(AfCFTA);在美洲,建立了美洲国家组织,在联合国体系下,建立了区域性委员会;等等。区域组织和合作机制形式多样,治理方式和水平不一。发展最完备的是欧洲,欧盟实现了政治(议会)、法律(法院)和管理(欧盟委员会)的超国家区域构建。在大多数情况下,区域治理是通过成员国的合作参与来实现的,发展起了形形色色的基于对话合作的机制，有些非常活跃，设定了诸多合作项目。

多样性的区域治理机制或组织在协调国家间关系、管理区域共同资源、利益以及矛盾上发挥了重要的作用。如今，置身区域治理机制之外的国家已经极少了。因此，谈及国际治理，应该深入研究区域治理的问题，在很多情况下，许多问题在区域层次治理要比在全球范围更为有效。值得注意的是，在全球化遭到抵制的情况下，区域化有加强的趋势。有的甚至认为，未来世界是区域化的世界。也许这种说法有些偏激，但世界需要区域化深入发展，需要区域治理得到加强。其实，全球化和区域化是并行不悖的，它们相互支持和补充。现代条件下发展的区域治理，是开放性的，不搞内向、排外的区域隔离和对抗，因此，区域治理与全球治理是紧密相连的，亚太地区在区域合作中提出了"开放的地区主义"（open regionalism）原则，是一个重要的贡献。所谓"开放的地区主义"，一是不搞封闭、排他的区域集团，二是不限制成员参加其他合作的安排，体现了开放、包容与合作精神。

基于全球框架的行业治理是国际治理的有机组成部分，其作用具有独特的意义。行业规约是行业治理的基础，它们基于同行成员的认可与参与，尽管它们不是政府间的组织，没有政府参与签署，但对于行业具有国际法规的作用。因为基于行业运行的利益，如果不遵守行规就不能开展业务，会受到处罚。比如《巴塞尔协议》，就是银行间签订的规约，还有各种行业组织制定的不同规约，都是相关方必须遵守的。

较之通过政府间国际组织、区域组织或者合作机制，行业治理机制具有自身的特点与功能。在全球化的世界里，超国家的国际性联系与行动几乎涵盖各个领域，因此，不仅需要政府，也需要社会参与治理，行业是社会参与治理的主要形式，其主要功能是为行业立规，敦促行为者守则。行规是同行业者的共同约定，尽管并非法律，但具有执行上的法理效能。罗豪才教授把行规称之为"软法"，他认为，"软法"也是法。软法的执行靠自律，如果不遵守，会受到行规的惩戒。

事实上，在许多领域，行规往往早于国家法律或者国际法。在不少情况下，国家法律与国际法往往会参考与采纳行业组织制定的，且已经成为国际惯例的规则。因此，从这个角度来说，行规对国家法律，以及国际法起到了预备与推动作用。显然，行业的国际治理是国际治理的重要组成部分，与政府间、区域间的国际治理具有很强的互补性，同时，也承担政府或国际组织所难以承担或不能承担的职能。

行业的国际治理非常复杂，涉及方方面面，形式也多样。从总的来看，行业国际治理的机制可以大体分为三大类：（1）由政府部门推动成立的，专门处理涉及行业实务的合作性机构，负责制定行业管理规则，尽管这些规则并不具备国际法的性质，对成员并没有强制性约束力，但是，却对实际的行业运行起到规范和指导性作用。比如，旨在管理跨国资金流动风险的《巴塞尔协议》，是由参加者的中央银行监督机构倡导成立的，就资本的跨国流动与金融机构的运行制定了多个规则，这些规则成为事实上的行业规则，不仅是参加协议的成员，即便是不参加协议的非成员银行，也都会遵守。重要的是，由于得到政府的支持，政府监管部门也按照这些规则来实施监管。（2）由行业发起成立的组织，得到政府认可，为行业制定规则，形成可执行的国际惯例。这方面的国际组织很多，涉及各个行业和领域。比如，由100多个国家商业组织参加的国际商会，为国际商务活动制定了许多指导性规则，涉及信用、信托、商业术语等,这些规则成为开展国际商务的行规,受到业界的认可与接受。(3)自行运作的民间行业协会等,它们并不一定得到政府的支持,但是在行业领域得到广泛的认可,其规约具有指导行业以规行事的作用,这样的国际协会或者以其他名义存在的组织分布很广,有些规模很大,也有的很小,有的涉及较广的领域,有的仅涉及很专的行业,他们大多为公益性组织,通过召开会议,制定相关行规,特别是行为规约、行业标准、资格认证等发挥治理的影响力和作用。

其实,还有一类机制也应该算作国际治理的重要组成部分。它们是民间自发成立的组织,常被称之为国际性"非政府组织"(NGO)。它们大多针对某一个专门领域,比如,人权、环保、生态、伦理等,也有的是具有跨领域特征的综合组织。它们往往由一些有影响的个人发起,成员自愿参加。它们大都在一个或者几个国家注册,获得合法存在,开展活动。这些组织通过发布基于各自认知理念、价值标准的报告产生影响力。与其他的行业组织不同,它们并不通过制定行规来规约参与者的行为,而是通过提出立场、主张,对所认定的不良行为进行批评与谴责来导向国际舆论,对相关者产生压力。在有些情况下,它们甚至自己采取相关行动。

对于把这些组织归为国际治理,或许是一个有争议的问题。其实,把它们纳入到国际治理的范畴来认识是非常重要的。在一个复杂的世界,国际治理需要多样的和多重的机制,需要多方角色参与。从性质和功能上说,它们属于社会和个人参与的"志愿者"联盟,发挥着独特的功能。在许多情况下,其作用是政府、行业组织所不能做到的。特别是,它们对一些政府的失策、失能或者错误进行品评,对现行时弊进行批判,在不少情况下,成为推动政府纠偏、纠错、修改政策的重要驱动力。当然，非政府组织良莠不齐，背景复杂，有些甚至非常极端，有些组织发布的报告在立场、观点上带有偏见，有些行动甚至具有损害性，产生不良效果等，但是，并不能因此就全盘否定它们在国际治理中的积极作用和不可或缺的角色。

如今，二战后逐步构建的国际治理体系正在面临变革，同时也面临复杂的形势，对于变革分歧很大，形成共识难度很大，特别是作为二战后积极推动国际治理体系构建的美国，推出美国优先的政策，对于不满意的要么退群，要么进行单边干预，打乱了推动变革的秩序。因此，需要对现行国际治理体系面临的新形势进行深入研究，提出推动积极变革的方案。

本书基于国际贸易治理的视角，比较集中地研究多边贸易体系的沿革与变革。二战后，基于世界市场开放的多边体系逐步建立，由最初的《关税与贸易总协定》到世界贸易组织，开放的水平不断深化，参与的成员不断扩大，功能不断提升，对于推动世界贸易的发展以及世界经济的发展起到至关重要的作用。但是，多边贸易体系的发展也遇到不少问题，"多哈回合"无果而终，标志着多边体系下开放深化的困境，区域性自贸区的涌起代表着一种新的趋势，特别是特朗普执政下的美国，其由自由主义下的政策转向"美国优先"下的政策，对现行多边贸易体系的发展与变革造成严重影响。维护多边贸易体系和推动其变革符合世界发展的利益，因此，需要研究新问题，应对新挑战，凝聚新共识，推动构建开放、包容的适应新时代世界经济和国际贸易发展的多边贸易体系。

山东大学国际问题研究院出版"国际观察丛书"，将陆续推出新的著作，从不同的领域分析世界发展大势。希望本书能够有助于读者深刻认识国际经济治理，特别是多边贸易体系的发展，为中国参与国际经济治理和推动多边贸易体系变革贡献智慧。

张蕴岭

中国社会科学院学部委员

山东大学讲席教授

山东大学国际问题研究院院长

目　录

前言 *15*

新时代国际贸易治理面临的挑战与应对　　　　张丽娟　1
　一、国际贸易治理机制改革问题的提出　　　　2
　二、国际贸易治理体系构建的若干原则性问题　　　　7
　三、应对国际贸易治理的新挑战　　　　23

国际经济治理的发展与变革　　　　潘晓明　36
　一、国际经济治理的双轨治理结构　　　　36
　二、国际经济治理面临的挑战　　　　41
　三、国际经济治理面临挑战背后的原因　　　　53
　四、结语　　　　58

国际贸易规则重构与中国对策　　　　东　艳　60
　一、国际贸易规则与重构　　　　61
　二、权力转移与制度失衡　　　　66

  三、国际贸易规则演进历程与重构特点   73

  四、中国针对不同规则的政策选择   89

  五、国际制度安排选择与规则重构路径   96

  六、结论   99

多边贸易体制与世界贸易的发展   宋　泓　100

  一、多边贸易体制与二战后世界贸易的发展   100

  二、多边贸易体制的设计与局限性   109

  三、多边贸易体制推动世界贸易发展的方式和原因   115

  四、多边贸易体制的变革   120

  五、结语和启示   133

全球贸易体系重构背景下的区域贸易治理   沈铭辉　137

  一、新一轮全球贸易体系重构的背景   137

  二、通过自由贸易协定打造21世纪贸易投资新规则   143

  三、推动区域规则"制度输出"的机制分析   156

  四、未来国际贸易体系展望   173

世界贸易组织的改革方案与中国策略   屠新泉　李思奇　181

  一、关于世界贸易组织改革的研究回顾   182

  二、当前世界贸易组织改革的国际讨论   197

  三、中国对世界贸易组织改革的基本策略研究   210

世界贸易组织框架下数字贸易规则及发展趋向

              周念利 李玉昊 217

  一、世界贸易组织框架下数字贸易的定义及其规则挑战 218

  二、世界贸易组织主要成员关于数字贸易治理的主要立场 225

  三、中国的立场和对策建议 250

国际贸易治理体系的构建与变革   佟家栋 张俊美 257

  一、《关税与贸易总协定》的签订与作用 258

  二、世界贸易组织下的国际贸易治理 266

  三、逆全球化下的多边贸易体系改革 271

全球价值链变迁与重构对国际贸易的影响   吕越 陈泳昌 275

  一、全球价值链分工的历史变迁 276

  二、全球价值链发展的新趋势 279

  三、全球价值链变迁对贸易模式和格局的主要影响 283

  四、全球价值链重构对中国的影响与对策分析 287

中美贸易争端和美国贸易政策转向对国际贸易治理的影响

                     李伟 294

  一、特朗普执政后中美贸易争端回顾 294

  二、影响中美贸易争端持续升级的主要因素 302

  三、美国贸易政策转向对国际贸易治理的影响 310

  四、结语 316

前　言

本书即将付印，首先感谢每一位作者的辛勤付出。这些作者为国际经济治理、国际贸易与投资、世界贸易组织和区域国别研究的出色代表，他们不仅在各自的研究领域均有丰硕的学术研究成果，而且一直致力于有关国际贸易治理与变革前沿问题的研究与探索。感谢他们在紧张繁忙的日程中安排文献的查阅和文稿的写作，使得本书得以付梓出版。

本书由中国社会科学院学部委员、山东大学讲席教授张蕴岭先生作序，参与各篇文章的主要专家学者如下：山东大学经济学院张丽娟教授；上海国际问题研究院潘晓明副研究员；中国社会科学院世界经济与政治研究所东艳研究员；中国社会科学院美国研究所宋泓研究员；中国社会科学院亚太与全球战略研究院沈铭辉研究员；对外经济贸易大学中国世界贸易组织研究院屠新泉教授；对外经济贸易大学中国世界贸易组织研究院周念利研究员；南开大学经济学院佟家栋教授；对外经济贸易大学中国世界贸易组织研究院吕越研究员；商务部国际贸易经济合作研究院李伟研究员。感谢他们为本书出版的辛勤付出。

特别感谢世界知识出版社的责任编辑。她将高度的责任感和使命感贯穿于文稿审校全过程，其专业和严谨使得书稿从格式到表述更加完美。

我国有关国际贸易治理与变革的学术研究才刚刚起步，可谓任重而道远。希望本书的出版能够起到抛砖引玉的作用，也期待学术界同行与我们一道，继续推动这个领域的学术研究。

山东大学国际问题研究院与世界知识出版社有限公司合作，推出"国际观察丛书"，将在国际经济治理、海洋、国别区域等领域组织撰写与出版相关著作，旨在推动新时代国际问题的研究，有助于读者在百年未有之大变局中更好地了解世界和认识世界。

主编
2020 年 8 月 15 日

新时代国际贸易治理面临的挑战与应对

张丽娟[*]

20世纪后半叶国际贸易的迅速发展,在很大程度上得益于《关税与贸易总协定》(GATT)在二战后的迅速建立。作为唯一的国际多边贸易治理体系,《关税与贸易总协定》对二战后的经济复苏以及后来的全球发展与增长的贡献,不仅体现在国际贸易总量的增长,还体现在通过《关税与贸易总协定》建立的多边贸易治理机制,将经济发展水平不同的经济体纳入同一个国际框架体系下,实施公平但又有差别的贸易规则约束和协调,从而使得各国都能接受多边治理体系,并把加入《关税与贸易总协定》作为寻求开放贸易的一项基本政策目标去实现。不能否认,《关税与贸易总协定》通过多边谈判所实现的贸易发展目标与成就是显著的。《关税与贸易总协定》及相应原则成为国际公认的具有权威性的全球贸易规则体系,也是20世纪全球发展最重要的成就之一。

1995年由世界贸易组织(WTO)取代《关税与贸易总协定》之后,多边体系担当的国际贸易治理责任更重更复杂了,因为国际贸易从货物贸易扩展到了服务贸易,电子商务在全球范围内迅速兴起,跨境数

---

[*] 张丽娟,山东大学经济学院教授。

据流动逐渐成为推动国际货物、服务、人员和资本流动必不可少的组成部分,不仅世界贸易格局发生了根本性改变,贸易规模与贸易议题的扩展速度也远远超过了相应国际贸易规则的制订和完善的速度。因此,有必要认真研究国际贸易治理体系的改革问题,探讨国际贸易治理体系构建涉及的若干原则性问题,在此基础上,归纳分析当前国际贸易治理面对的新议题新挑战。

一、国际贸易治理机制改革问题的提出

国际贸易治理问题的学术研究始于"全球治理"的提出。"全球治理"的概念于20世纪90年代提出,并很快成为世界各国关注如何构建国际政治经济新秩序的热点议题。1991年4月发表的《关于全球安全与治理的斯德哥尔摩倡议》(Stockholm Initiative on Global Security and Governance),表达了关于建立更为有效的全球治理体系的重要性,1992年4月全球治理委员会(Commission on Global Governance)成立,该委员会于1995年联合国成立50周年之际首次发表《天涯若比邻——全球治理委员会的报告》(Our Global Neighborhood: The Report of The Commission on Global Governance),描述了全球治理的蓝图,成为有关多边合作共建全球治理体系的关键性参考文献。2000年9月,第55届联合国大会召开千年峰会,通过了《联合国千年宣言》(United Nations Millennium Declaration),承诺建立新的全球合作伙伴关系,并设立了一系列以2015年为最后期限的发展目标,即"千年发展目标"。尽管联合国推动实施"千年发展目标"取得了重要成就,但全球可持续发展面临的挑战日益突出，加强国际治理的迫切性日益彰显。

2014年6月，联合国发布了题为《2015年后全球治理和全球发展规则》（Global Governance and Global Rules for Development in the Post-2015 Era）的报告，指出全球治理体系面临诸多挑战，例如，全球治理体系尚不具备管理日益增长的经济一体化和相互依存关系的条件，而全球化仍趋向于进一步加剧各国间的相互依存；全球治理结构和规则存在严重的不对称，尽管发展中国家必须遵守和/或承担全球治理规则和条例的影响，但它们在形成这些规则方面的影响有限；全球化的不平衡性也意味着，全球治理机制尚未有效涵盖共同关心的重要领域，而有些领域存在过度管制，从而导致制度碎片化、成本增加和效率降低。该报告提出了全球治理改革的主要原则，包括共同但有区别的责任、包容性透明度和问责制等，并阐述了如何在国际宏观经济合作、环境议题、国际贸易、国际税收等领域改革全球治理机制坚持这些原则。①

早期关于全球治理的研究，主要涉及的内容包括：第一，全球治理的主体。由于全球治理是治理在全球层次上的延伸，国家的作用不再如同在国家层面的治理中那样独一无二，主体问题便成为全球治理的首要问题。第二，全球治理的规则。大量全球问题的凸显说明在全球范围内单纯依靠市场手段存在缺陷。因此建立一套具有约束力的全球治理规则就显得十分必要。国际治理较之国内治理更强调规则的作用，强调国家、非政府组织、私人部门等国际治理的参与者通过具有约束力的规则进行合作。第三，全球治理的途径。不同于国内治理全球治理的途径不可能是强制的政治干预或者法律约束而只能是主权国家之间的国际合作

---

① United Nations, "*Global Governance and Rules for the Post-2015 Era,*" June 14, 2014, https://www.un.org/development/desa/dpad/publication/cdp-policy-note-2014/.

和非政府组织的国际协调。第四，全球治理的范围，即全球治理的议题，既包括全球经济，也包括人类安全、气候环境、消除全球贫困和传染病等问题。①

全球经济治理是全球治理的核心组成部分，是全球治理理念在世界经济、国际金融和国际贸易与投资领域的应用和延伸，也是国际经贸活动与全球治理关系的反映。全球经济治理突出强调了国际组织在国际经济治理中的作用，比如国际货币基金组织、世界银行和世界贸易组织及其前身《关税与贸易总协定》被称作国际经济治理体系的三大支柱。因此，全球经济治理的改革重点，也是如何完善上述国际组织，使其在全球经济治理中更好地发挥监管作用，提高全球经济治理的效率，并通过将不同经济发展水平的国家纳入到全球经济治理框架下，成为全球经济治理的参与者，为稳定世界经济和贸易秩序奠定基础。

国际贸易治理则是全球经济治理的核心组成部分，是关于国际多边贸易规则及其谈判、制定和执行的机制与体系的构建。国际贸易治理的基本目标是维护开放公平的全球贸易环境，减少各国贸易政策的不确定性，促进全球经济的可持续发展，应对全球化和全球价值链等新发展对全球贸易秩序构成的新挑战。毫无疑问，世界贸易组织一直担当国际贸易治理的重任，国际多边贸易规则的谈判和执行，均在世界贸易组织的框架之下。作为拥有164个成员方的国际组织，世界贸易组织既是全球唯一的多边贸易体系，也是唯一的多边贸易规则谈判平台。进入21世纪，相对于国际贸易治理的范畴和责任要求而言，世界贸易组织可谓不堪重负了。

---

① 裴长洪：《全球经济治理、公共品与中国扩大开放》，《经济研究》2014年第3期，第4—19页。

当前的国际贸易面临着前所未有的不确定性。受新冠病毒（COVID-19）疫情影响，全球价值链上的供应与需求突发性脱钩，各国临时采取不同形式的贸易限制措施，疫情延续不确定性增加了各国贸易政策的不确定性。疫情前，全球贸易保护主义和单边主义已开始出现，贸易政治的不确定性不断加大，贸易问题成为国际政治和国内政治的重要议题，贸易博弈的危险性日趋增强，大国间贸易竞争加剧。与此同时，国际贸易治理机制失灵的风险逐渐加大，世界主要经济体对国际贸易治理机制的改革尚缺乏应有的共识。可以说，当前国际贸易治理机制的变革处在不确定的十字路口，如何应对新时代国际贸易治理的新挑战，不仅是国际经济的重要议程，也是国际政治的重要议程。这一局面的形成，既有复杂的内因，比如，贸易议题迅速扩大，国际规则的制度调整却相对滞后，也有国际贸易外部环境的历史性变迁，比如，国际经济新秩序正在形成，各主要经济力量在新均衡形成过程中出现"创造性破坏"。

国际贸易治理机制改革问题的提出主要基于三个方面的因素：一是国际贸易规模和竞争格局的演变客观上需要新的治理机制；二是国际贸易治理体系自身的缺陷与滞后亟须新的改革；三是百年未有之大变局下重构国际秩序必然引发国际贸易治理机制改革。

第一，国际贸易规模和竞争格局的演变需要新的治理机制。21世纪的国际贸易的内涵与外延不仅与《关税与贸易总协定》签署之初不同，与20世纪末期相比也有根本性转变。全球化新阶段和全球价值链扩展推动了全球经济转型，国际贸易竞争也从原来力促贸易总量的快速增长，逐步发展到国家间在价值链上的利益分配、国际分工与技术竞争。国际贸易的竞争既有产品竞争，也有制度竞争；既有有形贸易，也有无形贸易。特别是经历了20世纪最后十年的全球化3.0，世界经济结构经历了历史性的转型变化,新兴市场和发展中国家经历了前所未有的增长,迎面而来的全球化 4.0 与以往的全球化各阶段有诸多本质区别。① 随着全球化的转型趋势,各国贸易政策的内涵也不断深化,外延也在扩大,贸易政策不单单是一国经济政策的组成部分,而且还具有了更为丰富的国际政治和国际竞争含义,原有国际贸易多边体系已经很难有效发挥对全球贸易秩序的治理作用,客观上要求有一套与时俱进的国际贸易治理机制。

第二,国际贸易治理体系自身的缺陷与滞后亟须新的改革。从国际贸易治理体系自身来看,可谓"内困外扰"。"内困"源自原有治理机制自身的缺陷。以《关税与贸易总协定》及后来的世界贸易组织为核心的多边贸易治理机制取得了历史性成功,但原有治理机制得以维系的基础和外部环境却在不断发生变化,原来主要贸易强国推动自由贸易的意愿也退去了。"外扰"源自世界贸易组织多边体系面临单边主义和贸易保护主义的挑战。"更为关键的是,这一体系正受到世界各地日益严重的民族主义和民粹主义倾向的威胁,这些倾向拒绝多边主义的概念。世界贸易组织不但与世界银行和国际货币基金组织一样,在许多方面是它自身成功的牺牲品,而且比其他机构更难以适应经济全球化带来的变化,及其带来的艰难治理挑战。"②

第三,百年未有之大变局下重构国际秩序必然引发国际贸易治理机制改革。世界主要贸易国之间的力量对比已经发生了历史性的变化,这种变化是二战以来的首次,其中既有经济实力对比之量的变化,也有各

---

① Richard Baldwin, "If This Is Globalisation 4.0, What Were the Other Three?" *VoxEU*, December 19, 2018, https://voxeu.org/content/if-globalisation-40-what-were-other-three.

② Kimberly Ann Elliott, "A First Step to Revive the Rules-Based Trading System," Center for Global Development Policy Paper 165, January 2020, www.cgdev.org.

自国内贸易政策取向方面的内生性政策之变化;既有霸权兴衰的争议,也有体制之争的忧虑。中国、巴西和印度等大型新兴经济体的经济发展模式并没有循规蹈矩,制度有别,增长有道,新兴经济体的发展模式与传统自由资本主义经济制度不同,但获得了经济发展的成功,推动着国际经济秩序的重构。但在国际上尚未形成一个可以让新兴经济体与发达国家平等共享的全球治理体系,现有多边体系已经不能适应全球经济秩序重构的动态变化,新的国家力量、国际力量和政策议程也无法在原有框架下找到有效的规则依据和约束。传统全球治理模式是由英美作为单一霸主国家主导国际公共品供给,不能广泛代表各国的共同意志和平等利益,因此不能提供真正意义上的公共品。随着世界经济的多极化发展,全球共治新模式的形成不可避免。①

由此可见,国际贸易治理面临的内因和外因都在发生变化。如果说2008年的全球金融危机已发出预警,全球经济治理面临新挑战和新困难,那么,2020年新冠病毒疫情的全球大流行则发出了更为强烈的信号,即随着经济衰退的压力加大,全球贸易的不确定性日渐加剧,新时代的国际贸易治理机制确实需要与时俱进的改革与完善。

二、国际贸易治理体系构建的若干原则性问题

国际贸易治理体系是一个综合复杂的系统工程,这一系统工程的核心是世界贸易组织多边贸易机制。国际贸易治理体系的主要利益攸关方

---

① 蔡昉:《金德尔伯格陷阱还是伊斯特利悲剧?——全球公共品及其提供方式和中国方案》,《世界经济与政治》2017第10期,第4—22页。

是经济发展水平存在差异的各经济体，他们既有共同利益，也有国别诉求，机制构建需顾及各方利益；这一体系需要与已有国际组织协同创新，共同应对全球化新挑战和全球重大突发公共卫生事件；这一体系需要与区域贸易协定相互补充，后者作为次优政策选择可为优化全球单一多边贸易治理体系的构建提供经验、路径和基础性支持；这一体系应充分尊重各成员方的监管主权，推动各国的国家治理能力建设，促进国家治理与国际治理的平衡发展。

（一）维护世界贸易组织多边体系的主体地位

二战后建立的以《关税与贸易总协定》及随后的世界贸易组织为支柱的国际贸易治理体系，可以说取得了巨大成功，这使得我们有理由相信，世界贸易组织仍可在新时代国际贸易治理中继续发挥支柱作用。世界贸易组织是一套多边贸易规则体系，是一个多边贸易谈判场所，是一个贸易争端解决的多边机制平台，是包容区域贸易协定的开放性国际贸易治理机制。各国应维护世界贸易组织的历史定位。

经过70多年的发展，《关税与贸易总协定》/世界贸易组织主导的多边体系具有普遍适用的基础，其仲裁解决机制是有成就有效率的。世界贸易组织争端解决机制虽从2019年12月开始停摆，但至今还没有更好的替代机制。世界贸易组织具有充分的包容性，允许成员方签署区域贸易协定，并允许世界贸易组织成员方选择适用世界贸易组织框架下的诸边协定。对于一个拥有164个成员方、代表98%全球贸易总量的国际组织来说，世界贸易组织所发挥的作用以及所取得的成就是不可替代的。它为成员方之间国际贸易争端的解决提供了国际平台，为推动全球贸易开放提供了多边谈判的机制，在2008年金融危机期间，它通过多边努力避免了贸易保护主义措施的大规模复苏，如果说每次金融危机和经济衰退都是对国际贸易体系的压力测试，那么，世界贸易组织无疑已经通过了若干次这样的测试。当下面临着全球经济和贸易的不确定性，虽暂时还无从判定这种不确定性会持续多久、能否带来持久的经济危机、在多大程度上影响全球价值链重构，但改革完善世界贸易组织的规则体系，使其胜任全球治理机制的主导作用，无疑是最具有现实意义的战略选择。正如现任世界贸易组织常务副总干事艾伦·沃尔夫（Alan Wolff）所言，在世界贸易组织长达70多年的历史中，这个体系正在经历着前所未有的挑战，但我们有充分的理由保持乐观。多边贸易体制将持续下去，因为它符合所有国家的基本经济利益。一方面，即使对最大的经济体来说，在世界贸易组织体系之外的成本也是巨大的。一个在体系外的经济体无法通过双边或区域协定来保护自己防止利益受侵蚀。置于多边贸易体系之外即是处于令人无法接受的低水平安全状态。另一方面，脱离多边贸易体系，对一个大国，对世界经济造成的经济危害是不堪忍受的。① 应当看到，世界贸易组织正在经历着前所未有的变革，但有关变革的各种议案旨在使其机制更加有效和有力，更能够胜任规制新议题，并继续在国际贸易治理中发挥核心作用。

维护世界贸易组织的主体地位也得到了绝大多数成员方的支持。中国政府主张，"以世贸组织为核心、以规则为基础的多边贸易体制是经济全球化和自由贸易的基石，为推动全球贸易发展、促进经济增长和可持续发展作出了重要贡献……中国始终坚定支持多边贸易体制，旗帜鲜

---

① Alan Wolff, "The World Trading System is Not Dying," WTO, October 21, 2019, https://www.wto.org/english/news_e/news19_e/ddgaw_21oct19_e.htm.

明反对保护主义,推动世贸组织在全球经济治理中发挥更大作用。"①
2018年11月,中国政府发表了《中国关于世贸组织改革的立场文件》,提出了中国有关世贸组织改革应当遵循的三个基本原则和五点主张。2019年5月13日,又发布了《中国关于世贸组织改革的建议文件》,提出了中国对世界贸易组织改革的总体立场,主张维护非歧视、开放等多边贸易体制的核心价值,为国际贸易创造稳定和可预见的竞争环境。

欧盟主张维护世界贸易组织多边贸易体系,通过多边谈判实现世界贸易组织改革。在对待世界贸易组织改革的基本态度方面,欧盟也反对单方面提高关税的单边主义和贸易保护主义。欧洲理事会于2018年6月底通过决议,提出在贸易局势紧张的背景下,坚持维护和深化以规则为基础的多边体系的重要性。强调欧盟致力于实现多边体系的现代化,并呼吁所有成员为实现这一目标作出积极贡献。②

日本是战后全球贸易体系的受益者,从二战后至20世纪末,从《关税与贸易总协定》到世界贸易组织,日本是多边贸易体制的拥护者,也是世界贸易组织改革的支持者和参与者。除与加拿大等国共同讨论世界贸易组织改革方案之外,日本还与美国和欧盟举行了多次对话并就世界贸易组织改革发表共同声明。

可见,关于支持完善世界贸易组织并使其更好担当多边贸易体系的主渠道作用,在国际上仍存在共识。在世界贸易组织改革的具体方案上,则是分歧大于共识。关于国际贸易治理体系的建立和完善,问题的

---

① 《中国关于世贸组织改革的立场文件》,商务部网站,2018年12月20日,http://www.mofcom.gov.cn/article/i/jyjl/k/201812/20181202818736.shtml。

② European Council, "European Council Conclusions," June 28, 2018, https://www.consilium.europa.eu/en/press/press-releases/2018/06/29/20180628-euco-conclusions-final/.

关键不在于是否保留世界贸易组织。真正的挑战是，在维护世界贸易组织在全球多边规则制定中的中心地位的同时，如何通过改革进一步完善世界贸易组织的规则体系以应对全球发展新议题，如何通过完善争端解决机制使国际贸易争端能迅速有效得到解决，以及维护多边贸易体制在全球贸易自由化便利化进程中的主渠道地位，使其更具有开放性、包容性、公正性，为全球贸易秩序和治理提供有效的国际公共品。

（二）谁来引领多边贸易体系改革

世界贸易组织多边规则体系面临改革，这是国际共识。但具体由谁来引领或主导改革过程？这一共识尚未建立起来。不仅发达经济体与发展中经济体立场不同，在发达经济体内部也存在争议。《关税与贸易总协定》签署时有23个原始缔约方，其中10个是发展中经济体。战后发达经济体和发展中经济体的共同目标，是恢复经济贸易，通过降低关税促进国际贸易向着多边化和自由化方向发展，其中美国发挥了主导作用。与历史不同的是，今天世界贸易组织改革所基于的全球经济秩序出现了一些未曾有过的格局，主要经济大国的经济力量对比、地缘利益攸关都与历史有所不同，世界正处于百年未有之大变局，各国对多边贸易体系改革的立场和利益诉求也不同。

2019年3月1日，美国贸易代表办公室发布《2019贸易政策议程及2018年度报告》，主张世界贸易组织改革必须包括以下组成部分：一是世界贸易组织必须应对非市场经济不可预见的挑战；二是世界贸易组织争端解决必须充分尊重成员方的主权政策选择；三是世界贸易组织成员方必须遵从通知义务；四是必须改革世界贸易组织对待发展的待遇，以反映当前的全球贸易现状。①

欧盟于 2018 年 9 月发布了一个关于世界贸易组织现代化的"概念性文件"（Concept Paper），② 从三个方面对世界贸易组织现代化提出了改革建议：一是规则制定与发展；二是常规工作和透明度；三是争端解决机制。日本主要通过与美国和欧盟的三边会谈强化彼此间对世界贸易组织改革的共识，具体反映在 2019 年 5 月 23 日于巴黎和 2020 年 1 月 14 日于华盛顿签署的《美日欧三边贸易部长会议联合声明》③ 的发表。

加拿大于 2018 年 9 月发布了一份文件，提出强化世界贸易组织作用促使其现代化的三项建议供讨论：一是提高世界贸易组织监控功能的效率和有效性；二是维护和加强争端解决机制；三是在时机成熟时为实体贸易规则现代化奠定基础。④ 加拿大政府主张提升世界贸易组织规则的现代化水平以应对 21 世纪的贸易实践，并于 2018 年 10 月 24—25 日与十二方高级贸易代表到渥太华共同探讨世界贸易组织改革方案，随后，十三方代表共同发布了联合公报。⑤

中国等发展中经济体也提出了关于世界贸易组织改革的方案。2018

---

① Office of the United States Trade Representative, "2019 Trade Policy Agenda and 2018 Annual Report of the President of the United States on the Trade Agreements Program," March 2019, https://ustr.gov/sites/default/files/2019_Trade_Policy_Agenda_and_2018_Annual_Report.pdf.

② European Commission, "WTO Modernization: Introduction to Future EU Proposals," June 28, 2018, http://trade.ec.europa.eu/doclib/docs/2018/september/tradoc_157331.pdf.

③ See USTR, *Joint Statement of the Trilateral Meeting of the Trade Ministers of the United States, European Union, and Japan*, May 23, 2019, https://ustr.gov/about-us/policy-offices/press-office/press-releases/2019/may/joint-statement-trilateral-meeting; *Joint Statement of the Trilateral Meeting of the Trade Ministers of Japan, the United States and the European Union*, January 20, 2020, https://trade.ec.europa.eu/doclib/docs/2020/january/tradoc_158567.pdf.

④ WTO, "Strengthening and Modernizing the WTO: Discussion Paper, Communication From Canada," September 24, 2020, https://docs.wto.org/dol2fe/Pages/FE_Search/FE_S_S009-DP.aspx?CatalogueIdList=248327&CurrentCatalogueIdIndex=0.

⑤ See *Joint Communiqué of the Ottawa Ministerial on WTO Reform*, October 25, 2018, https://www.canada.ca/en/global-affairs/news/2018/10/joint-communique-of-the-ottawa-ministerial-on-wto-reform.html.

年 11 月，中国政府发表了《中国关于世贸组织改革的立场文件》，提出了关于世界贸易组织改革的三个基本原则和五点主张。① 2019 年 5 月 13 日，中国向世界贸易组织正式提交了《中国关于世界贸易组织改革的建议文件》，提出了中国对世界贸易组织改革的三个基本原则："第一，维护非歧视、开放等多边贸易体制的核心价值，为国际贸易创造稳定和可预见的竞争环境。第二，保障发展中成员的发展利益，纠正世贸组织规则中的"发展赤字"，解决发展中成员在融入经济全球化方面的困难，帮助实现联合国 2030 年可持续发展目标。第三，遵循协商一致的决策机制，在相互尊重、平等对话、普遍参与的基础上，共同确定改革的具体议题、工作时间表和最终结果。"②

印度提出世界贸易组织改革提案，主张改革争端解决机制、完善规则制定和提高透明度，并与欧盟以及其他成员发表了一个有关争端解决机制的提案。巴西一直以"发展中国家"③ 身份在世界贸易组织内，与发展中经济体（尤其是中国和印度）保持一定程度的默契与协调。巴西和韩国先后于 2019 年 3 月和 10 月宣布放弃在世界贸易组织中的"发展中国家"待遇。

从改革主张的内容看，发达经济体更为关注经济体系的"市场经济"性质、"发展中国家"地位的认定和公平竞争新制度与贸易规则新

---

① 《中国关于世贸组织改革的立场文件》，商务部网站，2018 年 11 月 23 日，http://www.mofcom.gov.cn/article/i/jyjl/k/201812/20181202818736.shtml。

② 《中国关于世贸组织改革的建议文件》，商务部网站，2019 年 5 月 28 日，http://www.mofcom.gov.cn/article/jiguanzx/201905/20190502862614.shtml。

③ 关于世界贸易组织协定下的"发展中国家"，参见 WTO, "Who Are the Developing Countries in the WTO?" https://www.wto.org/english/tratop_e/devel_e/d1who_e.htm. 本书中的发展中经济体（Developing Economies）是一个宽泛的概念，世界贸易组织问题语境下的"发展中国家"则是一个特指的概念，尤指世界贸易组织成员方中以"Developing Countries"身份加入世界贸易组织并适用于"特殊与差别待遇"的成员方，其中既有发达经济体、发展中经济体，也有最不发达经济体。

议题等，发展中经济体则更关注维持"特殊与差别待遇"和改革争端解决机制等问题。由此导致世界贸易组织改革方案虽由多个经济体从不同的视角提出了不同的版本，实质上仍缺乏在世界贸易组织框架平台上的共识，也很难再现一个大国引领世界贸易组织改革的情景，多方合作特别是主要贸易国间的共识和默契，应是务实重构国际贸易治理体系的重要前提。因此，多国合作共推改革的路径与模式，不仅是一项顺应大变局的改革，更是一项全球治理模式的创新。

（三）国际贸易治理的目标方向

《关税与贸易总协定》/世界贸易组织原本关注的国际贸易治理目标是：消除贸易壁垒，促进贸易自由化。在原有目标下，国际贸易治理体系基本保持了国际治理规则体系的有效性和国别经济主权之间的相对平衡，只要各国不采取贸易保护主义措施，则可以自由采取促进贸易发展的政策与措施。

今天，这一平衡越来越难以维系，因为诸多贸易议题已经超越了传统意义的贸易保护主义范畴，不仅被政治化、制度化，而且还可能根植于某个国家的法律体系之内，形成内生性的贸易保护，由此，国际贸易治理触及了各经济体的国内政策制定，从而陷入两难：如果介入规制，则可能限制了国别和地区经济的自主性而受到排斥；如果听之任之，则使得多边贸易谈判越来越艰难，国际贸易治理的全球共识几乎无法达成。如何兼顾公平与开放且符合各国经济社会可持续发展的目标，逐渐成为各国乐于接受的国际贸易治理方向。

在确立治理目标时，还有一个关键问题就是，世界贸易组织确立的贸易治理是让更多国家受益还是让个别或部分国家受益？世界贸易组织改革实质上是就是要回答"谁受益"的问题。那些把个别或部分成员自身利益置于其他成员利益之上的要求，只会进一步导致世界贸易组织改革停滞不前。这就回到了《关税与贸易总协定》创立时的问题原点，国际贸易治理仍须兼顾公平与开放。《关税与贸易总协定》创立的主要宗旨是推动全球贸易向着多边化和自由化方向发展，确保促进战后国际贸易秩序建立，避免重蹈危机覆辙。考虑到各国经济发展水平的差异，兼顾公平与开放，在《关税与贸易总协定》框架下，发达经济体愿意承担更大的关税减让义务，并对"发展中国家"（含最不发达国家，即 Least Developed Countries）实施了"特殊与差别待遇"。之所以能够实现这样的目标，关键是基于多边规则的交易秩序的理论支撑，即每个国家的增长都会使其他国家受益。因此，发达经济体积极敦促发展中经济体和不发达经济体加入《关税与贸易总协定》/世界贸易组织。应该说，在20世纪大部分时间里，美国支持并维护以规则为基础的全球多边贸易治理体系，从根本上破除了二战前贸易保护主义盛行和贸易各方相互制衡的贸易环境。《关税与贸易总协定》的建立和多边贸易机制的运行，也让各国普遍认识到，一国贸易开放利于经济发展，一国经济增长可以通过贸易和投资而使所有国家受益。

在全球化的推动下，各国经济发展水平和贸易开放程度都有了大幅度提高，但发达经济体与发展中经济体之间的差距仍然存在，这种真实差距并非体现在经济总量和GDP增长速度，而是体现在社会群体的国民福利水平、贸易政策制度的竞争力以及国家治理能力等方面。从这个意义上看，不发达经济体和发展中经济体在贸易开放不断加深的同时，很难在国际市场上与发达经济体展开公平竞争，这是不能忽视的现实。

在国际贸易治理中，目前仍然存在两个最大的利益集团，一是发达经济体，二是发展中经济体，这是主要矛盾所在。对世界贸易组织改革的焦点之一就是，在世界贸易组织框架下，发展中经济体承担与发达经济体相同的普遍义务的同时，是否应考虑区别对待，担当与其经济发展水平和国家治理能力相对应的国际义务。这是审视国际贸易治理目标时需要考虑的基本问题。

国际贸易治理也必须有利于各国实现经济社会可持续发展的目标，这应当成为世界贸易组织成员方主张的共同利益。从世界各国发展的实际情况看，各国经济社会发展水平的差异既无法从经济总量体现出来，也无法从贸易顺逆差体现出来。中国经济总量为全球第二，经济社会发展较快，但中国的人均收入水平总体较低且贫富差距悬殊，各省市地区间的差别也很大。总体上，以中国为代表的发展中成员方，与其发展程度相对应，其贸易开放已经达到了相当高的程度，也正因为如此，任何进一步扩大开放的新议题不仅触及民生和国民经济，还触及国家发展的根本利益，甚至可能增加全球经济的不确定性。对于这些触及深水区的贸易开放，世界贸易组织的成员方在权衡政策取舍时，会根据各自经济社会可持续发展的目标设定，而不是仅仅为了满足对等开放的要求。①

毋庸置疑，兼顾公平与开放且符合经济社会可持续发展的总体目标，应是各国乐于接受的国际贸易治理目标。世界贸易组织改革的目标方向不是排斥哪些经济体，而是让更多经济体从多边体系的开放性和包容性中受益，进一步促进各成员方贸易政策的开放性和包容性。要实现这一目标，需要切实考虑发展中成员方的诉求，正视发展中成员方在融

---

① 关于"对等开放"，参见崔凡、洪朝伟：《论对等开放原则》，《国际贸易问题》2018年第5期，第1—11页。

入全球化过程中所面临的挑战，正视发达经济体与发展中经济体在社会发展和民生福利等方面的显著差距，通过谈判形成新的多边治理体系，既能够体现发展中经济体在多边谈判中的平等参与，也能够通过差别待遇体现国际体系的包容性。

（四）世界贸易组织与其他国际组织的治理合作

当前国际贸易治理体系的核心是世界贸易组织。国际组织，包括国际货币基金组织、世界银行、世界卫生组织（WHO）、世界知识产权组织（WIPO）、国际劳工组织（ILO）等，也是国际贸易治理体系的重要组成部分。世界绝大多数国家都是这些组织的成员，相关规则机制也已成为各国认同的国际规则和行为规范。与此同时，国际条约，特别是那些涉及气候变化、劳工权益、环境保护和海洋等领域的国际公约，也在国际贸易治理体系中发挥了不可替代的作用。此外，联合国经济及社会理事会（ECOSOC）、联合国贸易和发展会议（UNCTAD）等机构也承担了部分治理职能，而诸如经济合作与发展组织（OECD）、二十国集团峰会（G20）等多边合作机制也在全球贸易和投资议题上发挥着重要作用。

世界贸易组织如何与国际组织一道通过协同创新来建立有效的国际贸易治理体系，这也是新时代国际贸易治理面临的挑战。21世纪的全球贸易议题已经迅速扩大，下列议题既是国际组织关注的，也是全球贸易议程的核心议题：（1）贸易与知识产权；（2）贸易与劳工标准；（3）贸易与环境标准；（4）贸易与公共卫生；（5）贸易与食品安全；（6）贸易与国家安全；（7）贸易与海洋渔业；（8）贸易与汇率管制；等等。

与这些议题有关的治理机制建设和规则谈判,需要世界贸易组织与相关国际组织的共同努力,各国也需要通过参与世界贸易组织与国际组织间的合作,为国际治理体系的建设提供切实可行的方案。

以世界贸易组织与公共卫生为例。与公共卫生有关的问题不应仅被视为经济和贸易发展的必然结果,恰恰相反,保障食品安全、提高卫生标准、确保公共卫生安全是贸易政策必须要考虑的重要问题。没有一个国家可以孤立实现上述目标,必须由全球治理机构和组织引领下的国际合作,向全球提供国际公共品方可实现。多边和区域贸易协定一直在推动利用卫生与健康标准方面的规则,为自由贸易与公共卫生之间的冲突与协调提供一系列法律和制度。世界贸易组织《实施卫生与植物检疫措施协定》(简称 SPS 协定)是在乌拉圭回合中达成的多边协定,旨在规范各成员方实施卫生检疫措施的行为,支持保护人类和动植物生命或公共卫生所采取的必要措施,规范卫生与植物检疫的国际运行规则。2006 年,世界卫生大会通过国际贸易与卫生的决议(WHA59.26),[1]敦促会员国利用国别、区域和全球各层面上的国际贸易协定中有关贸易与公共卫生政策有关的信息,促进包括卫生、贸易、商业、金融和外交事务等在内的有关政府部门间的建设性合作,以确保国际贸易与全球卫生的利益得到有效协调与平衡。世界卫生组织还有诸多其他决议和决定涉及国际贸易与公共卫生事务,主题相当广泛,包括烟草控制、知识产权、卫生人员在国家间流动、医疗旅游、营养和酒类政策等。世界各国均关注自由贸易对公共卫生的影响,要求贸易协定不能阻碍或者削弱政府制定和实施保护人民健康的能力,以实现贸易开放与公共卫生安全之

---

[1] WHO, "Fifty-Ninth World Health Assembly," Geneva, May 22-27, 2006, p. 37, https://apps.who.int/gb/ebwha/pdf_files/WHA59-REC1/e/WHA59_2006_REC1-en.pdf.

间的协调发展。上述目标的实现，只能通过各国政府、世界贸易组织和相关国际组织之间的国际合作和国际治理。

食品安全是另一个需要国际合作的治理领域。在过去的20年中，全球粮食产品贸易增长了三倍以上，全球农业价值链变得更为复杂，粮食产品经常在不同的国家生产、加工和消费。尽管这些趋势有助于增加全世界消费者可获得食品的数量和种类，但同时也引起了人们对贸易食品安全性的关注。[1] 联合国粮食及农业组织、世界卫生组织和世界贸易组织共同建立了国际食品标准和贸易规则的框架，倡导"安全与贸易是实现粮食安全的关键推动因素"的《2030年可持续发展议程》。[2] 自由贸易与公共卫生之间的国内协调和跨国合作需要建立在国际组织间的协调、各国政府间的协调、世界贸易组织争端解决机制的协调以及各国治理能力建设等基础之上，国家间的协调和合作是应对国际突发事件和预防流行疾病的必然选择。

国际货币基金组织和世界贸易组织是分别拥有180个和164个成员方的两个国际治埋多边机构。国际货币基金组织重点关注国际货币和金融体系，世界贸易组织重点关注国际贸易体系，两者合作有利于确保建立一个健全的全球贸易和支付体系，共同解决贸易中面临的货币政策问题。《关税与贸易总协定》1994年马拉喀什会议通过了《关于世界贸易组织与国际货币基金组织关系的宣言》，确立了双方合作的框架。1996年，在世界贸易组织新加坡部长级会议上，双方签署《国际货币基金

---

[1] Tsunehiro Otsuki and John Wilson, "Global Trade and Food Safety: Winners and Losers in a Fragmented System," *World Bank Policy Research Working Paper*, No. 2689, 2001.

[2] "Joint Statement by FAO, WHO and WTO, International Forum on Food Safety and Trade," April 23-24, 2019, https://www.who.int/docs/default-source/resources/joint-statement.pdf?sfvrsn=61b890c4_2.

组织和世界贸易组织合作协议》,① 规定了国际货币基金组织和世界贸易组织的合作义务：相互协商，相互出席对方的各种会议，相互交换文件和信息资料以及共同协调等，成为国际货币基金组织与世界贸易组织合作的依据。从实践看，世界贸易组织与国际货币基金组织的协调机制尚缺乏具体的法律规范，如管辖权、争端解决、权力界限等。随着各国货币政策与贸易政策的交融，外汇管制制度、汇率制度以及财政货币政策等，都将对国际贸易产生重要影响，在这些问题上，世界贸易组织只能通过与国际货币基金组织的合作治理，才能够有效判定类似是否是"货币操纵国"等贸易争端，既能避免管辖权冲突，又能各司其职，共同推进国际贸易秩序的建立。

世界贸易组织规则和多边环境协定是两个平等和独立的国际法体系，确立了不同的宗旨，遵循不同的原则，有时相互冲突，同时又相互关联，因此，如何协调世界贸易组织与多边环境协定也是国际治理体系面临的挑战。世界贸易组织的协定中涉及多个与环境相关的协定，如《建立世界贸易组织的协定》《关税与贸易总协定（1994）》《技术性贸易壁垒协定》《实施卫生与植物检疫措施协定》《补贴与反补贴措施协定》《服务贸易总协定》《与贸易有关的知识产权协定》《关于贸易与环境的决定》和《关于服务贸易与环境的决定》等，均与环境议题相关。由于世界贸易组织规则和多边环境协定有不同的实施机制，世界贸易组织规则中涉及环境问题的条款与多边环境协定某些原则可能会存在潜在冲突。同样地，多边环境协定中的某些贸易措施也可能与世界贸

---

① IMF, "WTO and IMF Sign Cooperation Agreement," No. 96/61, IMF Press Release, December 9, 1996, https://www.imf.org/en/News/Articles/2015/09/14/01/49/pr9661.

易组织规则的某些条款存在潜在冲突。双方都认识到潜在冲突的存在，因此，需要国际组织间通过合作，协同解决所涉及的贸易与环境问题。

世界贸易组织与国际劳工组织在解决贸易政策与劳工标准问题上也面临挑战。国际劳工组织是设立和处理劳工标准的国际机构，其制定的基本劳工公约具有权威性。劳工标准正在成为贸易协定谈判的重要议题，有些贸易协定如《美墨加协定》，体现出在劳工标准方面的升级，特别是向劳动者提供了高标准的劳动保护。由于发达经济体和发展中经济体在劳工标准是否与贸易政策挂钩方面存在争议，如何完善机制以平衡利益仍面临不小的挑战。

（五）"发展中国家"的"特殊与差别待遇"问题

"发展中国家"（Developing Countries）问题是世界贸易组织改革面临的复杂议题之一。《关税与贸易总协定》和世界贸易组织中有关"发展中国家"的"特殊与差别待遇"中的"发展中国家"是一个宽泛又特殊的范畴。在世界贸易组织文本中，没有明确划分"发达国家"和"发展中国家"的标准和定义。成员方在加入世界贸易组织的谈判中，自主决定是以"发达国家"还是"发展中国家"的身份申请加入世界贸易组织，但其他成员方可以提出质疑，挑战任何一个成员方是否适合"发展中国家"身份或地位。因此可以说，在世界贸易组织多边贸易体制中，"发展中国家"成员身份与"特殊与差别待遇"是通过谈判而取得的，并非自动获得，申请方需要通过与世界贸易组织成员方进行多边谈判方可获得，相应地，成员方也可选择放弃"发展中国家"地位，相应地也就自动放弃适用"特殊与差别待遇"。

由此看来，关于"发展中国家"，实际上存在两个概念范畴：一个是特指《关税与贸易总协定》/世界贸易组织语境下的"发展中国家"，通过自主申请和谈判获取，可以适用世界贸易组织框架下的"特殊与差别待遇"。在此范畴的"发展中国家"既有世界贸易组织的发展中经济体，也有不发达经济体和个别发达经济体；另一个就是一般意义上的发展中国家的概念，尤指以经济发展水平衡量的发展中国家，比如以人均GDP或者联合国开发计划署人类发展指数衡量的发展中国家。

《关税与贸易总协定》/世界贸易组织机制内的"发展中国家"的特殊待遇问题是一个历史性问题。在《关税与贸易总协定》建立之初，关于将不同经济发展水平和不同经济制度国家纳入同一个多边规则体系是否公平本身就是一个有争议的议题。直到1964年，为促进发展中和不发达成员方的经济发展，《关税与贸易总协定》中加入了第四部分"贸易与发展"，规定发达国家在与"发展中国家"通过谈判削减关税等贸易壁垒时，可适用非互惠原则（Non-reciprocity）。[①] 1979年，《关税与贸易总协定》之《关于发展中国家的差别优惠待遇及对等和更充分参与问题的决定》确立了"特殊与差别待遇"，作为对"发展中国家"的特殊制度安排纳入了《关税与贸易总协定》制度体系，成为一项正式制度安排。

在性质上，"特殊与差别待遇"是发达国家成员方给予"发展中国家"成员方的非互惠待遇，是"发展中国家"成员方单方面享有的特殊照顾和更优惠待遇。具体而言，"发展中国家"成员方在世界贸易组织享受的"特殊与差别待遇"可以概括为四个方面：关税减让范围相

---

① "Non-reciprocity"可译为"非对等"，也可译为"非互惠"，如无特殊说明，本文采用后者。

对小、关税减让幅度相对低、履行关税减让义务的时间相对更长、履行关税减让义务的起始时间一般有所推迟。世界贸易组织的绝大多数协定都规定了"发展中国家"成员的"特殊与差别待遇"。在与货物贸易有关的 13 个协定中，有 11 个协定包含了"特殊与差别待遇"条款，明确约定发达成员方在与"发展中国家"成员方展开贸易谈判削减关税等贸易壁垒时，遵循非互惠原则，即发达国家单方面给予"发展中国家"的非互惠待遇。

在国际贸易治理语境下，"发展中国家"地位问题，表面上是个标准和身份认定问题，根本上又是利益之争。"发展中国家"认定太宽松，会挑战世界贸易组织公平竞争的原则，也有悖于"互惠"或"对等"的竞争原则。这一问题的关键是，如何在保留本国政策空间与接受国际规则并承担国际义务之间保持适度平衡。

三、应对国际贸易治理的新挑战

当前，应对国际贸易治理面临的新挑战，主要包括五个方面：一是如何应对贸易治理议题扩大与规则深化；二是如何管理不断加剧的贸易不确定性和国内政治经济影响的日趋扩大；三是如何使"国家安全例外"合理适用利于国际贸易秩序的维护；四是治理机制如何兼顾包容与开放；五是如何协调区域贸易协定与国际多边贸易治理机制的关系。

（一）应对贸易治理议题扩大与规则深化

世界贸易组织在规范和解决国际贸易新议题方面仍存在不足，特别是在数字贸易、环境标准、劳工标准以及应对全球气候变化等议题方面还留有相当大的政策空白。今后发达经济体可能会更多地从环境和劳工标准问题上寻求在多边贸易框架下的突破，加强新议题规则建设的现实性和可行性渐增。一方面，重视环境保护和劳工问题有基本的国际共识，目标推进并非完全没有道理，早些介入这些议题的政策讨论也利于发挥在前沿贸易议题规则制定上的主导作用；另一方面，在环境和劳工标准问题上，发达经济体面临现实的国内政治压力，发展中经济体也将面临满足社会更高需求和提高民生福利的需要，即使短期内还不能就这些议题达成国内共识，也已经开始意识到，加入区域协定或者接受更高的国际标准有利于推动国内相关议题的改革。毕竟，这些议题在区域贸易协定层面也已经取得了系列成果。

首先，劳工标准和环境标准将在国际贸易政策的制定中发挥越来越重要的作用，它们虽然是由发达经济体最早就贸易公平性提出的新议题，但实际上，也是贸易政策在自由贸易和贸易保护主义之间摇摆与选择的结果。社会和民众往往是公平贸易的支持者，也实实在在地关注环境和劳工标准问题，这是贸易政策与劳工和环境标准挂钩的社会基础，这一基础越来越牢靠，其利益攸关也越来越广泛。不仅在发达经济体如此，在发展中经济体，劳工保护和环境保护的理念也开始深入人心，经济政策倾向于提高民生与福利也是社会进步与发展的历史趋势。

其次，全球价值链的扩张使得各经济体之间的相互依存更加紧密，发展中经济体特别是新兴经济体在全球经济增长中的作用更加举足轻重，并与发达经济体一道成为全球价值链和区块链上的一部分。如何赢在全球价值链上，对于主要贸易国而言，既有竞争，也需要合作，国际贸易治理需要一个议题更为广泛、规则更为前沿的多边贸易体系支撑。在 21 世纪全球价值链下，国际贸易治理的重心不限于关税和市场准入，国内营商环境和经济制度乃至社会发展制度等都开始进入边境内贸易竞争的新议程。

再次，21 世纪的世界贸易正在走向数据化，数据贸易的快速发展继续对 21 世纪全球贸易结构产生变革性影响。虽然世界贸易组织 1996 年发布的《信息技术协定》为全球经济带来了巨大的益处，降低了 IT 产品关税壁垒，但随着新技术的快速发展，《信息技术协定》的内容和范畴均无法满足数据贸易迅速发展的规制需求。着力解决 21 世纪贸易新议题，如跨境数据流动等，并就金融、电信、电子商务和专业服务等部门制定新规则，是国际贸易治理的重要内容。

最后，国内政策成为更为重要的贸易竞争要素，有关产业政策、汇率政策、能源政策、卫生监管和食品安全等都成为贸易治理中不能忽略的组成部分。一国对全球贸易的适应能力如何，不仅取决于其自身贸易实力，还取决于其国内政策制度安排、竞争秩序优劣和国家治理能力。各国都面临着两个相互矛盾但又相互依存的贸易政策目标：一方面，继续保持本国市场开放，适应国际和国内政治经济的需要；另一方面，应对复杂的国际贸易协定（包括双边、区域和多边）带来的"意大利面碗"效应，明智选择符合本国利益的贸易开放路径。为此，各国既要立足本国实际确立经济改革发展的目标，又期望在国际体系中拥有话语权。

当前，国际贸易治理面临的挑战，既来自贸易新议题，也来自对原有贸易议题设立新标准，这些新标准主要关注贸易伙伴的国内竞争机制和环境，包括监管一致性、国有企业的竞争中立、中小企业发展等。对原有议题设置新标准包括知识产权保护、原产地规则、服务业开放、投资条款、环境和劳工标准等。与以往不同，当今国际贸易治理的大部分议题都超越了传统的边境壁垒，延伸到了国内的营商环境和规则制度的质量与竞争力。

（二）应对贸易不确定性与国内政治经济影响

恰当描述 2008 年金融危机以来全球贸易形势的关键词是不确定性，迄今为止，这种不确定性一直存在，并因 2020 年新冠病毒疫情的全球大流行而进一步加深了。世界贸易组织 2020 年 4 月发布的最新报告认为，2020 年全球商品贸易将下降 13%—32%。之所以预测范围较大，主要是因为疫情的持续时间和经济影响仍存在高度不确定性，实际经济结果也许会超出这一范围。世界贸易组织较为乐观的预计是，2020 年下半年贸易额迅速回升，达到大流行前的趋势，即全球经济出现 V 型复苏；较为悲观的预计是，复苏将持续到 2021 年，即全球经济活动经历更多 U 型复苏。[①]

经历着新冠病毒疫情对经济和贸易不确定性的叠加影响，各国也开始反思其国内经济对外部市场的过于依赖问题，一些本国经济对外依存度较高的国家开始调整产业政策，有意将那些贸易依存度较高的关键产

---

① World Trade Organization, "Trade set to plunge as COVID-19 pandemic upends global economy," April 8, 2020, https://www.wto.org/english/news_e/pres20_e/pr855_e.htm.

业，纳入国内产业体系加大力度支持重建，特别是那些涉及应对全球性重大突发事件的产业，有可能进一步回归本土制造、就近供应和当地储备，这有可能降低全球经贸依存度，加大逆全球化的风险，进一步增加全球贸易的不确定性。

为应对贸易不确定性，各国贸易政策更加保守，并将国内政治和民生利益作为贸易政策的重要变量。由于贸易开放程度与一国的国内政治、经济、社会乃至文化价值观息息相关，贸易政策也构成各国外交政策的主要组成部分。传统意义上的贸易仅是经济活动的范畴，是比较优势的结果。今天，在错综复杂的国内利益交织中，私营部门的影响空前加大。贸易政策利益攸关者的外延也从政府扩大到了产业部门、行业协会和非政府组织，工会和环保组织对贸易政策的影响尤为突出。

自战后全球贸易体系建立以来，贸易政策问题从未像今天这样成为全球政治议程的中心。一方面，贸易政策成为各国外交政策的首要组成部分，地缘政治和地缘经济成为贸易政策的重要变量；另一方面，政治家对自由贸易与贸易保护的认知发生了前所未有的逆转，部分政治家甚至将贸易保护作为实实在在的政治工具。国际市场上的外部竞争利益与国内市场的内生保护利益反复博弈不断形成新的均衡，而新的变量一旦出现，原有均衡再次被打破，如此循环往复，贸易政策的不确定性及其政治经济博弈成为全球贸易新常态。在全球化新阶段，贸易政策问题普遍存在于意识形态、舆论舆情、国内经济政策、政治决策和外交关系的各个方面。由此，贸易的内涵和外延都扩大了，贸易不仅是经济活动，还越来越多地反映了一国经济状况、贸易伙伴国间的竞争优势及其在世界经济中的地位，甚至还波及意识形态在贸易政策调整中的不同影响。一方面，各国希望从全球化和贸易开放中受益；另一方面，各国又希望保护那些不能完全开放或不能对等开放的国内产业或部门。这使得贸易决策过程与贸易政治密不可分，一国贸易政策常常在自由贸易和贸易保护之间不断摇摆，在政府与市场之间不断碰撞，在国际利益与国内利益之间不断重新选择。

毋庸置疑，各国贸易政策既取决于政治市场，也取决于经济市场，政府即使愿意推进贸易自由化，有些贸易政策常常在政治上行得通，但经济上却行不通，反之亦然。因此，市场开放与贸易保护的政治经济博弈趋强。当更多的新兴经济体随着经济实力的增强不断靠近世界经济舞台的中央时，全球贸易竞争格局的转变必然在发达国家那里引发新一轮的贸易政治。经常地，贸易问题是全球化所带来的一系列问题的表象，政治家们有时出于某种政策偏好或政治需要，宣称全球化导致失业加剧、收入不平等和经济不安全，并形成各种各样"去全球化"的力量。不断增强的贸易不确定性和日渐扩大的国内利益影响，也是新全球化下国际贸易治理面临的挑战。

（三）规范"国家安全例外"的合理适用

在百年未有之大变局下，贸易政策与国家安全之间的联系也变得更加复杂。推动贸易开放和全球贸易向着自由化方向发展会产生积极的经济影响，与此同时，面临百年未有之大变局，世界各国更加关注跨国贸易和投资将如何影响其国家安全，并在国内建立起严格的立法体系，通过制度和立法来防范与对外贸易和外国投资相关的国家安全风险。对于全球治理体系来说，最为敏感的问题就是，如何界定一国启动"国家安全例外"相关立法以限制贸易和投资是否具有适当性、合规性。对于世界贸易组织成员方来说，由争端解决小组来认定其启动"国家安全例外"是否适当，至少在目前尚不可行。在《关税与贸易总协定》成立以来70余年的判例中，这仍是一个从未有结论的问题。这一问题早在起草多边贸易规则的"基本安全"条款时已经存在，关于例外条款的自由使用与可能滥用之间的争议尚未得到有效解决。

国际贸易治理体系下，与国家安全有关的议题并不是单一的，包括政府采购、出口管制、进口限制、单边报复性关税等，都可能成为贸易争端产生的议题。在政府采购方面，因为国家安全的缘故，可能出现对外国产品歧视的规定，比如，禁止一些公共部门从国外采购产品及服务，建立本土标准，为本土供应商提供优惠的价格条款等。再比如，在招投标过程中，以保护国家利益或国家安全为由拒绝外国投标者。在出口管制方面，也可能以国家安全为由实施出口管制。随着技术竞争的加剧，发达国家常常以保障国家安全和增强本国企业出口利益、维护本国的全球竞争力等为由实施出口管制。当政府对技术产品出口管制过度时，对跨国公司在国际市场的竞争也带来不利影响。与此同时，针对单一产品的保护性或报复性关税以及响应性关税，都会扰乱经济部门、供应链和投资决策，并对世界经济增长产生重大影响。更大的风险在于，各国在以国家安全名义实施关税保护方面相互效仿，这对已经处于危机之中的国际贸易治理体系的确是一个巨大的挑战。

虽然世界贸易组织对这类措施有特别的例外，但世界贸易组织争端解决机制尚缺乏解决这类争端的有力规则。事实上，国家安全措施已成为各国经济利益博弈的一个安全阀，它允许贸易系统通过提供灵活性，在一定条件下保护国内工业。"国家安全例外"是各国贸易制度安排的必然组成部分，不能否认，这种制度安排具有贸易保护、产业保护和利益保护的作用。同时，这一制度安排也有较高的政治性，常常针对某一个或几个贸易伙伴国实施。为了维护全球贸易体系，全球治理机制应考虑制定新的国际贸易规则，以应对国家安全措施可能构成的贸易壁垒。有效的多边治理机制应利于各国维护其贸易主权免受外国投资的威胁，同时也需要体现公平贸易的基本原则，避免"国家安全例外"的引用成为贸易保护主义的工具。[①]

随着跨境数据流动引发的国家安全顾虑渐强，数字贸易与国家安全密切相关。一方面，各国利用"国家安全例外"规则以应对和预防不法跨境数据流动造成的侵害符合国际法惯例，也与《联合国宪章》建立和平、安全、开放的无障碍网络环境的初衷相一致；另一方面，由于各经济体在数字贸易技术领域的地位不同，利益攸关各异，很难在数字贸易规则制定方面达成一致。在这些方面，国际贸易治理体系的建设可谓任重道远。

（四）多边治理机制兼顾包容与开放

国际治理体系的包容性与开放性同样重要，如何平衡这两者，是一个不小的挑战。国际贸易治理体系的包容性至少应考虑以下三个方面：一是经济发展水平与体制的包容，即经济发展水平不同、经济制度不同国家的共同参与，充分照顾发展中经济体特别是不发达经济体的发展目标的实现；二是贸易谈判模式的包容，即以世界贸易组织为核心并通过区域贸易协定与区域对话机制推动国际公共品的生成；三是贸易治理目

[①] 张丽娟、郭若楠：《国际贸易规则中的"国家安全例外"条款探析》，《国际论坛》2020年第3期，第56—69页。

标的包容，即兼顾经济贸易利益、社会民生利益和生态可持续发展利益。

自二战以来的 70 余年，西方发达国家在知识和技术方面拥有近乎垄断的地位，这一绝对竞争优势使得发达国家成员方更愿意在《关税与贸易总协定》/世界贸易组织框架下为"发展中国家"提供"政策空间"，容许它们更长的过渡期，实现关于贸易自由化发展的制度体系建设。今天，面对新兴经济体的崛起，西方对"政策空间"的包容度越来越低了，因此，关于是否保留"发展中国家"的"特殊与差别待遇"，也成为当今世界贸易组织改革和建立公平竞争秩序的一个重要政策议题。全球治理目标与各国的内政外交目标应并行不悖，但各国因政治经济制度和经济发展水平不同，往往面临不同的利益诉求。

自世界贸易组织成立以来，全球经济治理体系在政府间高峰论坛层面（从七国集团到二十国集团）、多边贸易机制完善层面（从《关税与贸易总协定》到世界贸易组织）和管理机制创新改革层面（国际货币基金组织和世界银行），为全球提供了一个基于规则的发展环境，由此使得全球经济治理体系具有参与机构多层次和治理主体多元化的特点。尤其是进入 21 世纪以后，区域贸易协定、传统区域组织（如非盟和东盟等）、新兴地区或跨地区机构（如上海合作组织和金砖合作机制等）都在推动国际贸易治理前行。在百年未有之大变局下，发达经济体需要适应与发展中经济体一道构建国际秩序和规则体系的新形势，倘若一意孤行推行单边主义和保护主义，则会使国际合作变得更加困难，导致国际治理效率不足。

国际贸易治理的目标也需要具有包容性。各国对贸易自由化的偏好已经开始降低，在寻求建立国际治理体系的同时，各国更多地希望以国际规则和制度体系为基础推动解决国内面临的政治经济和社会问题。一些国家主张公平贸易是自由贸易的前提，注重与贸易有关的制度因素，比如环境标准和劳工标准，关注贸易到底对劳动者的权利和待遇产生了怎样的影响以及最终如何影响到了国民福利。显然，在解决这些国内问题的过程中，全球治理体系具有规制作用，各国政府的政策设计和合理调控更为关键。

世界贸易组织框架下的国际贸易治理目标是推动多边贸易向着全球化和自由化方向发展，自由贸易与战后各国寻求贸易开放和经济发展的目标相一致。如果说"自由贸易"曾经代表着贸易发展的理想模式，那么"公平贸易"则代表着新全球化下贸易竞争的主要诉求，不能否认，对"公平贸易"的诉求有贸易保护主义的成分，也凸显了贸易制度竞争的加剧。

综上所述，21世纪的全球化不同于以往全球化的主要特征之一，就是全球化与逆全球化相伴，贸易开放与贸易保护同行，社会不稳定性与经济不确定性并存。因此，国际贸易治理体系必须具有高度的包容性和开放性，这一体系的构建者不仅应包括发达经济体，还需要发展中和不发达经济体，这一体系的受益者不仅包括国家和政府，还需包括实实在在的社会角色，包括公司、机构和民众。

（五）协调区域与多边贸易治理机制的关系

《关税与贸易总协定》允许成员方设立关税同盟或自由贸易区，在区域内实行更为优惠的关税措施；乌拉圭回合谈判达成的《服务贸易总协定》同样允许成员方订立区域服务贸易自由化协定。世界贸易组织赋予主权国家开放贸易的自主权，这使得区域贸易协定的签署具备了法律基础和前提。

与当前世界贸易组织改革的困境形成鲜明对照，区域贸易合作机制建设不断有创新、有拓展，区域贸易协定的签署也不断推陈出新。据世界贸易组织统计数据，截至2020年6月，有304个区域贸易协定已生效实施，区域贸易合作的趋势总体上趋于上升，并受到越来越多国家的关注。在世界贸易组织之外推动区域经济合作机制的建立既有其必然性，也有其可行性。一是各国政府将区域合作视作国家战略的重要组成部分予以政策支持；二是世界贸易组织规则允许成员方谈判和签署区域贸易协定；三是区域贸易合作机制不仅使那些在世界贸易组织体系内无法实现的贸易规则得以实现，而且从总体上看，还具有降低区域内贸易壁垒、促进贸易扩展和扩大贸易自由化的效应。主流观点也认为，区域贸易协定可为多边贸易治理体系的完善提供经验和铺垫，由于多边自由贸易协定涉及国家和地区多，不易通过谈判达成共识，而区域贸易安排则可在较短时间内达成共识，并能够在更广泛的议题上形成新规则、新标准，从而有效弥补多边贸易协定的不足。①

推动区域贸易协定升级、重构和改变的主要力量，还在很大程度上来自各国国内政治经济的利益攸关方。由于全球化新格局带来的不确定性增强，各国更迫切感到了未来世界新秩序的挑战，在区域贸易架构方面也变得更加务实，在贸易政策议题方面比原有体系更加超前，在全球治理方面也不再固守多边贸易体系。在多边贸易谈判停滞不前、世界贸易组织改革缺乏共识的情况下，区域贸易协定的签署也就变成了次优

---

① 张丽娟：《为何区域经济一体化再次成为潮流》，《世界知识》2020年第6期，第39、42—43页。

选择。

区域贸易协定通常包含超出世界贸易组织规则的条款和约束，特别是在服务贸易、投资和政府采购等方面。在劳工标准、环境标准等世界贸易组织框架下颇有争议的议题上，区域贸易协定则有更大的超越，从实效看，区域贸易协定至少在两个方面与世界贸易组织协调一致：一是与世界贸易组织贸易自由化方向基本一致；二是为新一轮多边谈判提供可能的样本。区域贸易协定的新议题新条款在基本框架结构上仍以世界贸易组织的方法和原则为基础，并在一定程度上促进了成员间的合作。已有研究表明，那些深化了的区域贸易协定所产生的贸易创造效应要超过贸易转移效应，有些制度规则也开始更接近具备国际公共品的性质，加之协定本身是开放的，还产生了利于与非成员国贸易的政策效应。

但区域贸易协定并不一定总是能够成功转化为国际多边协定。例如，在知识产权领域，尽管每个区域贸易协定都可能在区域内提高知识产权保护的一体化水平，但在不同的区域贸易协定之间却仍存在差别。而且，区域贸易协定之间的分歧与不同，还有可能进一步提高交易成本，因为在不同的区域贸易框架下，不仅贸易规则和标准不同，还需遵循不同的程序，这在原产地规则方面尤为明显。尽管区域贸易协定与世界贸易组织协定之间不存在原则性的分歧，但各区域贸易协定之间的系统性摩擦却大大增加了。

近年来的贸易政策实践表明，谈判签署区域贸易协定作为一项贸易策略选择，被越来越多的国家作为实现贸易扩展的主要路径。区域贸易合作与谈判仍在进行时。在谈判议题上，仍将力促就贸易政策新议题达成一致，在标准设定上，还将体现更高标准。各国都希望通过区域协定促进贸易规则的包容性、透明度和可预见性，以大幅降低在规制和标准等方面的分歧，维护高标准的卫生、安全和环保标准，在知识产权、国有企业和促进中小企业的全球竞争力方面开展合作。世界贸易组织在多边数字贸易规则谈判方面尚未取得任何成果，但双边和区域协定中已经含有数字贸易规则的条款，数据流动规则与技术转让和知识产权保护，构成21世纪贸易政策制度的制高点。全球多边贸易体系下有关数字贸易规则的制定，也是发达经济体与发展中经济体在全球贸易规则竞争中的关键领域。

综上所述，国际贸易治理面临着诸多挑战，各国在世界贸易组织改革与贸易治理体系建设上的政治共识，是有效应对挑战的重要前提。各国应当意识到，国际合作是实现各自国家利益目标的前提，而不是反之。国际贸易治理体系的构建是贸易各方寻求减少贸易不确定性的重要制度安排。在新的全球多边贸易治理体系尚未有效建立之前，区域贸易协定有望进一步扩展贸易政策新议题，但如何协调各区域贸易协定的创新性、包容性和竞争性，仍颇具挑战。

国际经济治理的发展与变革

潘晓明[*]

在二战后的 70 多年里，国际经济治理体系不断完善发展，形成了相对稳定的治理机制，在协调国家之间经济政策的制定、促进各国政策的协调，以及解决国家间政策争议中发挥着重要作用。通过在现有国际经济治理机制层面上的合作，各经济体为自身经济发展提供稳定的外部环境，在融入全球化进程中实现经济的快速增长。然而，国际社会正经历百年未有之大变局，以发达经济体为代表的逆全球化和民粹主义思潮出现以及美国特朗普政府高举单边主义的大旗，使得传统国际经济治理机制的稳定性受到威胁，国际机制对国别和地区经济政策协调的效率正在下降，国际经济治理的发展与变革成为国际关注的重大议题。

一、国际经济治理的双轨治理结构

在二战后期，布雷顿森林会议确立了二战后建立的以世界银行和国际货币基金组织为代表的国际金融体系以及以《关税与贸易总协定》

---

* 潘晓明，上海国际问题研究院副研究员。

（GATT）为主体的国际贸易体系。这些以国际组织为框架，以国际金融和国际贸易为支柱的国际经济体系，为战后自由国际经济秩序的建立和国家间经济合作提供了制度性基础。在战后长达半个多世纪的发展中，尽管以美元和黄金本位为基础的布雷顿森林体系瓦解，国际金融体系演变为主要以国际货币基金组织为主的国际货币协调机制以及世界银行的发展中国家贷款机制，但以《关税与贸易总协定》以及后来的世界贸易组织（WTO）为代表的国际贸易体系经过不断发展完善，形成了以规则为基础的多边贸易体制。包括世界银行、国际货币基金组织和《关税与贸易总协定》/世界贸易组织这些国际组织的有效运作，为各国发展提供了稳定的环境，促进了世界经济的发展与繁荣。

随着国家间经济合作不断加深，各国需要国家间有效的政策协调来减少他国政策带来的外溢性风险。在过去的70多年里，世界范围内的国际经济治理机制不断发展完善，成为人类在20世纪重要的文明成果。国际社会已经形成了以多边国际经济组织为媒介的规则治理制度和灵活的高级别定期政策对话制度并存的双轨治理机制。在这种双轨治理机制下，多边国际经济组织负责国际经济政策的一般协调，确立了国际经济运行机制的基础；而七国集团（G7）和二十国集团（G20）作为定期政策性对话机构，为国际经济的突发情况提供灵活的、应急性的政策协调方案。这两种机制互为补充，共同构成国际经济政策协调的基本机制，为实现各国经济政策的有效协调和推动世界经济的高速增长提供了重要的机制保障。

(一) 以国际组织为基础的规则治理机制

二战后的布雷顿森林体系确立了以世界银行、国际货币基金组织和《关税与贸易总协定》为代表的国际经济组织为支柱的国际经济治理体系。这种体系通过国际组织将国家关系机制化（institutionalization）[①]，国家以让渡一定的主权来赢得国际组织的成员身份，拥有在多边层面的政策优惠和受制度保障的政策协调的权利。这些国际组织通过对成员的相关权利和义务作出详细规定，并将这些规定上升为国际法，对成员加以约束。国际组织通过对相关领域国际事务协调和规范，对成员政策和行为进行规制，并监督成员有效实施。这些多边国际组织在确立对各成员内部政策进行干涉的合法性的同时，也依靠法律手段维护了国际经济秩序，实现了国际经济治理机制的稳定性。

在二战后国际经济体系的制度设计中，世界银行负责战后初期重建的投资支持。随着世界经济的不断发展和发达国家战后重建工作的完成，从20世纪60年代开始，世界银行致力于削减贫困和推动发展中国家的发展。国际货币基金组织主要协调货币兑换和国家间的金融关系，通过货币救助，防止大规模金融危机爆发。经过半个世纪的演进，国际货币基金组织则转变为在处理世界金融危机中发挥至关重要作用的国际组织。[②] 与此同时，以《关税与贸易总协定》为起点的国际贸易协定为

[①] Thomas G. Weiss and Rorden Wilkinson, "International Organization and Global Governance: What Matters and Why," in Thomas G. Weiss and Rorden Wilkinson, eds., *International Organization and Global Governance*(Abingdon: Routledge, 2014), pp. 3–17, p. 7.

[②] Bessma Momani, "Global Financial Governance," in Thomas G. Weiss and Rorden Wilkinson, eds., *International Organization and Global Governance*(Abingdon: Routledge, 2014), pp. 539–551, p. 542.

成员方削减关税，消除贸易壁垒以及实现市场开放提供了多边基础。进入世界贸易组织时代，国际贸易在原有货物贸易的基础上，将贸易开放的范围扩大至服务贸易，加强知识产权保护和实现机制上的完善。从《关税与贸易总协定》到世界贸易组织，多边贸易体制不断形成发展，推动了成员之间市场开放，使成员融入世界经济，并在世界经济的快速增长中实现自身的发展。在二战后的 70 多年里，以世界银行、国际货币基金组织和《关税与贸易总协定》为基础的国际经济治理结构，在协调各成员的宏观经济收支平衡、国家间的贸易政策，以及促进自由贸易和国际市场的建立等方面起到了重要作用。

（二）以政策沟通协调为目的的对话机制

国际经济治理机制在以国际经济组织权利和义务设定的基础上同时经历了演变与发展。国际经济体系进入 20 世纪 70 年代，由于世界宏观经济环境的改变，国家间的经济政策协调面临着前所未有的挑战。随着美元与黄金脱钩，汇率机制崩溃，布雷顿森林体系彻底瓦解，原有的国际经济治理机制已无力协调各国货币政策，造成国际货币体系的极度动荡不安。1971 年 12 月，在华盛顿召开的主要工业国的首要货币政策官员会议签订了重要的《史密森协定》（Smithsonian Agreement）。此次会议稳定了国际汇率，同时创造了主要国家间通过沟通对话的方式对宏观经济进行协调的新模式。1975 年，包括美国、英国、法国、意大利、西德和日本在内的主要工业国家，共同决定定期召集财政部长和央行行长召开会议，讨论国际经济议题。1976 年，这些国家吸收加拿大加入，成立了包括重要工业国家的七国集团（G7）。七国集团以相对灵活和软性的峰会形式，召集主要发达国家决策者定期共商世界经济重要议题，成为协调国际宏观经济政策的重要协商性机制。

随着经济全球化的推进，各国经济增长的相关性急剧增强。这种相关性不仅存在于发达经济体之间，还在发达经济体和发展中经济体之间以及发展中经济体之间建立起更为紧密的经济联系。[①] 特别是以美国、欧洲和亚洲为代表的全球价值链的出现，进一步加深世界经济的联系，推进全球化趋势朝着纵深方向发展。新兴经济体在国际经济地位中不断提高，对世界经济的影响不断增强。2008年美国次贷危机暴发，经济的高度相关性也使得危机通过发达经济体的银行和金融体系进行传导，蔓延成世界范围的金融危机。为了维护世界经济的稳定，由主要发达国家和发展中国家组成的二十国集团（G20）被推到国际经济治理的最前线。二十国集团的政策对话机制对于稳定遭受危机的世界经济和共同摆脱危机的负面影响起到了关键性作用。二十国集团不断向世界证明其推动世界经济政策沟通协调的重要性，凸显对话机制在当今国际经济治理中的意义和价值。随着二十国集团的发展和完善，国际经济治理的对话机制迎来更大的发展，已经形成了包括主要发达经济体和新兴经济体在内的宏观经济政策定期进行沟通协调的综合性平台。发展中经济体参与国际经济治理，实现了参与主体和治理议题的多元化，改变了由发达经济体垄断国际经济政策的治理格局。二十国集团的快速发展，体现了国际经济治理的重要制度性突破。

---

① IMF, *World Economic Outlook: Transitions and Tensions*, October 2013, p. 81.

二、国际经济治理面临的挑战

近年来,随着世界经济格局发生重大调整,各种利益摩擦加剧,国际经济治理陷入困境。以国际组织为基础的规则治理机制难以推出新规,治理功能失灵,各国经济政策沟通协调的对话机制则面临成员协调意愿不足而导致的"各自为政"。国际经济治理机制正面临以下三个主要挑战。

(一)挑战之一:国际经济治理机制功能失灵

二战后建立的国际经济体系为协调各国经济政策,推动市场开放和建立自由和高效的竞争秩序发挥了重要作用。然而,近年来国际经济治理机制在推动国际新规则制定和协调成员有效解决争端等传统领域遇到困境,正在面临功能失灵的危险。

1. 国际经济治理机制的规则制定功能失灵

二战后,《关税与贸易总协定》成立初期,推动贸易自由化的最大阻碍是各国关税措施。各成员方发展水平各异,关税减让很难在短期内完全实现。因而,《关税与贸易总协定》要求成员方定期进行贸易谈判,来实现不断的市场开放和提升贸易自由化程度。成员方通过八个回合的多边谈判作出新的关税减让承诺以及制定的新贸易规则成为《关税与贸易总协定》不断更新的新文本和国际贸易规则体系的新内容。①世界贸易组织成立之后，传承了《关税与贸易总协定》的这一功能，定期组织贸易回合谈判，推动成员作出新承诺进行关税和非关税减让，制定新贸易规则，不断发展多边贸易体系。正如彼德斯曼（Ernst-Ulrich Petersmann）所言，如果把世界贸易组织比作一辆自行车，那么谈判功能就是其中的一个轮子，必须要有定期谈判才能使世界贸易组织保持平衡，一直运转下去。②

自20世纪90年代以来，跨国公司和全球价值链在世界范围内迅速拓展，推动了以贸易—投资—服务为轴心的21世纪贸易形态的出现，在国际层面需要与之相适应的多边贸易规则。③现有的世界贸易组织多边贸易规则侧重对跨境贸易的规定，强调各国对边境贸易措施的协调。在全球价值链时代下的国际贸易规则，要求各国边境内规则进行协调和统一，并且在削减货物关税及配额的基础上，简化通关手续，促进贸易便利化，对生产各个环节的协调，从而加速货物的流转。跨国公司以此减少贸易成本来降低企业的运行成本。与此同时，价值链的扩展使得产品生产与服务贸易更加紧密地结合在一起，要求服务贸易进行更大限度的开放。另外，全球价值链的出现和扩张要求各国进一步削减投资藩篱，消除投资中的歧视，为投资者提供更多的保护。除了贸易领域的开放，全球价值链的拓展还要求加强各国法律协调，提高法律法规的一致

---

① Kyle Bagwell and Robert W. Staiger, "Multilateral Trade Negotiations, Bilateral Opportunism and the Rules of GATT/WTO," *Journal of International Economics*, No. 67, 2005, pp. 268-294, pp. 268-269.

② Ernst-Ulrich Petersmann, "Addressing Institutional Challenges to the WTO in the New Millennium: A Longer-term Perspective," *Journal of International Economic Law*, Vol. 8, No. 3, 2005, pp. 647-665, p. 649.

③ Richard Baldwin, "21st Regionalism: Filling the Gap between 21st Trade and 21st Trade Rules," World Trade Organization Staff Working Paper ERSD-2011-08, 2001, pp. 8-10.

性，从而降低经营成本和风险。最后，随着跨境电子商务等新贸易形式的出现，多边贸易规则不断发展，以协调各国对数据传输和电子商务发展所需要的国际贸易新规则。

然而，由于成员发展变化和世界贸易组织自身机制的限制，多边贸易体制的谈判功能正处于失灵的状态。在1995年世界贸易组织成立之后，多边谈判未能推动重要贸易协定的达成，未能在多边层面适应世界贸易的发展而提供新规则。2001年，世界贸易组织多哈回合谈判启动，谈判将"发展"作为主题，以反映广大发展中成员在国际贸易规则制定中要求关注发展问题的诉求。然而，新兴经济体与发达成员在世界贸易组织多哈谈判的重点上却各执己见。新兴经济体要求发达成员取消农业补贴，开放国内市场；而发达成员则希望包括新兴经济体在内的发展中成员进一步扩大服务贸易准入以及加强对知识产权的保护。由于发达成员与新兴经济体间的意见分歧，谈判陷入困境。多哈谈判的长期停滞使得世界贸易组织多边贸易体制无法提供与全球价值链相适应的国际贸易新规则，以满足全球价值链生产需要。世界贸易组织无法输出新规则以及自身机制改革的不力，从根本上损害了其作为重要国际经济治理机制的权威与声誉。世界贸易组织在成立之初被给予厚望，而其作为多边贸易机制的低效进一步招致成员的不满，侵蚀了成员对于多边贸易体制的信心。

与此同时，尽管世界各国试图在二十国集团政策协调平台下推动对国际贸易和投资领域新规则的磋商和制定，但由于二十国集团缺乏有效的执行机构，贸易和投资领域的规则仍然停留在原则性规定水平。因此，在多边层面，尽管各国尝试各种努力推动国际贸易和投资新规则的制定，但长期未果。在国际社会长期处于多边贸易新规则"缺位"中，世界经济和贸易发展处于更大的不确定性之中,国际贸易增长失速风险不断加剧。在增量有限的情况下,各国进入"存量博弈"的残酷竞争中。

2. 国际经济治理机制的准司法裁判功能失灵

自《关税与贸易总协定》签订以来,争端解决机制历经发展,在乌拉圭回合谈判中将争端解决机制的法律属性推向了新的高度。争端解决机制已经从最初推动国家之间就贸易争端达成的政治妥协平台[1]发展到为确保法律执行的中立性司法机构[2]。事实上,在《关税与贸易总协定》时代,随着争端解决在程序规则的细化以及对成员方履行的法律约束,多边贸易体制不断从"权力导向(power-oriented)"向"规则导向(rule-oriented)"转变,形成了以规则为基础的多边贸易体制。

乌拉圭回合谈判推动了多边贸易体制争端解决机制的进一步发展。《关于争端解决程序与规则的谅解》在对争端解决程序加以明确的同时,还引入专家组和上诉机构报告的准自动生效规则,进一步强化了争端解决机制的"准司法"特征。[3] 争端解决机制的"准司法"功能包括:根据世界贸易组织的相关协议对成员的争议进行裁决,当事国履行相关裁决是成员的法定义务;争端解决机构当事国对履行的方式和是否履行存在争议时,对履行进行进一步裁决,对成员的履行进行监督。以规则解释为基础的准司法机制一直被视为世界贸易组织争端解决机制的

---

[1] Robert E. Hudec, *Enforcing International Trade Law: The Evolution of the Modern GATT Legal System*(Waltham: Butterworths Publishing, 1993), p. 7.

[2] 约翰·H. 巴顿、朱迪思·L. 戈尔斯坦、蒂莫西·E. 乔思林和理查德·R. 斯坦伯格:《贸易体制的演进:GATT 与 WTO 体制中的政治学、法学和经济学》(廖诗评译),北京:北京大学出版社 2013 年版,第 76 页.

[3] John H. Jackson, *Sovereignty, The WTO and Changing Fundamentals of International Law* (Cambridge: Cambridge University Press, 2006), p. 135.

重要成就之一。① 专家组和上诉机构通过对世界贸易组织诸协定进行法律解释，强化了国际贸易规则的实施，维护了多边贸易体系的稳定性和可预期性，② 因而被誉为世界贸易组织"皇冠上的明珠"。

随着全球价值链带来的国际分工趋势加强，国际贸易形式发生变化，贸易议题更加复杂。但由于世界贸易组织多哈回合谈判长期处于停滞、新规则制定难以推进，争端解决机构（Dispute Settlement Body）在解决争议的过程中，需要面对更多在世界贸易组织各协议中未作规定的问题。因而，上诉机构依据《维也纳条约法公约》第31条和第32条的条约解释原则，对世界贸易组织的相关法律进行创造性解释。而上诉机构的法律解释将作为判例法为后来的世界贸易组织争端解决提供指引。一直以来，美国对上诉机构填补世界贸易组织各协定法律空白的条约解释表示强烈反对，认为上诉机构对于法律解释远远超出了世界贸易组织规定的争端解决机构的裁决范围，限制了"美国为了公共利益进行规制和保护工人和企业免受不公平贸易影响的能力"。③ 美国贸易代表办公室（USTR）更是明确表示，将保护国家主权作为重要贸易议程，并明确表示任何多边贸易机制在解决争端时"不得将美国置于任何美国

---

① World Economic Forum, *Global Future Council on International Trade and Investment: Strategic Brief for Trade Ministers on the WTO Dispute Settlement Mechanism*, http://www3.weforum.org/docs/Strategic_Brief_Trade_Ministers_WTO_Dispute_Settlement_Mechanism_pagers_2018.pdf.（上网时间：2020年3月20日）

② WTO, *Understanding on Rules and Procedures Governing the Dispute Settlement*, Article 3.2, https://www.wto.org/english/docs_e/legal_e/28-dsu_e.htm.

③ US Mission in the WTO, *Statements by the United States at the Meeting of the WTO Dispute Settlement Body*, Geneva, February 25, 2019, p12, https://geneva.usmission.gov/wp-content/uploads/sites/290/Feb25.DSB_.Stmt_.as-deliv.fin_.public.pdf.（上网时间：2020年2月5日）

政府和官员未曾同意的义务之下"①。

近年来,美国对上诉机构的反对演变成对上诉机构运作的直接干预。2017年8月,美国政府以"美国领导人换届"为由阻碍上诉机构专家任命。美国将对上诉机构成员任命问题的不满扩大至上诉机构的司法裁判以及争端解决机制。美国公开反对《上诉程序工作流程》（Working Procedures for Appellate Review）的第15条,认为上诉机构无权决定上诉机构新成员的组成,认为争端解决机构应讨论和解决如何处理由非上诉机构成员所作出的裁决。② 美国在争端解决机构例会上反复强调应将解决上诉机构成员任命的问题作为优先事项。因此,随着委员任期的结束,上诉机构因无法完成专家替换而面临委员人数不断减少。2019年12月11日之后,上诉机构只有一个成员,无法正常对专家组的报告进行审议和表决,只好停摆。这严重损害了世界贸易组织争端解决机制的裁判能力,进一步削弱世界贸易组织法律执行的能力,使已经处于危机的世界多边贸易体系处于更加危险的境地。

（二）挑战之二：多边主义受到冲击

2008年的全球金融危机深刻改变了世界经济格局,发达经济体经济政策趋向保守,强调自身国家利益的最大化,企图以贸易和产业保护

---

① Office of United States Trade Representative, *2018 Trade Policy Agenda and 2017 Trade Report of the President of the United States on the Trade Agreements Program*, March 2018, p. 3, https://ustr.gov/sites/default/files/files/Press/Reports/2018/AR/2018%20Annual%20Report%20FINAL.PDF. （上网时间：2020年2月2日）

② WTO, Minutes of Meeting—Meeting Held in Center of William Rappard on 31 August 2017（WT/DSB/M/400）, October 31, 2017, para. 7.3.

的方式推动自身发展。2016年6月，英国通过国内投票决定退出欧盟。一直被认为是区域经济一体化典范的欧盟受到冲击。11月特朗普当选美国总统，上台之后，特朗普奉行"美国优先"，采取单边主义的政策，多次抨击多边贸易体制，并威胁退出世界贸易组织。逆全球化思潮和贸易保护主义在发达经济体风起云涌。

1. 美国政府单边贸易保护主义对多边合作的破坏

美国特朗普总统上台之后，一改美国作为自由贸易秩序捍卫者的形象，以"美国优先"为指针，以关税措施为手段，以调整双边竞争优势为目标，积极推行贸易保护主义政策，维护美国的竞争优势和经济霸权。美国首先以国内法为依据，通过单边提高关税，对重点行业进行保护。2017年4月，美国商务部对钢铁和铝产品进口开展"232条款"调查。2018年4月，美国政府决定对钢铁和铝产品分别加征25%和10%的进口关税[1]，日本、韩国和中国等东亚国家皆属该关税加征对象。此后经协商，美国给予阿根廷、澳大利亚、加拿大和墨西哥的钢铁和铝产品加征关税豁免，而对巴西和韩国单就钢铁加征关税进行豁免。[2] 此外，美国还对包括洗衣机、太阳能电池板、汽车采取相似的单边提高关税的措施进行保护。贸易保护主义措施从根本上破坏了各国在世界贸易组织多边框架下合作开放的信任基础，对现有多边贸易规则体系构成冲击。

---

[1] Department of Commerce, "Secretary Ross Releases Steel and Aluminum 232 Reports in Coordination with White House," February 18, 2018, https://www.commerce.gov/news/press-releases/2018/02/secretary-ross-releases-steel-and-aluminum-232-reports-coordination.（上网时间：2020年2月9日）

[2] U. S. Customs and Border Protection, "Section 232 Tariffs on Aluminum and Steel: Duty on Imports of Steel and Aluminum Articles under Section 232 of the Trade Expansion Act of 1962," https://www.cbp.gov/trade/remedies/232-tariffs-aluminum-and-steel.（上网时间：2020年2月9日）

其次，为维护美国的高科技竞争优势，特朗普政府对中国采取有关知识产权和强制技术转移的"301条款"调查。① 2018年3月，美国贸易代表办公室发布报告声称，中国存在强制技术转移行为，且对知识产权保护不力。② 并基于此，对中国对美出口产品加征关税。在《关税与贸易总协定》时代，美国政府曾经诉诸"301条款"等国内法对包括日本在内的国家采取单边制裁措施。特朗普政府也以包括"301条款"在内的国内法为依据，认定贸易伙伴国行为违法，置世界贸易组织多边框架下的争端解决机制于不顾，违反了其在世界贸易组织多边贸易体制的承诺。

最后，美国还以国家安全为由限制中国高科技企业的相关贸易。2018年4月，美国商务部宣布禁止美国企业向中国中兴公司销售零部件、商品、软件和技术，期限为七年。后经美国商务部与中兴公司磋商达成协议。2018年7月，美国商务部"暂时、部分地"解除对中兴公司的禁令，条件是中兴公司缴纳10亿美元罚金，改组董事会和管理层，并缴纳4亿美元的保证金，美国政府向中兴派驻合规监督团队，为期十年。2019年5月，美国商务部产业与安全局将华为列入"实体名单"，宣布华为公司及其下属的注册在其他26个国家的68个企业的所有进口、再出口以及技术转移需经美国政府颁发出口许可，禁止美国企业向华为公司出口零部件及技术。为避免对美国企业的冲击，美国政府同时公布了90天的暂缓令。2020年5月，美国政府采取进一步措施，限制

---

① 美国《1974年贸易法》中的第301条规定，当美国企业受到他国不公平措施而遭受损害时可以要求美国政府进行调查。美国政府采取提高关税的措施以保护受到损害的相关产业。

② Office of the United States Trade Representative, "Findings of Investigation into China's Acts, Policies, and Practices Related to Technology Transfer, Intellectual Property, and Innovation under Section 301 of the Trade Act of 1974," March 22, 2018, https://ustr.gov/sites/default/files/Section%20301%20FINAL.PDF. （上网时间：2020年2月22日）

全球范围内的公司使用美国电子器件、软件的商品技术为华为及其子公司提供芯片。

2. 贸易开放转向双边和区域合作

国际经济多边治理机制对国际经济新变化应对失灵，使得很多经济体转向区域以及双边贸易协定磋商，带动了地区主义的蓬勃发展。其中，最为瞩目的是大型区域自由贸易协定谈判的快速发展，成为 21 世纪初以来国际贸易体系发展的重要特征之一。美国、欧洲国家、日本、中国以及东盟国家成为大型区域自由贸易协定的重要推动者。这些大型区域贸易协定代表国际贸易规则变革的重要动力，成为影响国际贸易规则发展的主要力量。

融合东亚及太平洋国家的《全面与进步跨太平洋伙伴关系协定》（CPTPP）的前身《跨太平洋伙伴关系协定》（TPP），是奥巴马任期精心打造的所谓 21 世纪高标准国际贸易新规则。特朗普总统上台后宣布退出。日本牵头继续推动不包括美国的《全面与进步跨太平洋伙伴关系协定》谈判，并于 2018 年 12 月 30 日正式生效。

2018 年 9 月 30 日，美国与加拿大、墨西哥签订《美墨加协定》（USMCA）以取代《北美自由贸易协定》（NAFTA）。美国贸易代表办公室称，《美墨加协定》是特朗普政府在国际贸易新规则制定中的重要实践。《美墨加协定》反映美国在新时期所关心的贸易议题和规则制定手法，被美国政府誉为 21 世纪高标准国际贸易规则。[1] 与世界贸易组织多边贸易规则相比，《美墨加协定》的规则不仅增加了新议题，还对

---

[1] USTR, *United States-Mexico-Canada Trade Fact Sheet Modernizing NAFTA into a 21st Century Trade Agreement*, https://ustr.gov/trade-agreements/free-trade-agreements/united-states-mexico-canada-agreement/fact-sheets/modernizing. （上网时间：2020 年 2 月 15 日）

当前的国际贸易新议题作了更为详尽的规定。①

东亚国家正在加速推进区域大型自由贸易协定的达成。旨在扩大市场开放和推动贸易和投资自由化的区域全面经济伙伴关系协定（RCEP）谈判，对东亚地区经济一体化进程意义重大。区域全面经济伙伴关系谈判始于2012年，是由中国、日本、韩国、印度、澳大利亚、新西兰和东盟十国组成的旨在推进地区贸易开放和经济深度融合的自由贸易协定。2019年11月，在泰国曼谷举行的东盟峰会及东亚领导人会议上，除印度明确表示退出谈判，其他十五个国家已经就20个章节的文本谈判达成协议，并即将付诸法律审查程序。区域全面经济伙伴关系协定将成为推动东亚国家经济一体化进程的重要机制性框架。

与此同时，主要国家间的双边贸易协定谈判不断推进。日本与欧盟于2018年7月签订《日本—欧盟经济伙伴关系协定》，并于2019年2月1日正式生效。② 欧盟对99%的日本对欧盟出口实行零关税，94%的欧盟对日本出口立即实行零关税标准，并逐步扩大至99%。世界主要贸易国通过签订双边贸易协定，推动双边市场的深度开放，来维持贸易增长和助力自身经济的发展。

区域和双边贸易协定谈判的兴起，在一定上分化了各国通过世界贸易组织多边贸易机制进行规则磋商的努力。在一定时期内，多边贸易谈判不再是主要经济体推进国际贸易新规则制定的首选。

---

① 《美墨加协定》涵盖内容广泛，包括货物贸易、服务贸易、原产地规则、关税便利、政府采购、数字贸易、知识产权保护、汇率、竞争政策、国有企业、劳工和环境等34个章节的内容。

② Japan's Ministry of Foreign Affairs, *Japan - EU Economic Partnership Agreement*, https://www.mofa.go.jp/policy/economy/page6e_000013.html. （上网时间：2020年2月20日）

（三）挑战之三：主要国家政策协调意愿降低

2008年的世界金融危机对发达国家金融和经济体系带来冲击，刺激了这些国家经济政策的重要调整。这些国家提高国内投资审查门槛等一系列贸易和投资保护主义政策，对本国现有产业进行保护。例如，美国提出引导制造业回流（reshoring），重建国内制造业，以推动本国"产业空心化问题"的解决。2017年12月，特朗普政府发布《国家安全战略报告》，首次提出"经济安全"概念，并明确指出维护经济安全是实现国家安全的重要组成部分。这从根本上"打破了经济与国家安全之间的界限，明确表示美国政府将通过双边威逼而不是通过强化以及遵守律法"。①

美国偏离自由国际经济政策的轨道，给世界各国的经济政策协调蒙上了阴影。美国的对外经济政策调整将导致整个国际关系发生根本性转变。② 一方面，正如查德·鲍恩（Chad Bown）所说，美国以国家安全为由实施进口限制是一个"极端选择"（Nuclear Option）。这将会导致贸易伙伴也会以对等原则，运用类似的政治借口去叫停美国出口，以至于全球贸易关系开启无止境的逆发展趋势。③ 美国的单边关税措施已经招致包括同盟国在内的贸易伙伴的报复。2020年年初，为应对美国延

---

① Adam Posen, "The Post–American World Economy: Globalization in the Trump Era," *Foreign Affairs*, Vol. 97, No. 2, March/April 2018, p. 31.
② Hal Brands, "American Grand Strategy and the Liberal Order: Continuity, Change, and Options for the Future," Rand Cooperation, https://www.rand.org/pubs/perspectives/PE209.html.
③ Jacob M. Schlesinger, "Trade War Risks From 'National Security' Tariffs—The Outlook," June 18, 2017, *Fox Business*, http://www.foxbusiness.com/features/2017/06/18/trade-war-risks-from-national-security-tariffs-outlook.html. （上网时间：2020年2月1日）

长对欧盟的钢和铝关税措施，欧盟推出关税报复清单，对美国的部分商品加征关税。① 欧盟的报复措施已于2020年4月实施。2020年6月美国宣布考虑对31亿美元的欧盟商品加征关税。美欧之间的贸易摩擦不断加剧。另一方面，美国以国家安全为由的贸易和投资保护正在被更多的国家效仿。欧盟和日本等发达经济体以国家安全为由，加紧对外国投资进行审查，限制外国企业进行投资，特别是高科技领域的投资。2019年4月，欧盟的《外国投资审查框架》（Foreign Investment Screening Framework）生效，允许欧盟成员国采取并行的审查程序；当某一投资项目对欧盟多个国家的安全和公共秩序构成威胁时，欧盟有权从"欧盟的利益"角度发表意见。② 日本也积极效仿美国和欧盟，提高对外国投资审查标准。2019年11月，日本参议院通过了重新修改的《汇率及外国贸易法》，该法规定，任何外国企业投资日本的半导体等与国家安全相关的企业，当所持股份占到日本上市公司股份比例的1%（由原法的10%修改为1%）时将面临投资审查。③

这些发达经济体原为关税减让和投资自由化谈判的积极推动者，曾经在世界贸易组织等多边机制框架下推动贸易和投资自由化，促进市场的全面开放。然而，美国的贸易保护主义及相关政策不仅使得其与欧盟和日本等主要盟友的双边经贸关系趋于紧张，更推动这些发达经济体在

---

① Reuters, "EU Targets More US Products after US Metal Tariff Extension," April 6, 2020, https://www.reuters.com/article/us-usa-trade-eu/eu-targets-more-u-s-imports-after-u-s-metal-tariff-extension-idUSKBN21O168. （上网时间：2020年6月28日）

② European Union, "Foreign Investment Screening: New European Framework to Enter into Force in April 2019," March 5, 2019, https://ec.europa.eu/commission/presscorner/detail/en/IP_19_1532. （上网时间：2020年1月13日）

③ Jeremy White, Masao Katsuyama, Daniel Ora Burkhart and Mami Ohara, "Japanese Government Revises Rules on Foreign Investment," November 14, 2019, https://www.bakermckenzie.com/en/insight/publications/2019/11/japan-rules-on-foreign-investment. （上网时间2020年1月13日）

对外经济政策上趋于保守，以国家安全为由对自身重要产业进行保护。各国"各自为政"的政策趋向和由此而带来的贸易摩擦，将进一步阻碍国家间经济政策协调的进行，使多边经济合作和国际经济治理面临更多的挑战。

三、国际经济治理面临挑战背后的原因

世界贸易组织多边贸易体制在进入 21 世纪遭遇危机并非偶然，这实际上是国际社会基本经济运行方式、各经济体内部社会关系、经济体之间关系以及世界贸易组织机制内部发生诸多变化的结果。这种变化从根本上改变了原有的成员之间及成员与国际经济治理机制之间的平衡，导致国际经济治理体系的失序，使国际经济治理遭遇多重挑战。究其原因，主要包括以下三个方面。

（一）国际经济治理机制存在的矛盾

在二战后 70 多年的发展和演进中，以多边国际组织规则为基础的国际经济治理体系逐步完善，形成相对独立的运行机制和完备的制度体系，为协调各国经济政策，促进各国经济发展提供了稳定的制度环境和有效的机制保障。然而，随着国际格局的演变，成员利益诉求发生变化，现有的国际治理机制自身与成员的诉求之间的张力不断显现。

就国际贸易治理机制而言，世界贸易组织面临在公平与效率之间维持有效动态平衡的难题。世界贸易组织作为以成员驱动（Memberdriven）为特色的国际组织，采取"协商一致"的原则，各成员不论经济发达与否，在世界贸易组织谈判中都可以享受程序上的平等，共同参与和决定新贸易规则的达成。任何成员的反对，都可能阻止新规则的产生。世界贸易组织的这种平权机制安排鼓励各成员参与世界贸易组织的谈判和贸易事务协调。而世界贸易组织也因其自身的平等性而成为拥有最广泛成员的国际经济治理机构。

然而，由于各方对谈判议程和主要议题难以达成一致，多哈回合谈判处于僵局。世界贸易组织多边贸易体制的谈判功能受到限制。世界贸易组织的规则制定因为其低效而面临"被边缘化"的危险。因此，世界贸易组织的平等性和有效性之间似乎存在着一个悖论，即世界贸易组织的平等性提升了广大成员的参与多边谈判热情，世界贸易组织实现对国际贸易事务的广泛治理；然而其平等性却使世界贸易组织多边贸易规则制定需要承担更高的制度成本，减弱了世界贸易组织治理的有效性。

同样，国际货币基金组织和世界银行所代表的国际金融治理机制则在追求效率的同时，也面临如何更好地在成员之间实现公平的问题。不同于世界贸易组织的"一人一票"，国际货币基金组织的采取的是基本投票权和加权投票权并行的两种投票方式。基本投票权与成员的份额无关，但加权投票权则是基于成员的出资份额而进行分配的。由于基本投票权只占总投票权的5.5%[1]，加权投票权在一定程度上决定成员对货币基金组织重大决策上所的影响力。随着包括中国、印度、巴西在内的新兴经济体的崛起，这些国家要求国际金融治理机制进行相应的改革，以反映其在国际经济中的影响力，提升其在国际货币基金组织的投票

---

[1] 黄薇：《国际组织的权力计算——以IMF份额和投票权改革为例的分析》，《中国社会科学》2016年第12期，第185页。

权。经过各方的努力，国际货币基金组织于2015年12月通过了一揽子改革方案，对新兴经济体的投票权有进一步的提升，发达国家的投票权得到了进一步的稀释。此外，改革还推动国际货币基金组织内部的执董会选举机制的突破，新机制更好地反映了成员的广泛性。而世界银行的投票权改革却步履维艰。世界银行也采取加权投票权制度。虽然2010年的改革一定程度上提升了新兴经济体的投票权，但在过去的10年里，世界银行未能进行适时的改革，以反映国际经济格局的动态变化。因此，现有的国际金融治理机制面临着来自内部的矛盾：一方面，发达经济体希望维持自身对国际金融治理机制的主导，以有利于自身利益国际经济治理机制来巩固在国际竞争中的有利地位；另一方面，以新兴经济体为代表的发展中经济体积极推动国际金融治理机制改革，以有效维护自身在国际经济体系中的利益。这种张力将会随着新兴经济体的不断壮大而加剧，为国际金融机制的治理带来更多的挑战。

（二）以美国为代表的发达经济体内部社会矛盾加剧

以美国为代表的发达经济体，是二战后经济全球化的主要推动力量，全球化带给不同社会阶层不同的影响。随着社会贫富差距加大，阶层之间社会矛盾加剧，不支持全球化的势力增强，使得发达经济体在国际经济治理机制的传统领导角色正在动摇。

自20世纪80年代，以跨国公司资本为推动力量的全球化给以美国为代表的发达经济体内部带来深远的影响。全球范围的分工推动全球价值链的形成，在发达经济体未能使各阶层同等受益。以美国为代表的发达经济体跨国公司虽然在产品设计等价值链的高端占有优势，但在传统的制造业领域优势渐失,造成企业投资向低成本和靠近原料产地的经济体转移。国内产业空心化,国际大公司财富积累加速,中下层和富裕阶层的收入差距在全球化时期不断加大。《世界不平等报告(2018)》显示,二战后至20世纪80年代,美国90%的人口受益于经济增长。其中50%的底层民众和40%的中产阶级的收入增加超过100%,美国最富有的10%的阶层收入增加少于80%。20世纪80年代之后,虽然美国税前平均工资增长60%,最富裕阶层的10%的收入增长超过45%,但占人口50%的底层民众的工资实际增长接近为零。50%的底层民众只占有总体财富的12%。①

2008年的金融危机使得贫富差距呈现愈演愈烈之势。② 底层民众将不满指向经济全球化,认为自身是全球化和贸易自由化的受害者,是导致其贫困的根源,这些民众成为逆全球化和民粹主义的重要推动力量。美国特朗普总统的上台正是迎合了这一趋势,主张贸易保护主义,推动产业回归美国,从而实现美国再次伟大,将矛头对准全球化和自由贸易,力图通过对国际经济体系的改革来缓和美国的国内社会问题。美国目前的经济战略已经开始告别二战后70多年推行自由经济秩序的基本方针,开始转为内向和保守。然而,美国并非要主动放弃其全球领导地位,而是通过其全球政治经济影响力,对其他经济体政策施加影响力,逐步改写不利于自身参与国际竞争的国际经济规则,以此重新巩固其全球经济霸权的地位。

---

① Facundo Alvaredo and Lucas Chancel, Thomas Piketty, Emmanuel Saez and Gabriel Zucman, *World Inequality Report 2018*, World Inequality Lab, 2017, pp. 69-71.
② William D. Cohan, "How Quantitative Easing Contributed to Nation's Inequality Problem," *The New York Times*, October 22, 2014, https://dealbook.nytimes.com/2014/10/22/how-quantitative-easing-contributed-to-the-nations-inequality-problem/.

（三）主要经济体之间的利益摩擦加剧

20世纪80年代以来，在经济全球化的过程中，跨国公司成为国际经济活动的核心，改变了国际经济利益在国家间传统的分配模式。一些发展中经济体采取适时而有效的经济政策，通过吸引跨国公司投资，引进国外先进技术，深度融入全球价值链。这些经济体在全球化过程中不仅加快了自身工业化进程，更实现了经济繁荣、增强了自身经济实力和在国际经济中的地位。这些新兴经济体的快速崛起，从根本上改变了其与发达经济体的力量对比，冲击了发达经济体对国际经济体系的绝对领导地位。

跨国公司的国际投资使得许多发展中经济体能够参与到这次全球化当中，进而能够享受全球化带来的快速经济增长和初级工业化进程。尽管发展中经济体的生产附加值较低，利润分配占比较少，但在全球分工中，发展中经济体能够仍以其比较优势参与进来，通过全球价值链参与跨国公司生产，从而分享其利益，加速了自身的工业化进程和财富积累。截至2018年，发展中经济体的GDP已经超过世界经济总量的一半以上。这些经济体不仅是全球价值链不可或缺的生产国，更是重要的消费市场，成为推动世界经济增长不可或缺的因素。

随着发展中经济体的快速发展，发达经济体的主导地位削弱。根据世界银行数据，1990年，以七国集团为代表的发达经济体GDP总量达到15.20万亿美元，占世界经济总量的67.32%，到2017年，七国集团国家GDP总量接近36.733万亿美元，占世界经济总量的比重下滑至

45.52%，较 1990 年水平下降了约 22%。① 2008 年的世界金融危机更是对发达经济体经济造成重创。以七国集团为代表的发达经济体在世界范围内的经济领导力下降是现有国际经济治理机制陷入困境的根本原因，其实力显著下降从根本上撼动了这些国家在全球国际经济事务中的领导力。

二战后，多边贸易体制由主要发达经济体成员主导，以维护其经济体利益为核心。尽管历次谈判对这一机制进行调整，但主要是在发达经济体成员的国内利益集团之间进行调整。随着新兴经济体的经济相对影响力的提升，其经济政策对世界经济有更多的外溢性影响。发达成员需要与发展中成员合作来扩大包括世界贸易组织在内的多边经济机构的国际政策影响力。一方面，发展中成员积极参与多边贸易规则的谈判和多边经济治理事务；而另一方面，发达成员却极力维持其在包括世界贸易组织在内的多边国际组织的领导权和规则制定垄断权。因此，在包括世界贸易组织在内的国际多边组织内部，发达成员和发展中成员之间对于国际经济治理中具体事务和议题的意见和分歧增多。这种情况严重影响了国际经济治理的效率和效果，许多重要议题由于成员方意见分歧而久拖不决。

四、结语

2008 年的世界金融危机给发达经济体经济带来重创，美国及其他

---

① 作者根据世界银行数据计算得出的结果，参见 GDP (current US dollar), World Bank national accounts data, and OECD National Accounts data files, https://data.worldbank.org/indicator/NY.GDP.MKTP.CD。（上网时间 2020 年 6 月 28 日）

发达经济体对外经济政策不断趋于保守,对国际经济治理机制也从原来积极的推动者与领导者角色,转向反对者和阻碍者角色。这种转变对国际经济治理的发展产生极大的影响,从根本上挑战了二战后长期存在的"开放、合作与共赢"的国际经济治理思路,使得原有的以开放为基本原则的国际经济秩序遭到挑战。尽管国际经济治理所面临的困境以及国际经济体系转型,以及世界经济发展的不确定性,为国际合作增添了变数与困难,但是,世界别无选择,只能走向协商与合作。

正如1929年世界经济大萧条所昭示的那样,各国为谋求自身利益最大化而采取的贸易保护和货币扭曲政策会加剧国家间的政策摩擦,导致竞争环境恶化,进一步延迟和阻碍投资,将世界经济拖入更大危机的泥潭。当今,各方在进行经济调整的同时,应积极加入到多边、区域和双边合作进程,积极推动国际经济体系变革的进程,以明确和务实的国际经济治理改革方案推动国际经济治理走出困境,重建国际经济治理秩序。

国际贸易规则重构与中国对策

东 艳[*]

国际贸易规则的形成、创新与变迁是研究国际问题学者关注的重要问题。2008 年国际金融危机以来，现有国际贸易规则的微观基础及其所体现的权力均衡条件均发生了重要调整，贸易模式从传统贸易模式向价值链分工和数字全球化转变，[①] 权力转移过程中的大国制度竞争加剧，国际贸易规则进入重塑期。[②] 研究国际经济学、国际政治经济学、国际经济法学的学者从不同角度对 21 世纪国际贸易规则发展的动力、趋势进行探讨，然而，"规范研究不能只局限于规范的起源、扩展和内化，还要注意规范发展过程中孕育的创新，或者说规范的重塑。"[③] 崛

---

[*] 东艳，中国社会科学院世界经济与政治研究所研究员。

[①] 理查德·鲍德温（Richard Baldwin）在 2011 年的文章中指出，世界贸易体系所体现的 20 世纪的贸易规则已经无法满足 21 世纪的贸易发展对规则的需求。参见 Richard Baldwin, "21st Century Regionalism: Filling the Gap between 21st Century Trade and 20th Century Trade Rules," WTO Staff Working Papers ERSD-2011-08, World Trade Organization (WTO), Economic Research and Statistics Division, https://www.econstor.eu/bitstream/10419/57613/1/660180391.pdf。

[②] 阿迪亚·马特图和罗伯特·斯泰格 2019 年发布的美国国家经济研究局工作论文认为，美国发起的贸易战使以"规则为导向"的贸易规则谈判向以"权力为导向"的贸易规则谈判转变。参见 Aaditya Mattoo and Robert W. Staiger, "Trade Wars: What do they Mean? Why are they Happening Now? What are the Costs?" NBER Working Papers 25762, 2019, National Bureau of Economic Research, https://www.nber.org/papers/w25762。

[③] 袁正清：《规范研究应突破单向的线性路径》，《中国社会科学报》2014 年 2 月 12 日，第 558 期。

起国如何突破守成国的规则锁定意图,① 在国际贸易规则重构中探寻有效路径？对这一问题仍需要深入探讨。正如唐世平所指出的："在具体制度变革中，中国不应大而化之地讨论'制度'之争，而应将重心放在提供解决方案上，完善对制度的认识，从而做到制度的不断创新与变革。"②

现有国际政治经济学关于国际制度竞争的研究主要基于加总分析，将制度集合作为整体来分析，而对规则异质性分析不足，同时，国际经济学和国际经济法的相关研究虽然对某项具体规则有不少讨论，但对于崛起国国际制度安排选择缺乏基于综合视角的系统研究。本文认为，在国际权力转移过程中，全球贸易体系呈现制度非均衡状态，在规则重构期，崛起国从规则接受国到规则制定国的转换过程中，面临参与规则创建、促进规则重塑、加强规则协调、适应规则对等和弥补规则赤字等不同选择。不同国际制度安排对参与方讨价还价实力及在权力结构中相对优势有显著影响，在研究参与国际经济规则重构的路径设计时，应在以往两分法基础上，将一国在不同规则下的竞争优势与不同贸易制度安排下的谈判实力综合考虑，由此研判参与规则重塑的多重路径选择。

一、国际贸易规则与重构

国际经济学中对国际贸易规则的研究体现于对规则的载体，即国际

---

① "规则锁定"概念的最早使用参见张宇燕、冯维江：《从"接触"到"规锁"：美国对华战略意图及中美博弈的四种前景》，《清华金融评论》2018年第7期，第24—25页。

② 唐世平：《国际秩序变迁与中国的选项》，《中国社会科学》2019年第3期，第187—203页。

贸易协定的分析中,这些研究侧重于从经济学角度,对国际贸易协定形成原因、机制设计其经济效应进行分析,重点关注国际贸易协定引发的贸易自由化效应和动态经济增长效应。① 经济学相关研究以是否加入贸易协定作为制度指标的变量,或在贸易模型中以 0 或 1 作为虚拟变量赋值,或通过以调整贸易成本的方式将制度变化纳入模型。随着贸易协定在规则广度和深度不断扩展,传统同质性协定的分析方法已经无法刻画现实发展情况。② 特别是作为 21 世纪贸易新规则代表的《跨太平洋伙伴关系协定》(TPP)文本于 2015 年 10 月发布后,学者们开始聚焦贸易协定文本分析,并引入文本为数据(Text as Data)等新兴技术分析方法。由此打开了贸易协定的黑箱,使以贸易协定总体为视角的制度效应分析演化为以文本规则为支撑的制度效应分析。③

国际经济法探讨以国际法律形式存在的贸易规则的法律溯源、法律解释、行为准则,以及作为国际贸易法律规则载体的多边贸易协定和区

---

① 相关研究的系统综述可参见 Nuno Limão, "Preferential Trade Agreements," NBER Working Papers 22138, 2016, National Bureau of Economic Research, Inc., https://www.nber.org/papers/w22138; Kyle Bagwell, and Robert W. Staiger, "The Design of Trade Agreements," NBER Working Papers 22087, 2016, National Bureau of Economic Research, Inc., https://www.nber.org/papers/w22087; Grossman, Gene M., "The Purpose of Trade Agreements," NBER Working Papers22070, 2016, National Bureau of Economic Research, Inc., https://www.nber.org/papers/w22070。(访问时间:2020 年 4 月 28 日)

② 参见东艳:《深度一体化、外国直接投资与发展中国家的自由贸易区战略》,《经济学》(季刊)2009 年第 8 卷第 2 期,第 397—426 页。Alberto Osnag, et al., "Deep Trade Agreements and Vertical FDI: The Devil is in the Details," *Canadian Journal of Economics*, Vol. 52, No. 4, 2015, pp. 1-46。

③ 贸易协定的文本通常篇幅巨大,如《跨太平洋伙伴关系协定》英文版全文包括,可谓卷帙浩繁。《跨太平洋伙伴关系协定》全文于 2015 年 10 月公布后,学者们逐步展开了对区域贸易协定文本的深入研究,由此将《跨太平洋伙伴关系协定》等高标准贸易投资协定及其影响的研究推向新阶段。参见中国社会科学院世界经济与政治研究所国际贸易研究室:《〈跨太平洋伙伴关系协定〉文本解读》,北京:中国社会科学出版社 2016 年版。关于文本为数据(Text as Data)分析,参见 Wolfgang Alschner, et al., "Text-as-Data Analysis of Preferential Trade Agreements: Mapping the PTA Landscape," UNCTAD Research Paper No. 5, UNCTAD/SER. RP/2017/5, https://unctad.org/en/pages/PublicationWebflyer.aspx?publicationid=1838。(访问时间:2020 年 4 月 28 日)

域贸易协定法律原则、程序、变更和裁决规则等。①国际贸易法最初关注《关税与贸易总协定》、世界贸易组织等多边贸易协定的规则，以及欧盟的经济法律规定。随着国际贸易治理平台的发展，国际经济法学者从不同角度对区域贸易协定，特别是体现全球贸易规则重构的新区域贸易协定进行了较为深入的研究，如《跨太平洋伙伴关系协定》（TPP）/《跨大西洋贸易与投资伙伴协定》（TTIP）、《全面经济贸易协定》（CETA）、《美墨加协定》（USMCA）等协定中的规则。②在具体规则的研究中，服务贸易规则、数字贸易规则、竞争中性规则、监管一致性规则等是国际经济法和国际经济学领域研究讨论的重点规则。根据廖凡的观点，国际经济法学在中国正式产生于20世纪70年代末80年代初，国内现有对国际规则的研究大多停留在规则内容及对中国借鉴和启示的分析，对制定该规则的动因及该规则在现有规则体系中处于的位置、扮演的角色及规则实施成效如何及制定该规则的现实背景和制度环境的分析有待于加深。③

国际政治经济学从制度视角出发，对国际规则进行研究。道格拉斯·G.诺斯指出，新古典经济学中假设人在无制度存在的环境中作出

---

① 参见 Joost H. B. Pauwelyn, et al., *International Trade Law* (New York: Wolters Kluwer, 2016); Ernst-Ulrich Petersmann, "Methodology Problems in International Economic Law and Adjudication," *Jindal Global Law Review*, Vol. 7, No. 2, 2016, pp. 279-332。

② Amrita BahriandLugo Monica, "Trumping Capacity Gap with Negotiation Strategies: The Mexican USMCA Negotiation Experience," *Journal of International Economic Law*, Vol. 23, No. 1, March 2020, pp. 1-23, https://doi.org/10.1093/jiel/jgz029; Julien Chaisse, et al., *Paradigm Shift in International Economic Law Rule-Making: TPP as a New Model for Trade Agreements?*(Singapore: Springer, 2017); 石静霞:《国际贸易投资规则的再构建及中国的因应》,《中国社会科学》2015年第9期，第128—145页。张乃根:《"一带一路"倡议下的国际贸易规则之重构》,《法学》2016年第5期，第93—103页。

③ 参见廖凡:《从"繁荣"到规范：中国国际经济法学研究的反思与展望》,《政法论坛》2018年第36卷第5期，第54—67页。

理性选择,而实际上,人们是通过某些先存的心智构念(preexisting mental constructs)来处理信息和辨识环境,这些先存的心智构念对制度的形成、维系和变迁具有重要影响,制度变迁决定人类历史中的社会深化方式。① 李向阳从国际经济规则的外部性与非中性出发,分析了规则制定权的收益来源、一国对规则制定过程影响力的决定因素以及规则形成的具体机制。② 张宇燕和李增刚采用新制度经济学的方法,对国际规则的形成、变迁、实施等进行理论探讨③。近年来,学者们从制度非中性、竞争性多边主义、现实制度主义和制度现实主义等理论视角,解释当前国际制度竞争问题。④

国际贸易规则重构是处于各学科交叉地带的重要国际问题,近十年来,研究国际经济学、国际经济法以及国际政治经济学的学者从不同角度对国际贸易规则重构进行了研究,但这一领域的研究仍存在急需填补的"交叉的裂缝"。⑤

总体来看,在讨论中国在国际贸易规则重塑中的有效路径问题时,构建经济、政治及法律多学科综合视角的研究框架有助于加深对此问题

---

① Douglass C. North, *Institutions, Institutional Change, and Economic Performance* (Cambridge: Cambridge University Press, 1990).
② 李向阳:《国际经济规则的形成机制》,《世界经济与政治》2006年第9期,第67—76页。李向阳:《国际经济规则的实施机制》,《世界经济》2007年第12期,第3—12页。
③ 张宇燕、李增刚:《国际经济政治学》,上海:上海人民出版社2008年版。
④ 关于国际制度竞争的研究现状,李巍和罗仪馥进行了详细的梳理。参见李巍、罗仪馥:《从规则到秩序——国际制度竞争的逻辑》,《世界经济与政治》2019年第4期,第28—57、第155—156页。最新相关研究还包括刘玮:《兼容性制度竞争:双层对冲与地区制度的嵌套设计》,《世界经济与政治》2020年第2期,第65—86、158页。陈拯:《改制与建制之间:国际制度竞争的策略选择》,《世界经济与政治》2020年第4期,第81—109页。
⑤ 李巍在讨论研究美国国际经济政策的方法时,采用了"交叉的裂缝"一词,认为如果不进行一种跨学科的努力,某些处于学科交叉地带的社会事实将处于学术研究的"贫瘠地带"。参见李巍:《制度变迁与美国国际经济政策》,复旦大学博士学位论文,2009年。

的理解。① 国际政治经济学在规则研究中将国内社会和制度因素引入分析框架，有助于研究规则背后的利益集团对国际规则形成、设计与变迁的影响，国际经济法的研究有助于对具体规则的内涵和性质进行分析，国际经济学的最新发展为贸易协定总体为视角的制度分析演化为以文本规则为支撑的制度分析提供技术支持。

笔者基于对国际贸易竞争及其利益分配格局分析，并结合细分的国际贸易规则研究，探讨国际贸易规则重构的动力和方向，分析崛起国在权力攀升的过程中，在规则竞争中面临多重抉择。在此基础上，进一步区分区域协定所具有的地缘政治关系重构和规则构建双重属性，并将这两个维度的关系进行研究，探讨不同伙伴国与不同规则相互作用下的规则重塑多重路径选择问题，由此分析国际规则重塑与中国制度型开放的互动关系。

与现有国际经济学文献相比，理查德·鲍德温（Richard Baldwin）提出了 21 世纪贸易的新变化及其可能对贸易规则改变的影响，② 不过这一研究仅提出国际贸易格局变化的结果，而没有深入分析其变化进程所引发的各国收益分配和经济竞争的差异，以及由此带来的基于不同利

---

① 关于多学科视角的研究，查德·鲍恩，约斯特·鲍韦林等从法学、经济学和政治学综合视角对世界贸易组织（WTO）争端解决机制的报复战进行了分析，西蒙·埃内特对中美货币争端进行了多角度研究。目前采用多学科视角对贸易规则进行分析的研究还较少。参见 Chad P. Bown, and Joost H. B. Pauwelyn, eds., *The Law, Economics and Politics of Retaliation in WTO Dispute Settlement* (Cambridge: Cambridge University Press, 2010); Simon J. Evenett, *The US - Sino Currency Dispute: New Insights from Economics, Politics, and Law* (London: A VoxEU.org Publication, Centre for Economic Policy Research, 2010).

② 理查德·鲍德温在 2011 年的文章中指出，世界贸易体系所体现的 20 世纪的贸易规则已经无法满足 21 世纪的贸易发展对规则的需求。参见 Richard Baldwin, "21st Century Regionalism: Filling the Gap between 21st Century Trade and 20th Century Trade Rules," WTO Staff Working Papers ERSD-2011-08, World Trade Organization (WTO), Economic Research and Statistics Division, 2011, https://www.econstor.eu/bitstream/10419/57613/1/660180391.pdf.

益主体视角下的规则竞争的需求，笔者在经济学分析基础上，引入国际政治经济学的分析，从国家经济利益分配差异的角度出发，来探讨其规则重构需求，同时，结合国际经济法分析方法，以全球最新的几个引领性区域贸易协定中的规则为对象，将规则变化的利益驱动因素和规则变化的表现结合，分析规则竞争的发展态势。与国际政治经济学文献相比，现有研究多以规则加总来研究中美制度的行为选择，本文纳入了规则异质性，对权力转换过程中，崛起国参与规则竞争的路径选择进行了更细致的分析。

二、权力转移与制度失衡

权力转移引发国际贸易规则重构。霸权的一个重要表现是制定国际规则，并通过执行这些规则在国家间建立秩序的能力。国际贸易秩序建立进程体现了国家间权力差异。[①] 在权力转移的过程中，国家实力的相对变化，使利益分配格局发生调整，引发国际贸易规则重构。

（一）权力转移与贸易规则重构

历史经验表明，大国相对实力的变化，引发全球贸易体系调整。19世纪，英国在面临美国和德国冲击时，曾经采用单边主义贸易政策来维护其在全球的领导力。二战后，美国取代英国成为全球的主导力量，并

---

① 参见 Robert Gilpin, *War and Change in World Politics*(New York: Cambridge University Press, 1981)。

构建了包括国际贸易体系在内的一整套治理体系，通过开放的多边主义，维护美国在全球经济的影响力。随后的历史进程中，欧洲一体化冲击、石油冲击、日本高速发展，以及中国崛起，对美国的实力接连带来挑战，也对美国在国际贸易秩序调整中的地位产生影响（见图1），引发了美国贸易政策和对国际贸易治理理念和方式的调整。

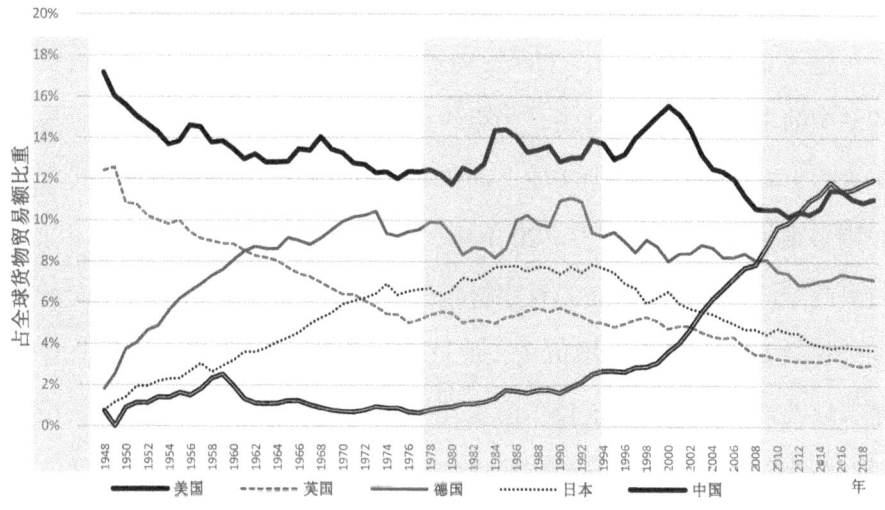

图1　二战后全球货物贸易发展进程

资料来源：作者根据世界贸易组织数据计算绘制，参见 https://www.wto.org/english/res_e/statis_e/merch_trade_stat_e.htm。

诺贝尔经济学奖获得者贾格迪什·巴格瓦蒂（Jagdish Bhagwati）在1991年的文章中，提出了"巨人萎缩综合征"，认为美国在20世纪80年代面临日本冲击时采取的单边贸易政策与英国权力衰落时的行为相似。[①]在产业结构升级过程中，日本的产业竞争力逐步向美国逼近，日

---

① Jagdish Bhagwati, "The Diminished Giant Syndrome: How Declinism Drives Trade Policy," *Foreign Affairs*, Vol. 72, No. 2, 1993, p. 22.

美经济从互补关系过渡到竞争关系。美国利用对贸易规则的控制权，借助通过多边和双边配合的方式打压日本发展。在《关税与贸易总协定》乌拉圭回合谈判中，美国要求日本加强农业、服务业，以及政府采购市场开放，避免对外国供给者歧视，同时，美国在其《1974年贸易法》第301条款的基础上增加超级301条款，威胁对日本制裁，并与日本进行结构性协定谈判来设定对日本专属规则。[1]

进入21世纪，美国占全球货物贸易的份额逐步下降，在多边贸易体系中的主导地位受到冲击，小布什、奥巴马、特朗普等采用的贸易政策表面上看风格各异，但实质上都致力于通过继续推行和构建美式贸易规则来维护美国主导权力。2001年，布什政府提出"竞争性自由化"贸易政策，提出对全球贸易秩序进行改造的主要目标：鼓励外国向美国的公司及农业主开放本国市场、促进外国采取美式商业法律和监管规范，以及鼓励其他国家支持美国实现外交政策和军事政策目标。[2] 在多哈回合谈判中，美国主导地位面临发展中国家的冲击，如，在发展中国家和发达国家关于药品专利强制许可进行争论中，2003年8月30日，世界贸易组织总理事会通过决议，允许在一定条件下，缺乏或没有生产能力的较贫穷成员方更容易地进口经强制许可生产的更便宜的仿制药。[3] 美国继而逐步转向区域贸易协定等平台，利用其他国家经济高度依赖美国的特点，继续推进高水平知识产权等规则，挽救其在多边领域

---

[1] 东艳：《制度摩擦、协调与制度型开放》，《华南师范大学学报（社会科学版）》2019年第2期，第79—86、192页。

[2] United States General Accounting Office (GAO), *International Trade: Intensifying Free Trade Negotiating Agenda Calls for Better Allocation of Staff and Resources*, GAO-04-233 International Trade, Washington, D. C., January, 2014, https://www.gao.gov/new.items/d04233.pdf.

[3] WTO, "Decision Removes Final Patent Obstacle To Cheap Drug Imports," WTO NEWS Press/350/Rev. 1 30 August 30, 2003, https://www.wto.org/english/news_e/pres03_e/pr350_e.htm.

的失利。美国试图与其他成员方通过签订自由贸易协定，双边投资协定等方式，推行美式价值理论和贸易规则。奥巴马执政时期，着力打造《跨太平洋伙伴关系协定》《跨大西洋贸易与投资伙伴协定》等跨地区的区域贸易协定，倡导建立面向21世纪的、高水平的贸易协定。特朗普虽然退出了《跨太平洋伙伴关系协定》，威胁退出世界贸易组织，但并未退出规则竞争，反而是以退为进，借助关税武器化，加强双边贸易协定谈判等方式，弥补美国权力弱化的现实情况，力图维系其在国际贸易体制中的收益和主导力。①

（二）旧制度调整：经济民族主义重现

国家间竞争格局的变化引发经济民族主义的重新崛起。从体现美国竞争力的综合指标看，美国在市场规模、创新能力、商业发展、金融体系等方面仍居于全球前例。哈佛商学院对毕业生的调查表明，认为美国竞争力稳定或上升的人数之和与认为下降的人数相当。然后，从产业竞争角度看，美国面临较强的挑战。对美国制造业竞争力排名的分析表明，美国的制造业综合竞争力排在全球第五名，位于德国、日本、中国和韩国之后。2017年，美国以制造业增加值占全球比例和制造业出口占全球比例表示的全球影响力指标10.19%。但是对比来看，2010—2019年，美国服务出口和进口占全球的比重分别下降2.66%和3.55%，而中国同期服务出口和进口占全球的比重分别上升了2.87%和75.85%。

---

① 范格拉斯特克·克雷格指出："很久以来，国际协定就被西方作为压制中国的工具。"参见 VanGrasstek, Craig, *Trade and American Leadership: The Paradoxes of Power and Wealth from Alexander Hamilton to Donald Trump* (Cambridge, UK: Cambridge University Press, 2019)。

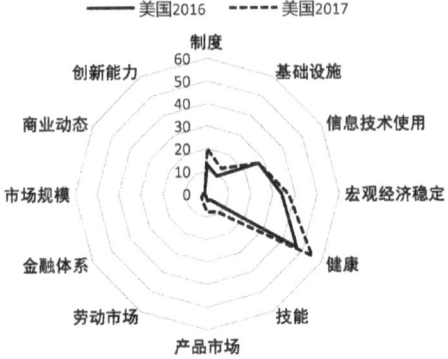

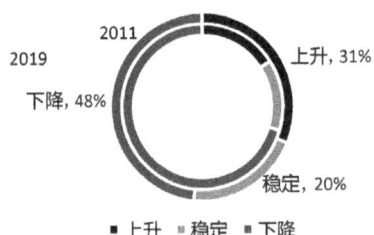

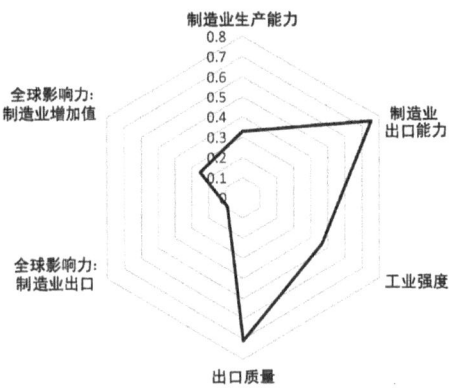

图2　美国的竞争力情况

资料来源：作者根据哈佛商学院世界经济论坛、联合国工业发展组织相关数据绘制。参见 Michael E. Porter, Jan W. Rivkin, Mihir A. Desai, Katherine M. Gehl, William R. Kerr, and Manjari Raman, *A Recovery Squandered*, U. S. Competitiveness, Harvard Business School, 2019, https://www.hbs.edu/competitiveness/research/Pages/default.aspx; WEF, *The Global Competitiveness Report 2019*; WEF, *The Global Competitiveness Report 2018*, https://www.weforum.org; UNIDO database, *CIP 2019*, https://stat.unido.org/database/CIP%2020 19;jsessionid=C96FEF4383D4C7C6D0EC3CF6C9AD7D38#。

仍居于前列，目前美国中高技术制造业的生产水平还有一定的优势，但是，中国中高技术制造业产品产业竞争力日益加强，对美国的挑战愈加明显（见图2）。从服务业发展的情况来看，美国服务出口和进口额都位于全球首位，2019年，美国服务出口总额为8452.28亿美元，服务进口总额为5954.10亿美元，占全球的比重分别为13.85%和10.19%。2010—2019年，美国服务出口和进口占全球的比重分别下降2.66%和3.55%，而中国同期服务出口和进口占全球的比重分别上升了2.87%和75.85%。①

经济民族主义强调经济活动要为国家整体利益而服务。威廉·J.吉尔（William J. Gill）认为美国发展的基础是建立在牢固的保护主义之上，而非现代经济学家所认为的自由贸易之上。② 2017年3月，特朗普在演讲中阐释其"买美国货，雇美国人"的主张时，提到要重拾亨利·克莱的主张。③ 亨利·克莱是经济民族主义的代表人物之一，1812—1815年美英战争结束后，美国对英国工业品依赖的状况依旧没

---

① 数据来源：WTO, "Statistics on trade in commercial services," https://www.wto.org/english/res_e/statis_e/tradeserv_stat_e.htm。

② 关于经济民族主义在美国早期历史发展的讨论，参见王晓德：《美国早期历史上的经济民族主义及其影响》，《南开学报》2006年第1期，第18—26页。

③ "Donald Trump's Louisville Rally Photos: Pictures of the Crowd & the Event," March 2017, https://heavy.com/news/2017/03/donald-trump-louisville-rally-photos-pictures-crowd-size-pics-kentucky-supporters-how-many/11/.

有改善,亨利·克莱在 1818 年提出构建"美国体系",他在 1824—1825 年的数次讲话中,逐步阐述了经济民族主义的形式和实质是建立在四个支柱上,其中排在首位的是通过高关税保护美国刚起步的制造业及农业,由此创造就业机会。美国贸易代表办公室发布的 2017 年贸易政策议程报告中,明确提出,"在贸易政策方面保留其主权权力,采取行动捍卫其国家利益"。①

(三)制度失衡、制度供给滞后性与权力为导向的体系

各国参与国际贸易规则制定的模式由其在国际体系权力结构中所处的地位所决定。具体来看,一国在国际贸易规则形成中的主导能力受市场规模、开放程度、国际竞争力、国际协调能力、参与区域经济合作程序及政治军事霸权等综合因素影响。②权力结构调整引发制度变迁。在制度变迁的"均衡—失衡—均衡"的转换过程中,制度创新通常具有滞后性。在兰斯·E. 戴维斯(Lance E. Davis)和道格拉斯·C. 诺斯(Douglass C. North)关于制度变迁的研究中,采用了"滞后供给模型",他们认为,经济发展所产生的对制度的新需求,会引发制度创新,但这些创新通常是为适应新需求而进行的滞后调整。③同时,受路径依赖等

---

① USTR, *2018 Trade Policy Agenda and 2017 Annual Report*, https://ustr.gov/about-us/policy-offices/press-office/reports-and-publications/2018/2018-trade-policy-agenda-and-2017.
② 李向阳:《国际经济规则的形成机制》,《世界经济与政治》2006 年第 9 期,第 67—76 页。
③ Davis L. E. and Douglass C. North, *Institutional Change and American Economic Growth* (Cambridge: Cambridge University Press, 1971); Davis L. E. and Douglass C. North, "Institutional Change and American Economic Growth: A First Step Towards a Theory of Institutional Innovation," *The Journal of Economic History*, Vol. 30, No. 1, 1970, pp. 131–149.

因素制约，制度体系的变化滞后于国际权力版图的改变。例如，1944—1945年安理会的决议对日本和德国在联合国的作用至今依旧有影响。[①]一国竞争优势，取决于要素生产率的提升，以及有利于提升生产率的政策、法律和制度，后者包括国内制度与国际制度，在权力转移过程中，面对逐步减弱的国家竞争力，霸权国家利用国际规则制度权来维护优势地位。

全球正处于从旧规则体系向新规则体系转变的过程中，美国参与国际制度重构的目标是建立一种维护其国家竞争力的制度环境，由此，现有国际贸易体系呈现出以权力为导向的特点。在这一转变中，美国试图利用在国际贸易体系中既有的主导权，利用制度供给滞后性的特点，从两个方面加强制度构建，其一是在经济实力的下降过程中，美国利用其在现有规则体系中的主导权，推行更多非中性规则，以求维护其竞争优势；其二是加紧为未来新兴产业发展和新型全球化构建制度框架。

三、国际贸易规则演进历程与重构特点

全球贸易模式的演进、大国关系的变化，全球贸易治理结构的调整，使国际贸易规则涵盖内容不断发展，本部分回顾国际贸易规则演进的进程并分析21世纪以来国际贸易规则重构特点。

[①] Koremenos Barbara, et al., "The Rational Design of International Institutions," *International Organization*, Vol. 55, No. 4, 2001, pp. 761-799.

（一）贸易规则演进的进程

二战后全球经济贸易规则经历了以下四个发展阶段。

第一阶段，以削减货物贸易关税及非关税壁垒为目标。传统经济学理论认为，通过贸易协定所建立的全球贸易规则，可以纠正各国独立设置关税引发的贸易条件变化，以及由此产生的非效率现象；政治经济分析方法认为，贸易协定可以避免政府关税选择所遇到的囚徒困境[①]。在实践中，1947年《关税与贸易总协定》缔结时强调"实质性的降低关税和其他贸易壁垒"，建立以消除对国际贸易活动的歧视性待遇的互惠、互利协定。1947—1962年，在《关税与贸易总协定》前五个回合谈判过程中，货物贸易关税减让是主要内容。随后，为了解决日益增加的非关税壁垒问题，如出口补贴、反倾销措施、国内法规的透明度等，1964年5月至1967年6月的第六回合多边贸易谈判（又称肯尼迪回合）开始，谈判领域首次关注非关税壁垒等问题，1973年9月至1979年4月的第七回合多边贸易谈判（又称东京回合），非关税壁垒谈判方面取得突破，该回合达成的十一项独立协定中，其中九项与非关税壁垒有关。

第二阶段，服务贸易、与贸易有关的投资措施、知识产权等纳入贸易规则中。20世纪80年代，发达经济体面对促进自身服务贸易发展，以及解决贸易中的假冒商品日益严重的问题，乌拉圭回合谈判中，美

---

① Harry Johnson, "Optimum tariffs and Retaliation," *Review of Economic Studies*, Vol. 21, No. 2, 1953, pp. 142–163. Kyle Bagwell, and Robert W. Staiger, "An Economic Theory of GATT," *American Economic Review*, Vol. 89, No. 1, 1989, pp. 215–248.

国等发达经济体将服务贸易、知识产权问题、与贸易有关的投资措施作为新议题引入谈判,该回合最终达成了包括《服务贸易总协定》(GATS)、《与贸易有关的知识产权协定》(TRIPS),知识产权问题纳入国际贸易规则体系。在这一阶段,多边贸易体系仍是国际贸易规则谈判的主要平台,随着发展中经济体在国际经济规则制定中参与度逐渐增强,国际贸易规则由美国和欧盟主导的两极博弈,逐渐演化为发达经济体和发展中经济体的多极博弈结构,虽然发达经济体依旧是贸易规则形成和制定的主导力量,但在多边贸易体系中推进高水平规则的难度日益增加。

第三阶段,以区域贸易规则为重点的深度一体化规则。20世纪90年代开始,在发达经济体推动下,更多涉及国内政策的领域,如投资、劳动、环境保护、竞争政策等开始被纳入国际贸易规则讨论的范围,其原因是,发达经济体认为一些经济体的国内规则影响了外国的市场准入,影响市场的公平竞争条件,虽然这些政策并不是专门针对外国竞争者来设定的。1996年,发达经济体提出在世界贸易组织框架下讨论"新加坡议题",涉及投资政策、竞争政策、政府采购透明度等,但因发展中经济体的反对,这些议题最终没有被纳入多边贸易谈判。从《北美自由贸易协定》开始,这些与国内政策的相关议题逐步被纳入区域一体化谈判中,"新区域主义"及其所形成的"深度一体化"不断发展。"深度一体化"(Deeper Integration)这一概念最早由罗伯特·劳伦斯(Robert Lawrence)作为与"浅度一体化"(Shallow Integration)相对应的概念而提出。他认为,消除关税与配额等边境壁垒,实现跨边境贸易为浅度一体化;而深度一体化则不限于此,还包括消除那些专属于国家管辖的、制约跨境贸易和服务转移的法律和管制政策的行动。① 按照霍克曼（Bernard Hoekman）和柯南（D. E. Konan）的定义，深度一体化作为一种明示的政府行为，旨在通过协调与合作来降低国内管制政策所致的市场分割效应。由于非关税壁垒的存在，零关税贸易与自由贸易间还存在差距，所以，深度一体化包括了促进成员间自由贸易的政策（在降低关税壁垒的浅度一体化基础上采用的其他类型的政策），以及促进生产过程一体化的政策。区内经济体间合作空间的扩大，这种合作不局限在贸易和生产一体化领域，也不局限在经济领域的"经济联盟"，而是更多地体现为参与国之间的经济、政治伙伴关系。

第四阶段，21世纪的高标准国际贸易规则。多边贸易体系在全球贸易规则演进中的引领力进一步下滑，2001年启动的多哈回合谈判涵盖农业、非农产品市场准入、服务业、规则、贸易便捷化等约20个议题，其中农业和非农产品市场准入是核心议题，世界贸易组织谈判的重心仍以传统的削减货物贸易壁垒为主，多边贸易谈判举步维艰，特别是2018年以来，特朗普上任后，阻挠世界贸易组织上诉机构大法官改选等举措，破坏了世界贸易组织的实际有效运行。

与此同时，在美国和欧盟的推动下，涉及国内政策的、要求更高市场开放度和规范性的更高标准的贸易规则开始在区域贸易治理层面酝酿。在美国总统奥巴马任期内，美国开始力推《跨太平洋伙伴关系协定》《跨大西洋贸易与投资伙伴协定》等跨地区的区域贸易协定，使主要经济体在全球贸易新规则构建方面的竞争加剧。美国期望为21世纪国际贸易规则打造"高标准"的示范模板；欧盟则通过加强与主要发

---

① Robert Z. Lawrence, *Regionalism, Multilateralism and Deeper Integration*, Brookings Institution, Washington, D. C., 1996.

达经济体的区域及双边贸易谈判，如《跨大西洋贸易与投资伙伴协定》、欧盟与加拿大签署自由贸易协定、欧盟与日本签署经济伙伴关系协定（EPA）（2019年2月1日生效）等，力争占据国际贸易新规则的制高点。同时，美国2012模板的双边投资协定、世界贸易组织框架下的诸边《服务贸易协定》（TiSA）也体现了以美国为首的发达经济体在引领国际投资和服务贸易新规则上所做的努力。其特点主要体现在：（1）超越了现有世界贸易组织规则，引领世界贸易组织新规则发展。《跨太平洋伙伴关系协定》《跨大西洋贸易与投资伙伴协定》《服务贸易协定》等协定引领21世纪的贸易和投资标准，因此，在深度和广度上都超过了世界贸易组织协定的现有规则，成为未来国际贸易规则的基本范本。（2）更加关注各国国家管辖的政策领域。通过协调各国国内的经济政策，降低贸易和投资成本，提高资源在全球的配置。（3）新规则在一定程度上体现了全球价值链发展对制度的需求。全球价值链是国际贸易中的重要特点，包括货物贸易、投资、服务贸易规则的整合，还包括许多新兴问题如中小企业、全球价值链网络、数字贸易等。（4）美欧等发达经济体通过引领新规则，力求维持其在全球经济中的主导地位、维护本国的就业、增长及其投资者的利益。例如，对规范国有企业行为、促进金融服务自由化、劳动和环境保护标准、投资者—东道国争端解决机制等进行了严格的规定。

2018年，特朗普上任后，基于其"美国优先"的主张，调整了美国参与全球贸易规则重构的重点和路径（见图3）。在微观层面，强调贸易规则对本国产业竞争力的维护；在宏观层面，希望通过国际转移的方式，解决美国自身经济体系中就业、收入分配方面的问题；在国际政治经济层面，更强调基于国家利益的大国竞争。在国际贸易规则重构的

国际贸易治理与变革

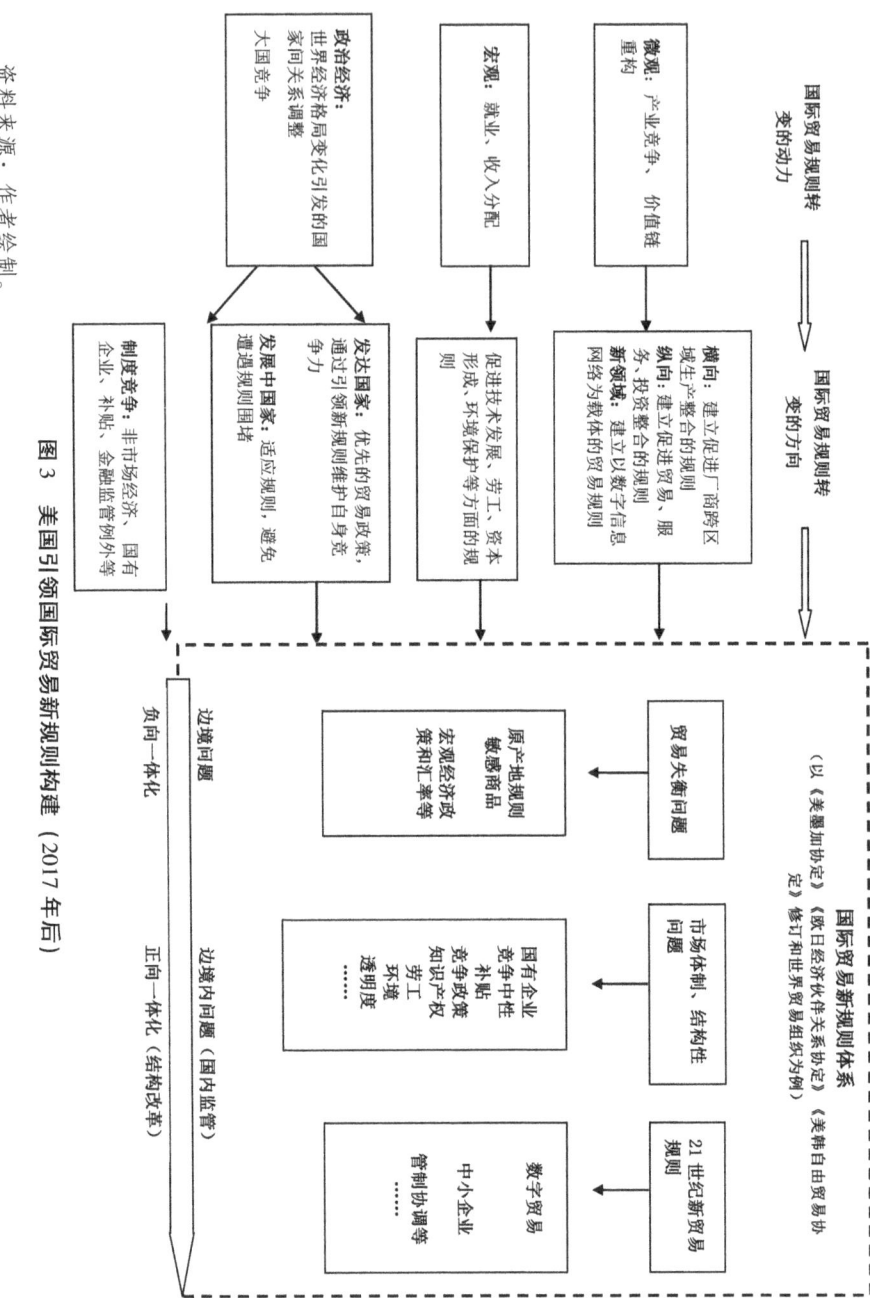

图 3 美国引领国际贸易新规则构建（2017 年后）

资料来源：作者绘制。

路径选择中，美国从参与大规模区域协定谈判进一步转向双边协定谈判。实质上，这是重新构建以美国为中心的"轮轴—辐条"体系。与《跨太平洋伙伴关系协定》等区域贸易协定相比，"轮轴—辐条"模式中，轮轴国处于中心地位，可以自由进入所有辐条国，在贸易和吸引投资方面处于优势地位，更为重要的是，在新规则重构过程中，"轮轴—辐条"使中心国家的谈判实力进一步提升，加速基于权力的贸易规则推进。伴随着辐条国数量的不断增加，"轮轴—辐条"体系的利益分配不均衡加剧。

美国在近两年陆续与主要贸易伙伴展开双边贸易谈判，2018年3月，美韩就修订双边自贸协定谈判达成协定，协定于2019年1月1日生效；2019年10月7日，美国和日本签署《美日贸易协定》和《美日数字贸易协定》；2020年1月15日，中美签订第一阶段贸易协议，即《中华人民共和国政府与美利坚合众国政府经济贸易协议》，协定包括知识产权、技术转让、食品和农产品贸易、金融服务、宏观经济政策、汇率问题和透明度、扩大贸易、双边评估和争端解决，以及最终条款八章内容。同时，美国与欧盟、英国的贸易协定谈判成在酝酿过程中；2020年1月29日，美国总统特朗普签署修订后的《美墨加协定》。

从这些谈判的条款内容看，新协定的重点包括三方面内容，一是以解决贸易失衡为主要目标，例如，美韩新协定中，提出在汽车领域，有助于美国汽车厂商进入韩国市场，限制韩国对美国钢铁出口等具体规定。在中美经济贸易协定中，包括了具有量化目标的扩大贸易章节。二是对"非市场经济"进行规制，通过加强对国有企业、补贴等问题的规定，约束其他国家行为。例如，在《美墨加协定》中，包括了规定成员国与非市场经济国家缔结自由贸易协定时可能受到的惩罚的"毒丸条款"。三是继续构建面向 21 世纪的高标准规则，引领全球竞争。例如，《美日数字贸易协定》是当前最高标准的数字贸易规则，两国在全球数字贸易规则制定中力求继续发挥主导作用。

（二）区域贸易规则重构的新特点

国际学术界关于国际贸易规则的分类，主要根据区域一体化规则与世界贸易组织的关系分类，将区域贸易协定（RTA）中的条款分为 WTO+（该条款包括在世界贸易组织中，但比世界贸易组织规定更深入），或 WTO-（世界贸易组织中不包括的条款），其所回应的问题是，区域贸易协定否促进了世界贸易组织的发展，这些研究的数据截止到 2015 年。①此部分笔者基于中国视角，以中国面临的挑战和机遇为出发点，对现有区域贸易协定中的新规则进行重新分类和审视，特别是关注了近两年来国际贸易规则的新进展。表 1 将当前全球范围内已经达成的主要高标准贸易投资协定进行了横向对比，这些协定包括《全面与进步跨太平洋伙伴关系协定》《美墨加协定》《美韩自由贸易协定》《欧日经济伙伴关系协定》《加拿大—欧盟全面经济贸易协定》。

从规则竞争的视角看，这些新协定包括以下几个方面的重点内容。

1. 深度一体化与结构性改革议题

这类议题通过调整国内政策，实现较高程度的市场化水平，包括政府采购、竞争政策、知识产权、环境条款，以及国有企业、补贴相关内容。政府采购条款以促进成员方间商品和服务贸易出口为目标，促进各

---

① 参见"Content of Deep Trade Agreements," The World Bank, October 27, 2016, https://datacatalog.worldbank.org/dataset/content-deep-trade-agreements。

国国内的市场的进一步开放,通常通过附件方式,规定了各国所承诺的政府采购条款覆盖的范围。竞争政策强调在各国的竞争法实施过程中确保程序公正,为成员方建立或维持法律体系,为确保禁止商业欺诈活动提供地区性的标准准则。知识产权规则不断提升知识产权保护水平,力图促进创新产品和服务的贸易和投资,对互联网服务、制药等领域作出了新规定,同时,规定了强有力的执行体系。劳工方面推行严格的、可强制实施的劳动标准,通常要求遵守国际劳工组织关于劳工权利的核心要求、不允许为促进投资和贸易而放宽国内法的劳动标准(不毁损原则)、建立相关的争端解决制裁机制。环境方面要求对环境问题建立可执行的承诺机制。

国有企业和指定垄断是《全面与进步跨太平洋伙伴关系协定》中新增加的章节,将双边、区域贸易协定与国内制度和改革相联系,规范成员方政府和企业行为。在欧盟分别与日本、加拿大签订的双边协定中,包括单独的补贴章节。补贴规则日益成为中国与美日欧矛盾的焦点。2018年以来,美国多次通过世界贸易组织,针对中国产业政策和补贴问题提出质疑,美日欧多次发布三方联合声明,推动达成关于补贴和国有企业的新规则,以形成对中国等"第三方市场"的规则约束。

2. 面向未来的数字全球化的新规则

全球贸易增长不稳定,发展中经济体对发达经济体挑战增加,发达经济体除了力求通过更严格的规则来维护自身的优势地位,同时,加强为未来竞争模式确立新规则。《全面与进步跨太平洋伙伴关系协定》电子商务章节,规定了21世纪数字贸易发展的新规则框架,对在线消费者保护和商业信息自由跨境传输条款由非强制性条款提升为强制性条款。在国内电子交易监管框架、个人信心保护、计算机设备的位置、垃圾商业电子信息、源代码进行了规范。而美日数字贸易协定更致力于创造领先的规则体系，对跨境销售的数字产品免征关税，不强制设置保存数据的服务器，政府在企业公示算法和"源代码"等领域不做要求等，意在促进数字经济发展，维护本国在该领域的领先优势。

3. 高水平的监管一致性规则

格罗斯曼等发表的国际重要学术研究成果指出，当前的贸易协定的形态已经发生了显著的改变，其性质更接近监管一体化协定，而非贸易自由化协定。[①] 协定强调各国监管一致性，推动缔约方建立有效的跨部门磋商和协作机制，以促进监管一致性，从而确保成员方市场上的商业主体享有开放、公平、可预期的监管环境，这体现了由各成员国内监管一致性向成员国的区域监管一致性扩展的趋势。透明度、反腐败、汇率等规则也体现了协调国内规则的特点，参见表1。

表1 当前高标准区域贸易协定中的主要条款

章节	《全面与进步跨太平洋伙伴关系协定》	《美墨加贸易协定》	《美韩自由贸易协定》	《欧日经济伙伴关系协定》	《加拿大—欧盟全面经济贸易协定》
初始条款和一般定义	1	1	1	1	1
货物贸易	2	2	—	2	—
国民待遇和商品市场准入	—	—	2	—	2
原产地规则和原产地程序	3	4、5	6	3	—

---

① Grossman, and Gene M., et al., "The 'New' Economics of Trade Agreements: From Trade Liberalization to Regulatory Convergence?" National Bureau of Economic Research, Working Paper No. 26132, 2019.

续表

章节	《全面与进步跨太平洋伙伴关系协定》	《美墨加贸易协定》	《美韩自由贸易协定》	《欧日经济伙伴关系协定》	《加拿大—欧盟全面经济贸易协定》
农业	—	3	3	19	—
制药和医疗器械	—	—	5	—	—
纺织品和服装	4	6	4	—	—
海关管理和贸易便利化	5	7	7	4	6
贸易救济	6	10	10	5	3
卫生和植物防疫措施	7	9	8	6	5
技术性贸易壁垒	8	11	9	7	4
投资	9	14	11	8	8
跨境服务贸易	10	15	12	8	9
金融服务	11	17	13	—	13
资本流动、支付和转移及临时保障措施	—	—	—	9	—
商务人员临时入境	12	16	—	—	10
专业资格的相互认可	—	—	—	—	11
国内法规	—	—	—	—	12
国际海上运输服务	—	—	—	—	14
电信	13	18	14	—	15
电子商务	14	—	15	8	16
数字贸易	—	19	—	—	—
政府采购	15	13	17	10	19
竞争政策	16	21	16	11	17
国有企业和指定垄断	17	22	—	13	18
补贴	—	—	—	12	7

续表

章节	《全面与进步跨太平洋伙伴关系协定》	《美墨加贸易协定》	《美韩自由贸易协定》	《欧日经济伙伴关系协定》	《加拿大—欧盟全面经济贸易协定》
公司治理	—	—	—	15	—
知识产权	18	20	18	14	20
劳工	19	23	19	—	23
环境	20	24	20	—	24
贸易与可持续发展	—	—	—	16	22
合作和能力建设	21	—	—	—	25
竞争力和商务便利化	22	26	—	—	—
发展	23	—	—	—	—
中小企业	24	25	—	20	—
监管一致性	25	—	—	—	—
良好的监管措施	—	28	—	18	—
监管合作	—	—	—	—	21
透明度	26	—	21	17	27
反腐败	26	27	—	—	—
出版和管理	—	29	—	—	—
宏观经济政策和汇率问题	—	33	—	—	—
管理和机制条款	27	30	22	22	26
争端解决	28	31	22	21	29
例外	29	32	23	—	28
最终条款	30	34	24	23	30

资料来源：作者根据相关协定汇总。

另外，在合作和能力建设及发展方面，《全面与进步跨太平洋伙伴关系协定》进行了规定，体现了协定成员多样性条件下，针对不同经济发展阶段国家的合作规则。

（三）多边贸易规则重构的焦点问题

2019年至今，美欧等发达经济体对世界贸易组织改革提出的方案中，多次提到中国不适合继续作为"发展中国家"[①]享受世界贸易组织的优惠待遇，希望中国能承担更多的责任。中国近年来的发展成就显著，若继续按现有方式享受世界贸易组织"特殊与差别待遇"，将面临越来越大的压力。中国在继续坚持自身所处的"发展中国家"阶段，坚持世界贸易组织应该关注"发展中国家"的发展问题，反对直接对等的前提下，应对世界贸易组织成员分类改革作出预案，在一定程度上回应发达经济体的关切，在全球贸易治理体系中承担更大的责任，继续支持世界贸易组织促进发展和能力建设，促进世界贸易组织适应新形势而变革前进。

世界贸易组织成员发展中经济体和发达经济体地位的差异，主要体现在世界贸易组织协定中关于"特殊与差别待遇"条款的规定。"特殊与差别待遇"是在多边贸易体制内，基于"发展中国家"的特殊情况和需要，"发展中国家"成员方可以在一定的范围和条件下，适用较为优惠的待遇。

这些条款分布在世界贸易组织的各类协定中，根据世界贸易组织秘

---

① 世界贸易组织语境下的"发展中国家"是一个特指概念。

书处 2018 年 10 月的相关研究报告①,世界贸易组织法律文本中对发展中国家"特殊与差别待遇"条款包括在《关税与贸易总协定》/世界贸易组织的 15 项协定中,如《1994 年关税与贸易总协定》《技术性贸易壁垒协定》《补贴与反补贴措施协定》《农产品协定》《服务贸易总协定》《关于争端解决规则与程序的谅解》《政府采购协定》等,涉及 155 个条款,大体可以分为以下六类。

第一类,增加"发展中国家"成员贸易机会的条款。世界贸易组织延续了 1947 年《关税与贸易总协定》中提出的关于给予发展中经济体优惠市场准入待遇的条款。例如,《关税与贸易总协定》第 37 条要求发达国家尽最大可能保证"发展中国家"的贸易利益,包括对削减和取消欠发达缔约方目前或潜在具有特殊出口利益产品的壁垒给予最优先考虑;1979 年的"授权条款"(Enabling Clause)则允许发达国家对来自"发展中国家"的产品给予普惠制待遇,无须按照最惠国待遇原则将这种待遇给予其他成员。

第二类,要求世界贸易组织成员维护"发展中国家"成员利益的条款。协定的一些条款要求发达国家在采用贸易措施时应该考虑到"发展中国家"的特殊利益。例如《技术性贸易壁垒协定》中有十个条款涉及相关的规定,包括在序言(第九次修订)、第 2 条 12 款、第 5 条 9 款、第 12 条 1 款、第 12 条 2 款、第 12 条 3 款、第 12 条 5 条款、第 12 条 9 款、第 12 条 10 款和第 14 条 4 款中。如第 12 条第 3 款规定各成员在制定和实施技术法规、标准和一致评定程序时,应考虑到"发展

---

① WTO, "Special and Differential Treatment Provisions in WTO Agreements and Decisions," WT/COMTD/W/239, 2018, https://www.wto.org/english/tratop_e/devel_e/dev_special_differential_provisions_e.htm#legal_provisions.

中国家"成员的特殊发展、金融和贸易需要,以确保这些技术法规、标准和一致评定程序不会对"发展中国家"成员的出口产生不必要的影响。

第三类,承诺、行动及政策工具使用的灵活性条款。如在世界贸易组织农业协定中,有九项条款体现"发展中国家"在相关领域的灵活性。如在第9条第2款中规定:"在实施期满时,该成员方出口补贴的预算支出和自这类补贴中利益的数量分别不高于1986年、1990年基期水平的64%和79%。对'发展中国家'成员方而言,这两个百分比应分别为76%和86%。""发展中国家"可以削减较少的关税和补贴,可以维持一般性的投资补贴和给予低收入或资源贫乏农民的农业投入补贴等。

第四类,给予"发展中国家"成员更长的过渡期条款。除了反倾销协定和装运前检验协定外,其他所有的协定都为发展中国家提供了更长的履行期限。

第五类,技术援助条款。例如,《关于实施卫生和植物卫生措施协定》规定,各成员方应以双边形式或通过适当的国际组织向其他成员方尤其是发展中成员提供技术帮助。

第六类,对最不发达国家的"特殊与差别待遇"。

从"发展中国家"的角度看,目前世界贸易组织协定中的"特殊与差别待遇"条款可以划分为两大类别,第一类是发达国家需要采取积极行动来完成的,包括给予"发展中国家"的出口产品优惠的市场准入条件,例如,以较低的关税水平,使得"发展中国家"的产品能够进入发达国家市场;给予"发展中国家"技术和财政援助等;第二类则是允许"发展中国家"承担不同义务的规定,包括"发展中国家"

可以不受一些多边贸易纪律的约束，可以对国内产业提供保护以及享有更长的履行期限等。

在《关税与贸易总协定》及其后的世界贸易组织中，"发展中国家"的身份是在各成员自选的基础上确定的，如果没有任何其他成员正式提出反对，该成员就可以自由地将适用该身份。世界贸易组织的"发展中国家"的身份的界定在实践中存在如下问题：首先，一国经济发展程度是动态变化的；其次，发展的含义具有多维度，国家在各方面的发展可能存在不平衡性；第三，"发展中国家"之间的经济发展水平存在较大的差异，需要更加细致的分类。目前世界贸易组织的164个成员中，有三分之一为发达经济体，三分之二为发展中经济体。而在《关税与贸易总协定》和世界贸易组织的历史上，只有美国、欧盟（之前的欧洲共同体）、加拿大、日本、澳大利亚、新西兰和瑞士一直选择自己是发达经济体，其他成员至少有一次自己选择了"发展中国家"身份。

针对"发展中国家"间的发展水平存在较大的差异，世界组织贸易的发展委员会和贸易谈判小组在多哈回合谈判的早期阶段，就是否细分"发展中国家"概念的问题提出了一些建议，并要求某些相对较先进的"发展中国家"，在给予最不发达国家优惠方面，应根据其经济发展水平作出进一步贡献。虽然当时的讨论没有取得进展，但细化分类的呼声逐步增强。

四、中国针对不同规则的政策选择

针对上一部分所提出基于大国竞争视角的规则分类，本部分从中国角度提出相应的参与规则重构路径。

（一）突破规则锁定：以"竞争中性"规则为例

"竞争中性"规则是美国等发达经济体维护其在全球竞争地位的工具。在这一领域的规则已经由发达经济体基本达成共识，并在美欧主导的新贸易协定中向发展中国家推进。面对发达经济体在此领域对中国进行规则锁定之意，需要加强规则重塑。

美国推进"竞争中性"规则方面具有如下特点：一是从经济实力角度，中国与美国在经济发展模式上存在差异，国有企业规模方面差异巨大，美国国企数量极少，美国在全球贸易治理中引入"竞争中性"规则，其目标直指中国国有企业，该规则是美国等发达经济体维护其在全球竞争地位的工具。①二是从理念上，美欧等国指责中国存在"国家资本主义"，从"非市场经济"方面对中国的发展模式进行指责。② 三

---

① 根据经济合作与发展组织（OECD）的数据，截至 2015 年，中国中央国有企业的数量为 51341 家，企业价值 29.2 万亿美元，雇用近 2025 万人，美国联邦层面国有企业共 16 家，企业价值-216 亿美元，雇用近 53.6 万人。数据来源：OECD, *The Size and Sectoral Distribution of State-Owned Enterprises*, OECD Publishing, 2017, https://doi.org/10.1787/9789264280663-en。（访问时间：2020 年 6 月 5 日）

② Fleury J. S. and J. M. Marcoux, "The US Shaping of State-Owned Enterprise Disciplines in the Trans-Pacific Partnership," *Journal of International Economic Law*, Vol. 19, No. 2, 2016, pp. 445-465.

是在推进路径上，竞争中性源于澳大利亚国内法律制度，之后经济合作与发展组织提出了相关指南，而美国国内并无相关法律实践，美国将该规则引入区域贸易协定中，本质是对中国进行规则锁定。

从崛起国角度，应促进规则重塑。"竞争中性"主要涉及市场结构问题，中国在竞争政策领域规则设计处于向西方学习过程中。中国国企改革与竞争中性相关要求从方向上并不矛盾，中国应加速自主改革，突破规则锁定，将外部压力转化为经济体制改革的动力，例如，对国家企业的信息披露、国有企业分类等领域进行改革。针对超越中国当前经济发展阶段的要求，应该强调允许发展中国家有"例外"，循序渐进地进行改革，坚持规则基础的非约束性原则，以"规则指导原则"的方式加强国家间政策协调，而非"硬性原则"，并加强与发展中国家特别是新兴经济体的协调与合作，提高相关规则的适用性和包容性。[①]

（二）参与规则竞争：以数字经济规则为例

未来大国竞争的关键在于技术与创新领域，这是确保军事利益和商业繁荣的基础，高新技术领域、数字经济相关贸易规则是数字全球化下大国规则竞争的焦点。在这一新兴领域，由于没有原有规则的束缚，路径依赖的影响极弱，市场势力、技术水平、政治影响力等对新规则形成具有重要影响。各经济体在这一领域竞争加剧，正在逐步形成各有侧重的规则主张，其中，中国和美国是确定未来网络空间贸易规则走向的最

---

① 关于中国相关政策的详细讨论参见：东艳、张琳：《美国区域贸易投资协定框架下的竞争中立原则分析》，《当代亚太》2014年第6期，第117—131、158—159页。张琳，东艳：《国际贸易投资规则的新变化：竞争中立原则的应用与实践》，《国际贸易》2014年第6期，第48—51页。

重要的国家。

美国推进数字经济规则有三个显著特点：一是从经济实力角度，基于自身在跨境数字服务领域的显著引领地位，在相关规则中明确采用"数字贸易"概念，侧重于数字化交付内容及服务的相关规则；二是从理念上，主张消除跨境数字贸易壁垒，发挥美国在这一领域的优势；三是在推进路径上，从多层面推进，从最初在世界贸易组织层面进行协商，到加强与贸易伙伴国在《跨太平洋伙伴关系协定》等自由贸易协定中引入全新的电子商务章节，在《美墨加协定》中引入更新的数字贸易章节，并逐步聚焦于构建权力更集中的"轴心治理"（Hub Governance）模式，达成《美日数字贸易协定》。

与此对应，中国推进数字经济规则有如下特点：一是从经济实力角度，基于自身在电子商务平台领域的全球优势地位，在相关规则中明确采用"电子商务"概念，侧重于以网络为媒介的传统贸易的新交易平台的相关规则；二是从理念上，采用审慎态度，特别是在跨数据自由流动、数据本地化保存等方面；三是在推进路径上，参与了世界贸易组织等框架下的谈判，在自由贸易协定层面推进电子商务取得一定进展。

总体来看，中国在此领域参与规则竞争中需要更有长远视野，考虑中国具有强大的市场影响力和竞争优势，应更主动地参与相关规则谈判，积极对跨境数字服务规则设计进行前瞻性的研究，在理念上，目前中国与俄罗斯、印度尼西亚等新兴经济体在此领域较为相近，未来可进一步对接欧洲的监管型理念；在机制设计中，借助区域全面经济伙伴关系协定（RCEP）、"一带一路"等，推进符合发展中国家需求的新规则。

(三) 加强规则协调：以监管协调规则为例

监管一致性规则的目标是推动各经济体在国内监管中推行良好监管实践，促进监管一致性，加强监管合作，从而确保在区域或国际市场上的商业主体享有开放、公平、可预期的监管环境，加强国际监管合作。随着国际经济往来的加深，一国的国内监管对实现区域自由贸易和经济增长有重要的影响。一方面，全球生产网络的发展，使国家之间的联系由产品间向产品内的生产过程转变，在同一个产品链上，需要统一的监管政策来协调。跨国公司依据比较优势，将生产不同环节配置在不同的国家，低关税和配额，以及透明的可预期的监管环境是提高利润水平的重要前提。另一方面，发达国家间的关税水平已经很低，根据世界贸易组织统计，目前发达经济体之间的工业品平均关税已经低于1%，这与1947年时平均40%的关税水平已经有了明显的不同，而且已经取消大部分关税配额，这些国家间的合作越来越向监管层面转移。

监管一致将成为未来国际经济新规则中横向议题的重要规则。随着全球价值链的纵深发展及全球公共产品需求的上升，关于世界贸易组织在国际监管合作中发挥更积极作用的呼声日渐增强，如E15项目（E15 Initiatives）① 等一些智库的报告中提出，世界贸易组织应致力于建立国际监管合作框架。在世界贸易组织层面，监管协调致力于解决歧视性监管政策，对于非歧视性的，但缺乏效率或重复性的监管政策则没有

---

① The E15 Initiative was established to convene world-class experts and institutions to generate strategic analysis and recommendations for government, business and civil society geared towards strengthening the global trade and investment system for sustainable development, http://e15initiative.org/.

充分的规定。亚太经合组织和经济合作与发展组织对监管合作进行了积极地探索。从当前全球重要自由贸易协定（《全面与进步跨太平洋伙伴关系协定》《美墨加协定》《欧日经济伙伴关系协定》《全面经济贸易协定》）文本看，主要发达经济体积极通过区域层面推广边界后监管一致性规则，该规则将逐步成为自由贸易协定中的必备条款，参见表2。

表2 主要区域贸易协定中监管一致性条款比较

序号	监管一致性条款	国际协定					中国签订的协定			
		《全面与进步跨太平洋伙伴关系协定》	《美墨加协定》	《美韩自由贸易协定》	《欧日经济伙伴关系协定》	《全面经济贸易协定》	《中韩自由贸易协定》	《中澳自由贸易协定》	《中瑞自由贸易协定》	《中秘自由贸易协定》
1	监管一致性原则和目标	✓	✓	✗	✓	✓	✗	✗	✗	✗
2	建立协调和审议程序或机制	✓	✓	✗	✓	✓	✗	✗	✗	✗
3	监管影响评估	✓	✓	✗	✓	✓	✗	✗	✗	✗
4	透明度和公众参与	✓	✓	✗	✓	✓	✗	✗	✗	✗

续表

序号	监管一致性条款	国际协定					中国签订的协定			
		《全面与进步跨太平洋伙伴关系协定》	《美墨加协定》	《美韩自由贸易协定》	《欧日经济伙伴关系协定》	《全面经济贸易协定》	《中韩自由贸易协定》	《中澳自由贸易协定》	《中瑞自由贸易协定》	《中秘自由贸易协定》
5	监管磋商合作	✓	✓	×	✓	✓	×	×	×	×
6	监管措施回溯	×	✓	×	✓	✓	×	×	×	×
7	促进监管相容性	×	✓	×	✓	✓	×	×	×	×

资料来源：作者根据相关协定汇总。

"监管一致性"原则有助于中国提升国家治理水平，目前，在各地自由贸易试验区改革中已经逐步体现该原则。例如，在2017年，国务院发布的《中国（河南）自由贸易试验区总体方案》中明确提出了"营造法制化、国际化、便利化营商环境"，"促进监管高效便捷"，河南省政府发布的《中国（河南）自由贸易试验区建设重大改革专项总体方案》《中国（河南）自由贸易试验区政务服务体系建设专项方案》中，提出"深化商事制度改革，推进政府管理方式创新"，在具体实践中围绕这要求开展了大量的工作。目前，自由贸易试验区的制度创新中，尚无关于引入和国际对接的良好监管实践及监管影响评估的内容，在此领域可进一步深化创新，构建良好的营商环境。

此外，需要注意的是，国内规制主权与经济全球化带来的国际合作所需要的一定程度上让渡管理权存在主权存在一定的矛盾。当前区域贸易规则越来越致力于对国内政策的影响与协调。需要对这一规则对国内监管自主权的影响进行关注。各国的监管目标、监管方式选择受经济发展水平、经济管理体制的影响。目前，中国的经济发展水平还不能完全与美国、欧盟等要求一致。中国在监管一致性规则中，应倡导有效的监管，并不是单纯地减少监管或增加监管。同时，强调国内监管权的独立性，在促进监管一致中，应提倡注重各国经济发展水平的差异而有序推进。

（四）弥补规则赤字：以发展规则为例

发展议题是世界贸易组织关注的重要领域，而特殊与差别待遇是多边发展议题的核心内容。《世界贸易组织协定》中包含的促进"发展中国家"发展的条款，包括给予这些国家以更长时间的来适用协定和承诺，增加其贸易的机会，支持其构建自身的贸易能力，促进争端解决机制实现技术标准等。世界贸易组织建立了上百个贸易合作机制来促进"发展中国家"的发展。世界贸易组织确定了定期的培训，对于政府官员的培训课程。贸易援助倡议的对促进"发展中国家"提升贸易能力有重要意义。中国应该继续支持世界贸易组织促进发展和能力建设。

与此同时，中国应在区域合作层面积极推进与发展领域规则的构建。在2020年新冠病毒疫情背景下，加紧推进全球公共卫生合作及相关贸易规则。中国以医疗卫生合作为突破口，带动与各国的贸易往来。短期内，各国急需医疗物资供给，而中长期内，医疗基础设施建设，以及相关技术研发转让需求将增加。中国应推进和落实《关于推进"一带一路"卫生交流合作三年实施方案（2015—2017）》等相关国际合作框架下医疗卫生合作规定，以全球公共卫生合作带动相关贸易合作及规则构建。

五、国际制度安排选择与规则重构路径

面对规则竞争，中国应该通过自主开放、双边合作、区域合作、多边协调等多重路径出发，积极应对规则竞争。

（一）自主制度型开放

对于"竞争中性""金融开放""加强知识产权保护"等有助于中国经济结构调整的外部规则，应与中国改革进程结合，通过自主制度型开放来对接新规则。党的十九大报告提出"推动形成全面开放新格局"。新一轮高水平开放与国内改革相互促进。2018年年底，中央经济工作会议首次提出推动全方位对外开放，适应新形势、把握新特点，推动由商品和要素流动型开放向规则等制度型开放转变。

中国确定的制度型开放对促进国际规则竞争、加强制度协调具有积极的意义。制度型开放通过政策、制度调整，形成与国际投资、贸易通行规则相衔接的基本制度体系和监管模式。与更侧重促进商品和要素流动的传统开放模式有所不同，制度型开放更侧重于解决结构性问题。2020年1月1日实施的《中华人民共和国外商投资法》，是中国推进制度型开放的重要举措。其中不仅对企业行为进行了规范，也对政府行为

提出了要求。要求建立健全外商投资服务体系，政府创新管理方式，如加强外资安全审查、实行外商投资信息报告制度和实施投诉工作机制等，并促进中国外商投资由事前审批管理向事中、事后监管的备案制管理转变。确定参照"竞争中性"原则进行国内改革，这些举措是中国进行制度型开放的重要步骤，中国正在营造与国际高水平对接的贸易规则体系，促进市场经济发展的营商环境，形成全面开放的新格局。

（二）加强双边制度协调和区域协定谈判

双边和区域贸易协定是协调和引领规则的有效平台。对于非市场经济、"发展中国家"地位等发达经济体提出的焦点问题，可以通过中美双边协定等方式，先在小范围内进行协调。中美双边制度协调，目前已经从结构性对话进入结构性谈判阶段，双方通过逐步形成一个有约束力的、有法律基础的协定，以期达到稳定的、可预期的效果，在结构性谈判协定的基础上，继续探讨商签中美双边投资协定或者中美自由贸易协定。中美第一阶段经贸协议对双方贸易焦点问题提供了务实的解决方案，如对贸易失衡、知识产权保护、技术转移等提出了具体的行为要求、制度框架和执行措施。中国可加强中欧自贸协定、中英自贸协议谈判，充分利用好双边谈判的优势。中国应充分利用自身已有优势，提升在全球分工体系中的位次，不断向产业链高端攀升，继续扩大与美欧贸易合作。

在亚太层面，亚太价值链的发展为本地区制度安排深化提供了物质基础。例如，中日韩自贸协定谈判可以就监管一致性进行协调，三方的经济发展程度较高。在《区域全面经济伙伴关系协定》的签署以及中国探求加入《全面与进步跨太平洋伙伴关系协定》的过程中，可以充分利用本地区贸易联系密切，区域机制成员国范围较广的特点，推动数字经济规则等中国可能参与规则竞争的新规则。在"一带一路"合作，以及南北型自由贸易协定中，注重发展、合作，公共卫生议题的规则设计，促进相关规则引领，利用美国放弃这一领域的空间，主动建制，同时，拓展规则集合。

（三）在多边贸易体系中发挥主导作用

积极参与多边贸易体系改革。中国在近年来的发展成就显著，和其他欠发展经济体的发展水平拉开了一定的差距，中国很难继续按照现有方式享受世界贸易组织"特殊与差别待遇"。实际上，中国已经在《信息技术产品协定》扩围谈判等领域作出了和发达经济体类似的承诺。在不同的协定中按照一事一议原则，承担不同的责任。比如在允许发展中经济体在执行多边贸易规则和纪律时一定灵活性的条款方面，在《补贴与反补贴措施协定》《服务贸易总协定》《政府采购协定》等协定中涉及的"特殊与差别待遇"条款中，中国继续要求"发展中国家"的待遇，而在中国发展比较完善的领域则可以承担更多的责任，同时，考虑到世界贸易组织成员方的不同利益诉求较多的情况，在规则竞争中对发达经济体可形成一定的牵制，在此框架下，推进数字经济等规则。

六、结论

在国际权力转移的过程中,国际贸易治理体系处于制度非均衡状态。中国面临规则对接、规则竞争、规则协调、规则引领等多种参与规则重构的方式,而不同国际制度安排下,规则谈判的相对讨价还价能力有所不同。在参与贸易规则重构的路径设计中应将一国在不同规则下的竞争优势与不同贸易制度安排下的谈判实力综合考虑,由此研判规则重塑的多重路径选择。在新一轮全球贸易治理结构调整中,应该更主动的谋求与自身实力相当的地位,在全球贸易规则治理中发挥核心作用。对于结构性问题相关的规则,中国应该通过加大自主开放力度,与高标准规则对标,突破规则围堵。对于数字经济等有竞争优势的规则,中国应该在自身具有较强主导力的双边和区域协定中,积极推进中国主张,利用中国所具有的市场实力,参与国际新规则谈判竞争。在发展、合作和能力建设等领域,通过"一带一路"合作等,积极加强相关规则构建。

多边贸易体制与世界贸易的发展

宋 泓[*]

2001年发起的世界贸易组织多哈回合谈判已经过去将近20年了，不少重要的世界贸易组织成员公开声称要放弃这轮多边谈判。特朗普上台以后，美国政府突出"美国优先"的政策，大幅度调整对世界贸易组织的政策，阻止多边争端解决机制中的上诉机构大法官的正常遴选进程，提出了单边取向的改革方案。多边贸易体制的未来前景如何、面临什么样的挑战、如何进行改革？本部分从推动世界贸易发展的角度，分析多边贸易体制的优缺点及其面临的挑战，并对其前景、可能的改革思路等进行探讨。

一、多边贸易体制与二战后世界贸易的发展

二战后《关税与贸易总协定》的签署，代表着多边贸易体制的初步形成，并对推动世界贸易向多边化发展，发挥了举足轻重的作用。

---

[*] 宋泓，中国社会科学院美国研究所研究员、副所长。

（一）战后多边贸易体制的阶段性发展

二战以来，多边贸易体制推动世界贸易的发展大体经历了三个阶段。第一阶段是 1948 年到 1973 年第一次石油危机之前，多边贸易体制的创建以及发挥主导作用时期。第二阶段是 70 年代石油危机冲击下，世界贸易的动荡和调整时期，多边贸易体制的作用有限。第三阶段是 80 年代之后到 2016 年的区域、全球生产网络大发展时期，多边贸易体制对世界贸易作出了重要贡献。

第一阶段，1948 年到 1973 年第一次石油危机之前，是战后西方世界经济增长的黄金时代，也是多边贸易体制的创建以及发挥主导作用时期。世界贸易保持了快速的增长。以现价美元计算①，世界货物出口贸易增长了 9 倍，年均增长 10%。在战争的废墟上，在严峻的重建和恢复以及新的国际秩序构建过程中，能够获得这样的增长是非常难能可贵的。1944 年，在二战接近尾声的时候，以美英为首的西方国家在美国布雷顿森林召开会议，确定了美元与黄金挂钩、各国货币与美元挂钩的固定汇率制，确立了美元的国际货币地位，同时，构建了以世界银行、国际货币基金组织和《关税与贸易总协定》三大支柱为基础的战后世界经济治理体系。正是在这样的背景下，1947 年，在美英的推动下，23 个缔约方谈判签署了《关税与贸易总协定》。随后，便开始进行多边贸易谈判以及关税的减让。第一回合谈判中，美国显示出强大的领导

---

① 除特别说明之外，本部分所用数据均来自世界贸易组织数据库。所有数据均以现价美元值表示，份额按百分比表示。

力①,并带头将本国的关税进行了大幅度的削减。1970年之前,共进行了6个回合多边贸易谈判,西方发达经济体的关税水平累计在最初的水平上削减了60%以上②。

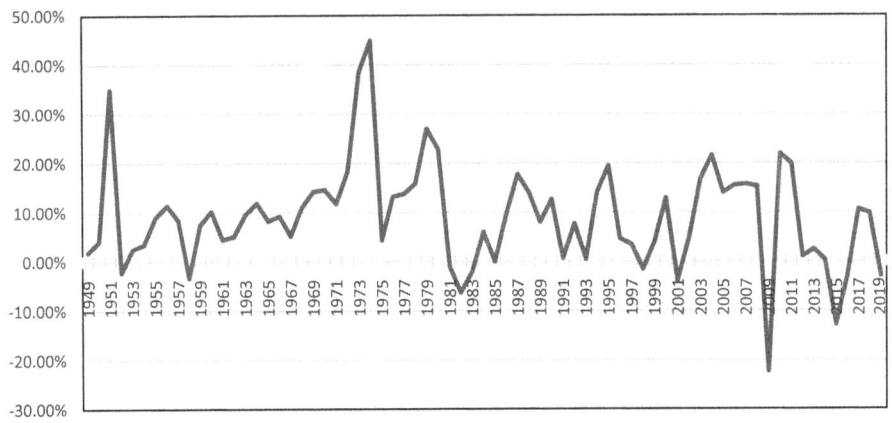

图1 世界商品出口年度增长率(%)变化(1948—2019年)

资料来源:世界贸易组织数据库。出口贸易以现价美元表示。

因多边贸易体制的存在而带来的透明、稳定的贸易环境和政策,以及不断削减的贸易保护水平,加上蓬勃兴起的科学技术革命,这一时期的国际贸易快速增长,西方国家的经济持续繁荣。在世界产出和世界贸易中,西方国家的份额都达到了空前的高度,参见图1。不论是七国集团,还是包含七国集团在内的20个世界主要发达经济体③的货物出口

---

① 由于20世纪30年代美国实行的高额关税保护,战后时期,美国的关税保护水平是发达经济体中比较高的。因此,第一回合谈判中减让得比较多。

② WTO, *World Trade Report 2007*, Table 5, https://www.wto.org/english/res_e/booksp_e/anrep_e/world_trade_report07_e.pdf.

③ 即:七国集团+澳大利亚、新西兰,以及欧盟15国中的其他国家(荷兰、比利时、卢森堡、爱尔兰、丹麦、希腊、葡萄牙、西班牙、奥地利、芬兰、瑞典等11个国家)。

贸易占比都在 1970 年前后达到高峰①。1970 年，西方七国集团在世界货物出口贸易中的份额高达 51.84%。

本质上，多边贸易体制是以市场经济为基础的。因此，这一时期的世界贸易大发展，也基本上是以西方发达国家为主实现的，即使实行计划经济的南斯拉夫和波兰也分别在 1966 年和 1967 年加入《关税与贸易总协定》，以及实现社会主义革命的古巴（1961 年革命成功）、缅甸（1974 年）等也仍然在《关税与贸易总协定》之中。这种情形一直持续到 20 世纪 90 年代苏东剧变之后。

第二阶段，20 世纪 70 年代初到 80 年代初，是战后西方世界经济繁荣的转折时期，多边贸易体制的作用有限。一方面，布雷顿森林体系解体，美元与其他货币的固定汇率体系不复存在，美元从金本位货币转变成为信用货币。美元的"黄金外衣和束缚"被解除，美国获得了几乎没有约束的世界货币的印钞权，可以自由地获取铸币税等好处。也是从这个时期开始，美国采取了与美元国际货币地位相对应的发展战略，即所谓的"赤字"金融战略——出口美元，换取其他国家的货物和服务。美国外部平衡中的贸易赤字和财政赤字形成的"双赤字"也是从这个时期系统性、持续地增长的。美元地位的确立，以及"赤字"战略的推行，将美国的制造业和服务业解脱出来，既可以全球投资，获取支配地位；又可以大规模移出本土，在全球范围内进行生产布局，然后，返

---

① 因很多区域内部的贸易没有连续和统一的数据，此处采取间接的方式来衡量，即：被考察经济体在全球贸易中的比重的变化来分析该经济体贸易地位的变化。比如，对于发达经济体之间的贸易的考察。假如世界可以划分为发达经济体和非发达经济体两部分，那么，如果发达经济体之间的贸易增加，那么，在包含所有国家和地区的整个世界贸易中发达经济体的占比就会提高，反之，则相反。同样地，对于欧盟内部的贸易而言，如果欧盟国家在世界贸易中的占比增加，那么，就说明他们之间的贸易增加得更快。

销美国。因此，从某种程度上讲，挣脱黄金约束的美元为随后的全球化提供了坚实的支撑。另一方面，是两次石油危机的冲击。西方国家及其跨国公司对于世界原油资源的控制，以及由此获得的廉价原油为西方国家的战后恢复和快速发展提供了工业血液。但是，持续的阿以战争迫使石油输出国组织（OPEC）1973年12月收回石油标价权，引发了西方世界最严重的经济危机。1979年，两伊战争导致的第二次石油危机暴发，油价再次大幅度上涨，从13美元上调到34美元，提高了1.62倍。两次石油危机不仅将西方世界推入经济危机之中，也使得整个西方世界的经济进入到停滞和通胀并存的"滞胀"时期。20世纪七八十年代，石油输出国组织国家通过强势抬高石油价格的形式增加了出口贸易的收入，提高在世界出口贸易中的占比，但这种扩张在很大程度上是一种"零和扩张"，是以损人利己方式实现的，并由此带来了西方世界的经济危机。世界经济由此进入到近十年的动荡调整时期。

从国际贸易的角度来看，大幅度的价格提升使得石油贸易的占比提升，也使得石油出口国在世界出口贸易中的占比提升。如果将这个时期发达经济体的贸易和石油输出国组织国家的贸易合并，就可以发现，它们在世界贸易中的地位基本上维持不变。但是，在此之前发达经济体贸易份额不断攀升的趋势，因为石油危机的冲击，却戛然而止了。

值得注意的是，石油输出国组织的主要成员并不是《关税与贸易总协定》原始缔约方，部分成员是20世纪90年代以后才加入《关税与贸易总协定》的，有些成员至今仍未加入。为什么石油输出国组织成员不愿意提早加入《关税与贸易总协定》？或者说为什么多边贸易体制对于石油输出国组织成员没有吸引力呢？这是由于石油商品的国际贸易特殊性决定的。其一，石油是工业化血液，工业化国家的需求刚性很强，短期内没有替代产品。这样的出口产品不会受到关税和非关税壁垒的影响，多边贸易体制的作用也就无从发挥了。其二，石油输出国组织的石油供应量大，具有左右国际石油价格的影响力。同时，石油也是该组织大部分成员的主要甚至单一的出口产品。对于这些成员而言，是否参加多边贸易体制意义不大。但是，从另一个角度来看，战后二十多年中，多边贸易体制所塑造的发达经济体之间的统一、自由的市场也是国际石油需求的坚强后盾。因此，这一时期，多边贸易体制对于世界贸易的潜在影响也不可否认。

第三阶段，从20世纪80年代初到2016年年底，是区域、全球生产网络的大发展时期，多边贸易体制对世界贸易作出了重要贡献。20世纪80年代初期，战后几十年以凯恩斯主义为主导所形成的、政府强力干预经济的体制成为西方市场经济走出滞胀，实现复苏和发展的障碍。这一时期，英美新上台的撒切尔夫人和里根政府开始了大刀阔斧的改革。与此同时，以美国为首的发达经济体，为应对滞胀所采取的紧缩性的货币政策使美元的利率高企，汇率坚挺。结果也将70年代石油美元下大肆借贷的一些发展中经济体推入债务危机的深渊。为了化解债务危机的冲击，在世界银行和国际货币基金组织的干预下，首先，拉美国家放弃了坚持多年的进口替代模式，大规模推行贸易自由化，转向出口导向型发展模式；其次是亚洲的一些国家的跟进。90年代苏东剧变之后，一大批计划经济国家实行休克疗法，也转向了市场经济。这一时期，印度因为外部平衡危机被迫实行贸易自由化，实行自由化政策。这样，就在世界范围内形成了一种自由市场经济的大合唱。

在信息技术革命的推动下，发达经济体大规模转移本国的产业，区域甚至全球性的生产网络开始形成，全球化蓬勃发展。中国因为先行一步的改革开放①，在这一轮全球化中占得先机。一大批发展中经济体成为全球性的生产制造基地。这样，在世界贸易和产出中，发展中经济体的份额开始快速上升。

这一时期，多边贸易体制的作用主要表现在以下三个方面：其一，前期形成具有发达经济体的大市场对于发展中经济体的吸引力。其二，越来越多的发展中经济体加入到多边贸易体制之中——尤其是战后初期实行进口替代工业化的发展中大国，以及传统的苏东国家。这样，在多边贸易体制的平台上，一个融合了发达和发展中经济体的全球统一大市场就被开拓了出来。这个大市场，对于早期加入全球化的国家和地区带来了巨大的利益——如果通过双边的方式，这样规模的、规范透明的大市场的开拓是不可想象的。这是早一步开放的国家和地区所获得的巨大先发优势。其中，最大的获益方是亚洲四小龙和中国，这些国家和地区最先利用了对于发达经济体的出口机会，以及随后出现的对于发展中经济体市场的出口机遇。其三，对于发展中经济体而言，加入《关税与贸易总协定》，相当于直接进入到这个统一的大市场之中，既可以享受无条件的最惠国待遇，也可以享受其他针对发展中成员的各种优惠。

(二) 世界贸易发展的主要特征

回顾历史不难发现，世界贸易发展呈现出以下三个突出特征。

第一，世界贸易的增长快于全球生产的增长。世界贸易组织（2007）的研究显示，世界贸易与全球 GDP 的比率一直在上升，说明贸易的增

---

① 中国1978年开始的改革开放，正好比其他发展中经济体的转型早了十年左右时间。

长快于 GDP 的增长。自《关税与贸易总协定》签署后，从 1950 年开始，除部分年份有小幅波动之外，这一趋势便持续上升，参见表 1。

表1 商品出口与 GDP 的比率（%）（1870—2005 年）

—	1870	1913	1929	1950	1973	1998	2005
加拿大	11.3	11.6	22.4	12.3	19.3	39.0	39.7
美国	2.5	3.7	5.9	3.0	4.9	10.1	10.2
巴西	12.2	9.8	6.9	3.9	2.5	5.4	8.9
墨西哥	3.9	9.1	14.3	3.0	1.9	10.7	12.3
奥地利	5.5	8.6	7.4	5.2	16.3	45.5	64.8
比利时	9.0	22.6	24.3	17.3	52.1	88.5	112.6
丹麦	8.3	12.8	23.2	12.1	23.7	41.9	49.4
芬兰	15.5	25.0	40.4	18.7	30.2	51.6	51.9
法国	4.9	7.8	11.5	7.6	15.2	28.7	27.6
德国	9.5	16.1	14.8	5.0	20.6	38.9	51.1
意大利	4.3	4.8	5.9	3.5	12.5	26.1	28.8
荷兰	17.4	17.3	29.7	12.2	40.7	61.2	77.7
挪威	9.0	14.0	23.3	12.9	26.2	55.4	55.6
瑞典	10.3	15.3	23.9	15.6	31.4	62.5	64.5
瑞士	18.9	34.8	35.0	15.3	33.2	51.8	59.3
英国	12.2	17.5	14.2	11.3	14.0	25.0	19.3
澳大利亚	7.1	12.3	13.2	8.8	11.0	18.1	18.6
中国	0.7	1.7	2.6	2.6	1.6	4.9	10.7
印度	2.6	4.6	4.0	2.5	2.0	2.4	3.7
日本	0.2	2.4	6.1	2.2	7.7	13.4	15.7
世界	4.6	7.9	9.0	5.5	10.5	17.2	20.5

说明：以 1990 年的价格和汇率表示的实际贸易和 GDP 及其比率。

资料来源：WTO, *World Trade Report 2007*, Table 3, https://www.wto.org/english/res_e/booksp_e/anrep_e/world_trade_report07_e.pdf。

第二,世界贸易格局不断发生变化。从 20 世纪 70 年代末,特别是 80 年代开始,全球范围内的贸易和投资自由化蓬勃发展:降低关税,签订更多的投资协定和自由贸易协定成为一种风潮。这些变化导致的一个重大结果是从 80 年代末开始,七国集团在全球贸易中的比重开始下降,而在此之前,这个比例基本上是维持稳定的。因为那时,发达经济体之间的产业内贸易,导致了各国之间的经济增长和贸易增长都比较快,发达经济体的地位相对稳定且有所上升。此后,与发达经济体产业外包相伴随的是少数发展中经济体的地位上升,以及发达经济体地位的相对下降,参见图 2。

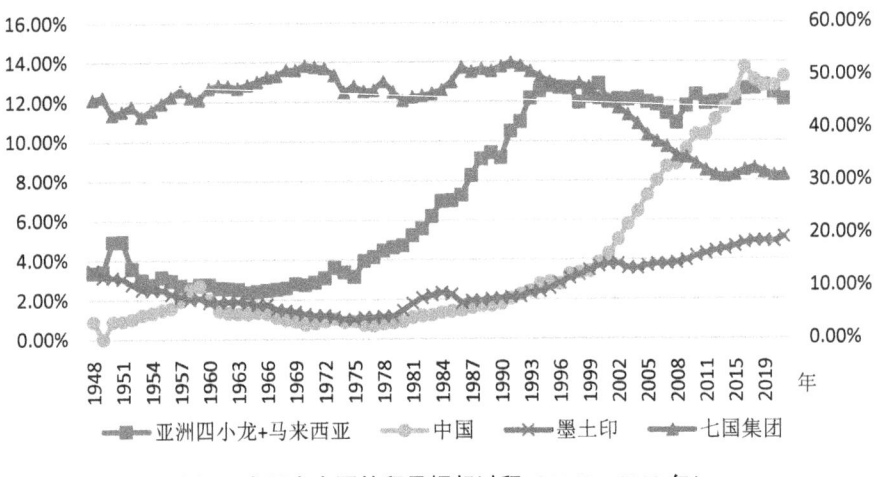

图 2 发展中大国的贸易崛起过程(1948—2019 年)

说明:(1)左竖轴表示亚洲四小龙和马来西亚、中国和墨土印(墨西哥、土耳其和印度)出口贸易占全球比重;右竖轴为七国集团出口占全球比重。

资料来源:世界贸易组织贸易数据库。出口贸易以现价美元表示。

第三,从 80 年代中期以来,在世界范围内首次出现了三大区域性分工,或者是区域生产网络的形成。一个是北美的区域生产网络,一个是欧洲的生产网络,最后一个是更重要的亚洲生产网络。这是世界贸易地缘范围内的巨大变化：因为在二战结束时，主要发达经济体集中在欧洲和美国；二战后经过几十年的发展，亚洲经济体崛起，这是一个非常大的变化。自1948年以来全球出口在各大区域的分布，参见图3。

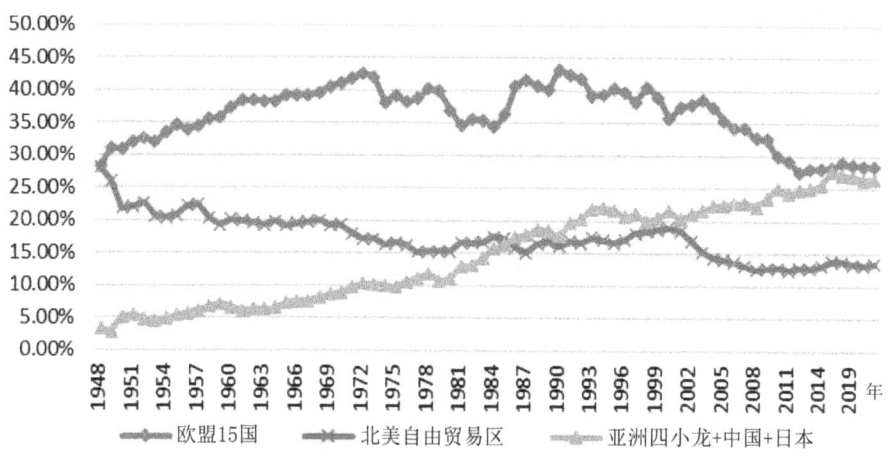

图3 三大区域性生产网络的形成过程（1948—2019年）

说明：左轴百分比表示各区域出口贸易占全球出口总额的比重。
资料来源：世界贸易组织贸易数据库。出口贸易以现价表示。

综上所述，二战以后世界贸易的快速发展，其一是出现在发达经济体之间，并为这些国家的经济复苏和持续繁荣作出了重要的贡献。其二是80年代以后出现在发展中经济体之间。这一时期的全球化蓬勃发展，推动了区域和全球生产网络的兴起，将越来越多的发展中经济体融入其中，并带来了部分发展中经济体成功实现经济追赶。

二、多边贸易体制的设计与局限性

最早设计多边贸易体制的基本构想为《关税与贸易总协定》的签

署奠定了框架基础。多边贸易体制具有明显的优点,但也存在局限和不足。

(一)多边贸易体制的构想和基本设计

多边贸易体制的最初目标是遵循"对等"(reciprocal)和"互利"(mutually advantageous)原则,通过多边谈判,"大幅度削减关税,取消关税优惠"[①]。这种做法和原则,基本上是美国《1934年互惠贸易协定法》(The Reciprocal Trade Agreement Act of 1934)的一种国际翻版。1934—1939年,美国以该法为基础,与17个国家商签了对等贸易协定。在无条件最惠国待遇的基础上,将这些双边的对等贸易协定扩展到其他国家,形成一种多边的安排。这就是《关税与贸易总协定》的雏形[②]。

美国推动多边贸易体制建设的初衷,是为了打破欧洲列强的帝国体系。以英国为例。虽然自1846年的《谷物法》废除后,就一直推行自由贸易政策,但1931年的《渥太华协定》改变了英国近百年的贸易政策传统,转而推行英联邦内部的帝国特惠制。这种安排具有排他性和歧视性,并且和殖民体系相连。在1947年参加《关税与贸易总协定》第

[①] 《关税与贸易总协定》,1947年,前言部分:"Being desirous of contributing to these objectives by entering into reciprocal and mutually advantageous arrangements directed to the substantial reduction of tariffs and other barriers to trade and to the elimination of discriminatory treatment in international commerce." 其中,reciprocal,在本文翻译为"对等",或者"互惠"。

[②] WTO, *World Trade Report 2007*, p. 202, https://www.wto.org/english/res_e/booksp_e/anrep_e/world_trade_report07_e.pdf.

一回合谈判的 23 个缔约方①中，有三个殖民地宗主国（英国、法国和比荷卢联盟）代表了它们海外 17 个领地进行多边谈判。英国更是直接代表了 23 个缔约方中的缅甸、锡兰（现斯里兰卡）和南罗德西亚（现津巴布韦）进行了多边谈判。

但是，以"对等"和"互利"为原则的多边贸易体制和多边贸易谈判也存在着内在的缺陷。其一，贸易小国很难参加关键产品的多边谈判，并影响最后的谈判结果。因为，在多边谈判中，依据"对等"和"互利"原则，只有主要供应方（principal supplier）才有资格参加谈判。对于小国而言，即便某种产品对其具有战略意义，但由于供应或者需求有限，不能够影响国际供求关系，也就无法反映自己的愿望。这种情形最终演化为发达经济体与发展中经济体之间的尖锐冲突。因为，发展中经济体在几乎所有的工业产品上都是贸易小国，无法参加多边谈判。这也导致多边贸易谈判基本上是在发达的工业化经济体之间进行。因为没有发展中经济体的积极参与，涉及发展中经济体的劳动密集型产品的贸易自由化也缺乏动力和压力，要么被排除在多边谈判之外，要么实行配额限制。

其二，贸易保护水平低的经济体，能够提供的多边谈判"减让"就比较少，而贸易保护水平高的经济体反倒获得了不少多边谈判中进行讨价还价的筹码。本质上，多边贸易谈判也潜在地假定参加谈判的经济体的贸易保护水平相当。这样，"对等""互利"地通过主要供应国之间的谈判，就可以逐步降低保护，实行自由化。但是，如果最初参加谈

---

① 《关税与贸易总协定》的 23 个缔约方是：澳大利亚、比利时、巴西、缅甸、加拿大、锡兰（现斯里兰卡）、智利、中国、古巴、捷克斯洛伐克、法国、印度、黎巴嫩、卢森堡、荷兰、新西兰、挪威、巴基斯坦、南罗得西亚（现津巴布韦）、叙利亚、南非、英国和美国。

判的经济体的关税水平差别很大,那么,多边贸易谈判中的低保护经济体的"出价"和高保护经济体的"要价"之间就很难平衡,从而导致谈判破裂。最初,在《关税与贸易总协定》第 27 条中专门对此作出了规定,将低关税缔约方的一定程度的约束关税,等同于高关税缔约方的部分实际减让承诺。但是,经过几十年若干回合多边贸易谈判之后,这个缺陷也演化为发达经济体与发展中经济体之间的矛盾。因为两类缔约方之间的保护水平差别越来越大,由此进一步推动多边贸易谈判陷入困境。

(二)多边贸易体制的优势和局限

多边贸易体制的优势在于推动发达经济体之间的贸易自由化。本质上,多边贸易谈判最适合的情形是,发展水平和贸易保护水平相当的经济体之间的谈判,因为,一方面,技术水平相当,可以进行专业化的分工,形成最优贸易格局;另一方面,水平相当的经济体也基本上占据了每种产品上的主要供应方位置,从而可以进行互惠性的谈判。另外,保护水平也相当,出价和要价基本平衡。

实际的情形也是这样。多边贸易体制的影响和作用,主要局限于经济合作与发展组织(OECD)国家[①]。这些国家积极参与多边贸易体制的谈判,并进行贸易的自由化,最终形成了这些国家之间的关税减让和经济融合。20 世纪 40 年代末期,发达经济体的平均关税为 20%—30%,且有很多的非关税贸易壁垒,经过多个回合多边贸易谈判,发达经济体

---

① Bernard Hoekman, *The Political Economy of World Trading System*, Third edition (London: Oxford University Press, 2010), pp. 9–10.

的关税已经降低到乌拉圭回合后的4%左右,并且绝大部分是保护农产品贸易,制成品的进口关税大部分为零。①

多边贸易体制的局限在于很难推进技术、发展和保护水平差异较大国家间的贸易自由化。但是,从《关税与贸易总协定》签署之日起,在接纳成员上就没有进行限制和筛选。在23个原始缔约方中,既有像美国、英国、法国等世界上最发达的工业化强国,也包括了像印度、中国等这样的农耕经济体。当时,《关税与贸易总协定》中专门为"发展中国家"的加入设定了两条通道:其一,是《关税与贸易总协定》第26条第5(C)款。该条款允许新独立的国家或者独立关税区可以自动地加入《关税与贸易总协定》,只要原来代表它们接受《关税与贸易总协定》的相关缔约方发表一个声明即可。因此,作为《关税与贸易总协定》原始缔约方的原殖民地宗主国,只要发表一个声明就可以将新独立的原殖民地国家或者独立关税区纳入。20世纪五六十年代是民族解放的高峰时期,许多新独立的国家都援引这一条款加入《关税与贸易总协定》。其二,是《关税与贸易总协定》第33条。这是正常的加入通道。需要申请方和现有缔约方进行准入谈判,作出相应的贸易自由化承诺之后才能加入。这使得多边贸易体制的缔约方越来越多,并且越来越复杂。在《关税与贸易总协定》时期的128个缔约方中,发展中经济体的数量达到了100个左右。世界贸易组织成立之后,有更多的发展中经济体加入。在截至2020年5月的164个成员中,绝大多数都是发展中经济体。

在《关税与贸易总协定》和世界贸易组织中,是如何弥补这种局

---

① 资料来源:WTO, *World Trade Report 2007*, Table 5, https://www.wto.org/english/res_e/booksp_e/anrep_e/world_trade_report07_e.pdf。

限的呢？主要是通过区分为两大类缔约方或成员的方式来协调和处理多边贸易谈判中潜在的冲突：其一，在发达成员方之间，进行真正的多边贸易谈判；其二，在发达与发展中成员方之间，给予发展中成员方"搭便车"的机遇。这样，名义上，《关税与贸易总协定》包含很多的发展中成员方，实际上，却是发达成员方俱乐部，或者类似于发达成员方之间的一个自由贸易区。因为，给予发展中成员方的所谓"搭便车"机遇是很难抓住的。一方面，发达成员提供的这种机会非常有限。在发展中成员方有能力出口，且有竞争力的产品上，基本上没有进行贸易的自由化，比如纺织品和农产品等。另一方面，一旦有发展中成员方利用这种机遇，也可以根据情况进行调整。比如，从20世纪60年代开始，在纺织品的出口上，发达经济体就逐渐建立起各种配额限制：从最初的一年一度的短期配额限制，到五年一次的纺织品配额等。这样，绝大部分的发展中成员方就成为多边贸易谈判中的消极参与方。

为什么发达成员方要将这么多的发展中成员方纳入，而发展中成员方也愿意参与呢？政治方面的考虑占据了主导的地位。战后形成的冷战格局，是使得美苏两大阵营的竞争激烈，纳入更多的发展中经济体使自身力量壮大，同时限制对方的一种战略选择。因此，在20世纪90年代苏东国家转型之前，多边贸易体制基本上是一种西方市场经济国家参与的贸易体制，苏联阵营中的计划经济国家基本上没有参与①。即便是参与其中的计划经济国家，也无从发挥作用，比如古巴、缅甸等。

---

① 苏联最初参与过《关税与贸易总协定》的筹备活动，后来自动退出；当然，第一回合《关税与贸易总协定》的多边贸易谈判也没有邀请苏联参加。

三、多边贸易体制推动世界贸易发展的方式和原因

多边贸易体制推动了世界贸易的发展,其发挥作用的方式和原因值得探究。

(一)多边贸易体制是如何推动世界贸易发展的?

简单地讲,多边贸易体制是通过多边贸易谈判的方式逐渐降低各个国家的保护水平从而推动世界贸易发展的。而多边贸易谈判则受到规范的制度安排约束。构成这种制度安排的最主要规则包括:互惠性关税减让和市场开放;逐渐的市场开放和贸易自由化(约束关税、逐渐地降低关税和其他限制措施);公开透明(既限制欺诈,也排除信息不畅的影响);非歧视(国民待遇和最惠国待遇)。另外,整个体制建立在协商一致的决策机制之上,并对于承诺的执行通过磋商和争端解决机制来协调和裁决。

第一,互惠性的关税谈判。互惠性的关税减让和谈判是一种重复博弈,可以实现每次博弈中的权利与义务的基本平衡。如果只是一次性的谈判,那么,出口部门能够获得的国外市场机会以及进口部门所要出让的国内进口市场机会,就需要谨慎地进行权衡。如果前者更大,就可以进行这种交换,从而获得更多的利益。反之,则可能不会参加或者进行类似的谈判。如果每个缔约方都进行这类盘算,那么,整个多边谈判就很难推进。但是,多边贸易体制下的贸易谈判是反复多次的长期谈判,

一次谈判并不会将自己的所有的市场机会交换掉，而是小批量多次进行交换。这样，即便是整体上，在某一时点上，一个成员方能够获得的出口市场机会与将要出让的市场机会不够平衡，但只要小批量多次进行基本平衡的交换，就会实现逐渐的自由化。更重要的是，费时费力的重复谈判，也为国内产业提供了调整和发展的机会。长期来看，即便是国内进口竞争部门也面临自我调整的压力，单纯等待保护只会坐以待毙。因此，不断推进的多边谈判使得贸易自由化不断扩大。

在类似互惠性多边贸易谈判中，主要是发达经济体参加，发展中经济体很少参与。根本的原因在于，发展中成员方能够互惠性获得的市场机会有限。一方面，发展中成员方，当时尚未进行工业化，参加谈判能够获得的市场机会只是在农产品领域。而发达成员方在农产品领域中，并不想作出让步。在多边贸易谈判中，农产品一直都是作为例外产品处理的。另一方面，能力有限。对于发达经济体愿意交换的工业产品领域，发展中成员方能够真正获取的市场机会有限，因为本地的现代产业薄弱，甚至根本没有基础。这样，最初的谈判只是在发达成员方之间进行。在最初的互惠性减让完成之后，对于各个缔约方所剩余的关税，多边贸易谈判则采取了统一削减的方式。最初是采取线性公式线性削减，随后还采取瑞士公式（非线性公式）进行削减：关税高的产品削减的幅度更大，反之则相反。这样，参加谈判的所有成员的关税就会逐渐被拉平。

第二，逐渐的市场开放和贸易自由化。在推进贸易自由化过程中，为了防止成员方中途变卦，走回头路，多边贸易体制特别设计了两个规则进行防范。其一是约束关税的水平。将现有的关税约束起来，《关税与贸易总协定》缔约方或者世界贸易组织成员方的关税水平只能降低，不能提高。每一次多边谈判的承诺，也都纳入到这种约束之中。其二是报复机制。某个缔约方一旦违反自己作出的承诺，就会招致其他缔约方的报复。这使得每个缔约方都会谨慎行事，对自己的承诺负责。这样的机制安排使成员方内部的保护主义倾向，受到了多边贸易体制中其他缔约方的强有力约束。如果没有这种约束，那么，一个成员方内部的贸易保护主义就很容易失控。

第三，协商一致的决策机制。多边贸易谈判和决策中，有一个重要的原则是"协商一致"的原则①。顾名思义，该原则要求：在多边贸易谈判和其他决策上，只有在所有成员方同意，至少是不反对的情况下，才能达成协议或形成决策。否则，就需要继续磋商，直到协商一致达成为止。为什么选择这样的原则呢？因为贸易政策的制定涉及方方面面的利益，政治上非常敏感。如果采取其他方式，比如采取投票的方式，如少数服从多数，那么，持反对意见的成员方就会被强制要求接受它们反对的协议或者决策。这样，一个国家的主权就会受到削弱。协商一致，能够最大限度地保证各个缔约方的利益。

这就引申出另外一个问题，即在成员众多且各方面差异很大的情况下，如何保证这种协商一致的共识的形成呢？一旦出现僵局，将导致整个多边谈判无法达成协议，各种决策无法形成。在这里，最关键的机制就是互惠原则。在这种机制下，市场规模太小、不足以影响全球市场的缔约方——主要是《关税与贸易总协定》中的发展中缔约方，既不会参加，也不会在多边对等互惠谈判中削减自身的关税，其他缔约方也不会强制要求它。同时，《关税与贸易总协定》的最惠国待遇原则也意味

---

① 当然，也不是所有的多边贸易体制中的事项都采用这种决策机制。在多边贸易基本原则以及个别缔约方承诺的废除或者改变方面，都采取了多数票决定的原则。

着它们可以享受着其他大的缔约方之间谈判所达成的关税削减的成果。由此使得发展中缔约方,更多成为多边贸易体制的免费搭车者。但是,不进行自身关税的减让,并且获得免费搭车的机会,同时也会在谈判中丧失发言权和影响力。这意味着,发展中成员方不能阻碍其他主要缔约方的谈判和共识的形成。简言之,"你不进行减让,也就不能反对其他缔约方的谈判以及相关共识的形成了"。

这样,多边贸易谈判的共识形成就主要在大的缔约方之间进行。在《关税与贸易总协定》时期,多边谈判的主导方是由美国、欧盟、日本和加拿大等组成的所谓"四方集团"。那时,多边贸易谈判的协议和议程,首先是通过这四方之间的双边讨论形成,随后在更多成员参加的"绿屋会议"上讨论,最后递交全体缔约方接受的。在20世纪七八十年代,出席"绿屋会议"的发展中经济体相对较少。在发展中成员"不减让、不反对"的条件下,虽然发展中缔约方的数量很多,但整个谈判仍然被主要发达成员所主导,"协商一致"的原则得到较好的贯彻执行。与此相关的另一个问题是,为什么其他发达缔约方愿意吸纳这些发展中成员、允许它们免费搭车呢?如前所述,政治上主要是为了冷战的需要,将更多的国家纳入到市场经济体制,有利于西方世界的影响力扩大。从经济上看,这样做的风险也不大,因为,一方面,免费搭车的机会有限。对于发展中缔约方而言,最重要的出口产品——纺织品和农产品,要么是被排除在《关税与贸易总协定》的谈判议程之外,要么是专门有相关的规则来进行保护。另一方面,发展中缔约方中真正能够利用这种市场机会的国家和地区数量很少。一旦发现某些缔约方有这种能力,在谈判中也可以专门针对,要求其作出相应的减让,并在一定时点上,迫使这些国家和地区从发展中缔约方的地位上"毕业"。因此,很大程度上，这种免费搭车的实际作用有限。

实际上，即便是不加入多边贸易体制，在双边谈判中，发展中成员也大都能够从发达经济体获得最惠国关税的待遇，只不过双边谈判费时费力，不如加入《关税与贸易总协定》能够一次性解决与所有缔约方的最惠国待遇问题。同时，双边基础上的最惠国待遇安排，也容易受到双边关系的影响，不太稳定。另外，从20世纪60年代中期以后，在联合国贸易和发展会议（UNCTAD）的推动下，美国、欧盟、加拿大等不少发达经济体都专门针对发展中经济体设立了更加优惠的普惠制安排。纳入普惠制体系的国家和产品，对相关发达经济体的出口都免除关税。因此，多边贸易体制对于发展中经济体的吸引力也不是很大。

（二）为什么多边贸易体制能够推动世界贸易的发展？

多边贸易体制的建立，降低了国际贸易和市场经济运行中的交易成本，减少了不确定性，从而大大促进了世界贸易的扩张，以及国际经济的繁荣。

第一，多边贸易体制建立了一套透明且可预期的国际贸易规则。在此之前有以殖民地为基础的体系，如以大英帝国为基础的殖民体系的安排；现在正在讨论的新一轮多边贸易体制改革中，还有一些人提出的以价值观为基础的安排，甚至以盟国为基础的体系，等等。二战以后，最突出和成功的安排是以规则为基础，把不同信仰、不同发展水平、不同类型的经济体都集合在一起的多边贸易体制。

第二，多边贸易体制把主要以双边关系为基础的贸易体系转化为以多边为基础的体系。以中国为例。在加入世界贸易组织之前，美国每年都要审查给予中国的最惠国待遇,双边贸易关系很容易政治化,非常不稳定。加入世界贸易组织之后,中国与美国的双边贸易关系就转化到了以世界贸易组织多边规则为基础的轨道上,基本不会受美国国内政治的影响。

第三,多边贸易体系为全球市场经济的发展创造了良好的外部条件。冷战时期以西方国家为主体所建立的开放市场经济体系,在20世纪八九十年代为越来越多的国家所接受,极大促进了世界经济的发展。中国的对外开放本质上也是融入到了这种开放的全球市场体系之中,并获得快速发展。这一体系为全球的资源配置、投资、人员流动提供了一个稳定的营运环境,大大便利了企业和产业的跨国经营。

因此,和二战以后所建立的其他多边机构相比,《关税与贸易总协定》和世界贸易组织是比较成功的。世界银行主要目的是减贫,国际货币基金组织是维持世界汇率的稳定,联合国安理会是要维持世界和平。相比之下,以《关税与贸易总协定》和世界贸易组织所代表的多边贸易体制的目标是"大幅度削减关税,取消关税特惠",建立开放的、以规则为基础的国际贸易体系。这个目标几乎没有争议地实现了。

四、多边贸易体制的变革

现行多边贸易体制面临诸多挑战,原因有多种,包括其本身存在体制性缺陷,世界经贸形势发生变化,美国带头改变对多边贸易体制的政策等。当前,多边贸易体制面临的挑战是非常严峻的,需要进行变革。

（一）多边贸易体制推动世界贸易发展的边界：制度规则和目标匹配

就推动世界贸易的发展而言，多边贸易体制有其边界。这主要体现在两个方面，其一，多边贸易体制很难推动发达经济体实现完全的自由化。经过多轮的多边贸易谈判之后，发达经济体之间的关税和非关税保护水平虽已很低，但很难进一步推进完全的自由化。以农产品的自由化为例。美国、欧盟以及日本等经济体的农产品都采取了较高的补贴、高关税、数量限制等保护措施。在多边贸易谈判中，其他农产品的出口方很难撼动这些保护措施。总之，发达经济体之间的对等、互利的谈判中，在发达经济体共同保护的产品上（如农产品和民用航空产品），由于缺乏对等讨价还价对手，很难被完全自由化。其二，也很难推动发展经济体贸易自由化。非对等的减让，以及其他专门针对发展中缔约方的优惠安排，也使得发展中经济体的贸易保护水平，在多边贸易体制下很难实现实质性的削减，从而，成为多边贸易体制中难以攻克的堡垒。

明晰多边贸易体制推动世界贸易发展的边界，至少具有两重意义。其一，期望在多边贸易体制下，实现世界范围内贸易的完全自由化是不现实的。其二，如果超越多边贸易体制推动世界贸易发展的边界，将会把这个体制推入困境。

(二) 多边贸易体制的困境：超越了现有制度规则适用范围的高水平贸易自由化

在多边贸易体制沿革过程中，其面临的困境也显现出来，主要表现在以下三个方面。

第一，从20世纪70年代开始，在石油危机的冲击下，多边贸易体制开始逾越其边界，试图推动发达和发展中缔约方的联合贸易自由化，从而陷入越来越艰难的境地。这首先表现在多边谈判中发展中成员与发达成员之间的利益冲突上。在1973年启动的东京回合谈判中，众多诸边协定的形成就是一种折中选择。与多边协定不同，诸边协定只是部分缔约方参加且只在缔约方内部生效的协定，缔约方自愿参加谈判，不能强求。

第二，进入到20世纪80年代以后，世界范围的政治经济环境发生了很大的改变，发展中经济体真正地参与到多边的谈判之中。发达经济体与发展中经济体之间的讨价还价开始激烈进行。这一时期，英美新上台的撒切尔夫人和里根开始推行紧缩政策以应对通货膨胀，并大刀阔斧推行经济自由化政策，放弃之前的凯恩斯政策。西方发达经济体的政策调整，随即引发美元汇率坚挺以及国际利率高企，使得推行进口替代战略的重债的发展中经济体（主要是拉美和亚洲部分国家）陷入债务危机。在西方国家以及以世界银行和国际货币基金组织为代表的国际组织的干预下，这些经济体被迫进行经济发展战略和政策大调整——从进口替代转向出口导向。同时，较早推行出口导向战略的东亚新兴经济体的蓬勃发展也给予其他经济体以鼓舞，一时间，出口导向战略成为发展中经济体发展战略的新时尚。这一时期，长期推行计划经济的苏联和中东欧国家也陷入困境，纷纷进行改革。中国也在1978年走上改革开放道路。这些变化使得发展中经济体大力推行单边的贸易和投资自由化，也积极参与《关税与贸易总协定》为代表的多边贸易谈判。这使得多边体制中传统的沉默大多数开始活跃起来，并积极谋求自身的利益。

正是在这样的背景下，1986年在乌拉圭召开的《关税与贸易总协定》贸易部长会议上，新一回合多边贸易谈判启动。在乌拉圭回合谈判中，谈判的议题大大扩大，包含了与贸易相关的知识产权、投资措施以及服务贸易等，也加强了争端解决机制，使其更加具有约束力和强制性。更重要的是，这次谈判还要求所有缔约方采取"要么全部接受，要么全部拒绝"的"一揽子"（a single undertaking）方式对待多边谈判形成的协议。这使得过去多边谈判中，不参与也不阻止谈判结果形成的众多发展中成员面临巨大的压力，并且也不得不作出"互惠性"的选择。一方面，要接受新议题，并面临新规则的约束。其中的《与贸易有关的知识产权协定》和《与贸易有关的投资措施协定》，以及新的《服务贸易协定》都不是发展中成员感兴趣的议题，并且这些议题中的不少规则涉及"边境后"的政策，远远超出了传统的边境贸易政策。另一方面，更加强制和严格的争端解决机制使得这些国家面临很大的潜在诉讼压力。在这样的背景下，发展中国家和地区也积极参与到这一回合多边贸易谈判之中。这使得乌拉圭回合的谈判比以往的谈判艰难了很多，时间也更长了。

谈判将原来多边谈判中作为消极参与者的发展中成员重新激活，使得成员方之间及其内部的各种利益集团开始快速形成。但是，由于这些成员方的产业竞争力有限，即便其他成员方开放了市场，能够获取和实现的外部市场机会也有限，推动市场开放的利益集团的影响就不足。因此，推动市场开放的利益集团的影响有限。同时，由于成员方自身产业竞争力弱，市场开放以后受到的进口产品的冲击更大，因此，保护主义的声音就更大。这使得多边谈判中，面临的来自发展中成员的反对声音，甚至阻止谈判共识形成的可能性越来越大。议题的扩大，以及规则从边境上向边境后的扩展也激活了许多成员国内部的利益集团，尤其是一些非政府组织对于多边贸易体制的强烈反对和批评。这使得多边贸易体制及其议题和谈判被置于公众和媒体的强烈关注之下。这样，多边谈判要达成共识就变得更加敏感、更加困难了。

当然，一揽子谈判方式，也意味着所有的协定适用于所有成员，所有成员都要递交自己的减让方案。在这种情况下，甚至出现了就某项议题发展中成员方与发达成员方联合行动的情形。比如，1986 年，由澳大利亚发起成立的推动农产品贸易自由化的凯恩斯集团就包含了 14 个成员，它们是澳大利亚、阿根廷、巴西、智利、哥伦比亚、匈牙利、印度尼西亚、马来西亚、菲律宾、新西兰、泰国、乌拉圭、斐济和加拿大。其中，有澳大利亚、新西兰和加拿大等发达经济体，也有其他 11 个发展中经济体。这就打破了《关税与贸易总协定》过去几十年中发展中成员与发达成员间鲜明的对立关系。过去的这种两分法不再在所有的议题上都有效了。最终，乌拉圭回合胜利完成，发展中成员接受了《与贸易有关的知识产权协定》《与贸易有关的投资措施协定》和《服务贸易协定》以及加强版的争端解决机制，同时，也获得了发达成员逐渐取消纺织品配额的让步，从 1995 年到 2004 年年底的十年中，维持了将近半个世纪的纺织品配额制被废除。但是，这一回合谈判也激化了多边贸易体制的潜在矛盾，为后续的多边贸易发展埋下了隐患。

为什么发展中经济体自20世纪80年代以来，在转向出口导向战略时，宁愿进行单边的自由化，也不愿意在随后的乌拉圭谈判和多哈谈判中进行对等的关税减让呢？其中，很重要的原因在于这种单边的自由化是环境所迫造成的，并非这些经济体的自主选择。同时，也应该看到，单边的自由化，具有促进参与地区生产网络，从而使其转变成为一个具有竞争力的地区生产和制造基地，并产生依赖跨国公司和其他全球要素进行产品出口的效应。如果在关税水平很高的时候，参与世界贸易组织的对等的关税减让谈判，非对等的原则使得一个发展中缔约方不敢贸然行事，如果放弃了这种"优惠"，那么，后续的政策空间就没有了；同时，也会招致其他发展中缔约方的非议。另外，这样的谈判难度也大——比如需要说服本土的保护利益集团，并争取出口市场上的利益。但是，单纯依赖本土的企业和产业，能够获取的出口市场机会有限。因此，发展中经济体就普遍采取了首先进行单边的自由化、在成功引进大量的出口导向型的外商直接投资（FDI），参与到地区，甚至全球生产网络，当地的生产能力以及出口竞争能力大大提升之后，再参与多边的谈判和自由化的策略。

第三，1995年世界贸易组织成立之后，众多发展中经济体加入，使得世界贸易组织中的发展中成员比例大大提高。比如，世界贸易组织成立后新加入的40个成员中，几乎全部为发展中经济体。迄今为止，在申请但尚未加入的世界贸易组织观察员中，发展中经济体也占了绝大多数。这样，世界贸易组织中的发达成员与发展中成员之间的力量对比不断向有利于后者的方向倾斜。

产业外包和全球化，进一步促使部分发展中经济体的崛起，在多边谈判中，这些成员成为新的核心成员，导致发展中成员与发达成员的尖锐对立，使协商一致的共识很难形成。以七国集团在世界货物贸易中的比例为例，在二战后，尤其是在20世纪60年代末期到90年代初期，它们的比例都保持在50%左右，但是，从1991年开始，这种比例大幅度下降，至今只有30%多一点。这样，在多哈回合谈判中，世界贸易组织中的核心成员，就从以前的发达经济体"四方集团"演变成为包含了主要发展中经济体的"六方"，即美国、欧盟、澳大利亚以及印度、巴西、中国。三方发达经济体，三方发展中经济体，势均力敌，激烈对峙，很难形成共识，使得多哈回合陷入僵局，并且很难打破。

总之，多边贸易体制从推动发达成员之间的贸易自由化越界进入到推动发达和发展中成员联合自由化的领域之后，比如通过发达经济体的压力迫使发展中经济体进行贸易自由化，或者通过发展中经济体的压力促使发达经济体进一步推进贸易自由化，就陷入制度规则和制度目标不相匹配的绝境之中。

（三）多边贸易体制的改革：维持世界贸易规则利于全球治理

多边贸易体制需要改革，要取得实效，就要直接针对这种体制的设计。任何一种制度设计都是具体的、有条件的，不会放之四海而皆准。或者因为外部条件的变化，原来的体制已经不能适应；或者因为这种体制已经充分发挥了自己的优势和作用，达到了巅峰，从而引发了种种的不便和挑战。在这些情况下，这种体制都需要改革，甚或重新构建新的体制。多边贸易体制就是如此。随着多边贸易谈判的不断推进，以及参与方越来越多，多边贸易体制固有的缺陷就越来越凸显出来。一方面，发达经济体的自由化潜力穷尽,并从关税和非关税领域向其他领域扩展,如与贸易相关的议题。这种趋势仍在继续,目前已经延伸到了边境内议题上。另一方面,发展中经济体的自由化潜力无限,但是,却无法有效实现。因为,发达经济体与发展中经济体之间的多边谈判,不要求对等。这样,保护水平很高的一方,不能也不会进行更多的减让,而保护水平很低的一方却要做更多的承诺。双方的冲突不协调,无法推进谈判。而发展中经济体之间的谈判,因为在很多产品方面都不是主要供应方和需求方,相互之间的谈判没有太大的意义;尤其重要的是,绝大部分产品上的开放程度和规则已经确立了,发展中经济体很难再扭转。很大程度上,多边贸易体制的现有僵局和困境就是一种无法破解的死局。

而多边贸易体制的困境,却也催生其他形式贸易自由化的蓬勃发展。其一,多边贸易体制内的诸边贸易协定的形成。从东京回合开始,发展中经济体与发达经济体之间的矛盾就开始出现,最后解决的办法是:自愿参加的诸边协定的出台和形成,基本上,只有发达成员参与。其二,单边贸易自由化发展。从 20 世纪 80 年代开始,由于种种原因,发展中经济体中出现了单边自由化的浪潮。这种浪潮是完全处于多边贸易体制之外的。其三,区域贸易谈判以及协定的蓬勃发展。从 20 世纪 80 年代中期开始,这类协定就开始快速增长起来。这些发展使得多边贸易体制逐渐被边缘化。乌拉圭回合的完成是在发展中经济体的实力尚未上升,并建立世界贸易组织的情形下勉强通过的,但是,其潜在的冲突和矛盾已经显现,即发展中成员的积极参与以及发达与发展中成员之间的矛盾凸显。

现行多边贸易体制需要变革,有关多边贸易体制的改革众说纷纭。早在 2004 年,时任世界贸易组织总干事素帕差专门组织国际知名的世界贸易组织问题专家组成咨询委员会，进行有关世界贸易组织的未来的研究①。专家们的建议是：世界贸易组织中的发达经济体以及发展中大国成员应该限制区域贸易自由化方面的努力，维持多边贸易体制的核心地位，同时，改革协商一致的决策机制，要求成员在反对或者阻止多边贸易机制下的决策和协定时，要采取书面形式，并且列明理由，同时，探讨有利于诸边协定发展的政策可能性。2007年，英国华威大学（The University of Warwick）发布有关世界贸易组织改革的研究报告②，提出了将协商一致的决策机制改为"关键多数"（Critical Mass）③原则的大胆建议。2013年和2016年，国际知名的贸易研究机构国际贸易和可持续发展中心（International Centre for Trade and Sustainable Development, ICTSD）连续发布研究报告，④建议采取诸边协定的形式推进陷入困境的多哈回合谈判。2018年，贝塔斯曼基金会发布由国际贸易专家伯纳德·霍克曼（Bernard Hoekman）教授领衔的专家团队的研究报告，⑤大力提倡"开放的诸边协定"。值得关注的是，这些报告已经开始讨论修改世界贸易组织多边贸易体制中一些最具约束力的基本规则，比如，协

---

① Peter Sutherland, et al., "The Future of the WTO: Addressing Institutional Challenges in the New Millennium," World Trade Organization, 2004, https://www.wto.org/english/thewto_e/10anniv_e/future_wto_e.htm.

② Warwick Commission, "The Multilateral Trade Regime: Which Way Forward?" 2007, https://warwick.ac.uk/research/warwickcommission/worldtrade/report/uw_warcomm_tradereport_07.pdf.

③ "Critical Mass"也译为"临界数量"，既可以是以成员的数量为基础，也可以是成员贸易所占的世界贸易份额为基础。

④ Manfred Elsig, "Functioning of the WTO: Mapping the Challenges and Asking the Hard Questions," 2016, International Centre for Trade and Sustainable Development; Manfred Elsig, "The Functioning of the WTO: Options for Reform and Enhanced Performance," 2013, International Centre for Trade and Sustainable Development, www.ictsd.org/sites/default/files/downloads/2013/03/functioning-of-the-wto.pdf.

⑤ Bertelsmann Stiftung, "Revitalizing Multilateral Governance at the World Trade Organization: Report of the High-Level Board of Experts on the Future of Global Trade Governance," 2018.

商一致的原则，以及一揽子多边谈判的形式等。

特朗普2017年上台以后，再度将世界贸易组织改革议题推上了一个新高度，并在2018年和2019年的贸易政策议程中[①]，专门提出了美国改革世界贸易组织和多边贸易体制的方案，甚至在2019年7月专门出台有关发展中经济体地位改革的备忘录。特朗普政府还联合欧盟、日本，发布有关世界贸易组织改革的公开声明，到2019年5月，已发布六次。其核心是针对所谓的非市场导向的政策和操作，确立"市场导向条件"的标准；同时，也在为所谓的强制技术转让寻找应对良策。为了挽救世界贸易组织，尤其争端解决机制的正常运行，最近两年不少国家也推出了官方、半官方的有关世界贸易组织改革的建议和方案。2018年9月，欧盟发布了有关世界贸易组织改革的《概念性文件》[②]，以和伙伴成员一起，在关键方面增强世界贸易组织的功能。2018年10月，加拿大召集澳大利亚、巴西、智利、欧盟、日本、肯尼亚、韩国、墨西哥、新西兰、挪威、新加坡和瑞士等成员在渥太华集会，就世界贸易组织和多边贸易体制的改革进行讨论，并形成了所谓的"渥太华小组建议"[③]。这些方案除了挽救上诉委员会正常运行的各种建议之外，基本都呼应了美国的要求，试图修改、强化现有的世界贸易组织规则以应对政府补贴、国有企业等非市场经济做法。比如，对于《反补贴协定》的修改，增加禁止类补贴的类型和范围、扩大"国有企业"的界

[①] USTR, 2019 *Trade Policy Agenda and 2018 Annual Report of the President of the United States on the Trade Agreements Program*, 2019; USTR, *Memorandum on Reforming Developing-Country Status in the World Trade Organization*, 2019.

[②] European Commission, "WTO Modernization: Introduction to Future EU Proposals," June 28, 2018.

[③] WTO, *Strengthening the Deliberative Function of the WTO*, JOB/GC/211, 2018; WTO: *Strengthening and Modernizing the WTO: Discussion Paper*, JOB/GC/201, 2018.

定范围（将更多的"公共机构"纳入进来）。再比如修改世界贸易组织的《与贸易有关的投资措施协定》《与贸易有关的知识产权协定》条款，限制东道国对于外资企业的合资要求、股权限制等做法。针对美国的贸易保护主义，尤其是挑起的对华单边主义的做法，以及美欧提出的世界贸易组织改革方案，2018年11月，中国政府发布《中国关于世界贸易组织改革的立场文件》，明确了有关世界贸易组织改革的三大原则和五点主张。2019年5月，中国进一步细化了世界贸易组织改革方案，并向世界贸易组织秘书处正式提出[1]。

在此不再详细讨论这些改革方案的异同以及实施可行性[2]，但是，无论采用和落实那一种改革方案，世界贸易组织和多边贸易体制仍然不能推动多边贸易谈判，比如顺利完成多哈回合的谈判，建立新的多边贸易规则，更不能推动发展中成员的贸易自由化。因此，不论是研究机构的报告，还是带有强烈政治色彩的国家主张，都没有触及这样一个基本的问题，即：世界贸易组织和多边贸易体制能够推动的世界贸易自由化的极限何在、何处是其制度边界？人们以美好的愿望预设了这样的前提，似乎世界贸易组织和多边贸易体制既能够，也应该在新议题上为世界确定新的多边规则，也能够和应该推动世界贸易的完全自由化。

基于以上对于多边贸易体制边界、优势和局限等方面的分析，有关多边贸易体制的改革，应该着重关注以下五个方面的问题。

第一，对发展中成员进行重新分类，将一些发展中大国与其他发展

---

[1] 《中国关于世贸组织改革的立场文件》，商务部网站，2018年11月，http://www.mofcom.gov.cn/article/jiguanzx/201812/20181202817611.shtml；《中国关于世界贸易组织的改革建议》，商务部网站，2019年5月，http://images.mofcom.gov.cn/sms/201905/20190514094326062.pdf。

[2] 详细讨论参见宋泓：《世界贸易组织改革：前景不容乐观》，载张宇燕主编：《世界经济黄皮书：2020年世界经济形势分析与预测》，北京：社科文献出版社2020年版。

中成员相区别，从而划分出那些不享受"发展中国家"待遇的经济体。这种情形下，发展中大国就会被纳入到发达成员一组，需要进行"追赶型"的自由化和市场开放，而对于其他发展中成员则继续延续过去的"非对等、非互惠"的减让，并"免费搭车"。这种改革思路，直接针对现有多边贸易体制的缺陷，具有建设性，可以进行规范化。如果能够有效地实施，那么就可能成为推动多边贸易体制走出困境的重要选择。事实上，在过去几十年中，多边贸易体制中，就存在着这样的一种机制，即所谓的"发展中成员的毕业机制"。一个落后国家和地区，在多边贸易体制下，通过出口导向型的发展战略，充分利用了这种体制提供的便利，并成功发展起来之后，就应该逐渐退出发展中经济体的行列，进入到发达成员行列之中。这种机制很大程度上是通过这些成员的自觉以及美国等发达经济体施压等方式运行的，并且效果较好。但是，目前这种机制运行不畅。一方面，一些落后成员已经在向发达经济体稳步迈进，甚至已经跨入发达经济体的门槛，却不愿意放弃"发展中国家"的成员方地位。另一方面，美国等国家的施压效果有限。同时，也应该强调，这种改革也不能走得太远。比如，一下子将大批的发展中经济体强行纳入到发达经济体的行列。虽然过去一段时间里，一些发展中成员的经济增长很快，取得了良好发展绩效，但是，这种发展并不能保证它们一定能够跃入发达经济体的行列，甚至有可能陷入中等收入陷阱之中。因此，这种改革只能在自愿的基础上，逐步推进，不可操之过急，更不能强制要求。

第二，在一定的条件下，整合区域和单边自由化的成果，将这些平台上贸易自由化成果多边化。这里的核心问题是，很多多边贸易体制的成员，宁愿进行单边的贸易自由化，或者在区域贸易协定下进行贸易自由化，却不愿意在多边体制内这样做。为什么呢？除了前文提到的政治经济方面原因之外，更重要的一个原因在于，多边贸易的体制下的"约束关税"和由此带来的"一诺千金"的约束。约束性关税，以及在多边贸易谈判中的承诺，都是不能随意改变的。要改变，既要其他成员的同意（多数投票制），也要对相关受损方进行补偿。否则，便会招致其他成员的贸易报复。简言之，多边贸易体制下的承诺是有约束的，并且是强制执行的，而单边或者区域贸易协定下的承诺则是可以改变的。因此，如果能够继续给予发展中成员充分的政策空间，那么，就可以将单边贸易自由化，以及区域贸易协定下的贸易成果多边化。比如，一方面将这些成果多边化，在最惠国的基础上，让所有成员分享；另一方面，又允许这类的承诺和开放不受多边规则的约束，享有充分的政策空间。这样，就可以在现有体制下，将贸易自由化再推进一个层次。

第三，修改多边贸易的"协商一致"的决策原则，采用达到一定数量的成员不反对的情形下通过的方式。即便是仍有一些成员反对，但是，也在最惠国的基础上对其开放谈判成果。这意味着允许一小部分成员免费搭车。这种改革称之为实用多边主义。这种改革思路，会为多边贸易体制的发展开拓出新的空间。但是，也要有个限度，不能走得太远。否则，就会将多边贸易体制的"协商一致"的原则变相修改为"多边投票决定"的原则，彻底改革现有多边贸易体制的性质，并导致一系列不可控的后果。比如，鼓励现有成员的投机行为，增加谈判的难度；再比如，会导致现有多边体制的碎片化，甚至分解等。

第四，放弃过去包含多种议题的谈判方式，以及一揽子要么接受，要么放弃的谈判结果接受方式，就不同产品、不同部门、不同议题进行单独的谈判。过去的多议题、一揽子方式，有利于成员内部以及成员之间的利益平衡和交换,从而最大限度地达成贸易自由化的协定。但是,共识形成过程费时费力,甚至无法达成,使得多年的谈判前功尽弃。而后一种方式,则可以在一些容易的议题上形成共识,但是,系统性推动贸易自由化的效果有限。

第五,完善现有的多边贸易体制。现有的多边贸易规则有不少需要进一步修改和完善的方面。比如,将在农业补贴和反倾销中滥用的"替代国"标准纳入谈判新议题之中,进行规范化;再比如,对于世界贸易组织的透明性和通报原则进行强化,将其和世界贸易组织的贸易政策审议功能相联系,并使之机制化,甚至和世界贸易组织的争端解决机制相挂钩等。

总之,改革完善后的多边贸易体制,主要发挥在国际贸易规则和治理方面的全球性和基础性框架作用。作为一个拥有164个成员的国际组织,不能期望它在所有的贸易规则方面都起引领作用,应该给予双边、区域贸易协定和诸边贸易协定以充分而合理的发展空间。

五、结语和启示

从战后世界贸易的发展来看,多边贸易体制的贡献在于:其一,创立了以规则为基础的国际贸易秩序。在多边贸易体制存续至今的70多年中,国际贸易环境相对稳定。其二,推动了发达经济体之间的贸易自由化和国际分工的深化,并由此带来了发达经济体贸易和经济的大繁荣。其三,20世纪80年代以来,间接地促进了发达经济体成熟产业的大规模向外转移和部分发展中经济体的融入,以及世界范围内的生产网络的形成。

多边贸易体制和以发达经济体为主的贸易安排也给发展中经济体的发展提供了一种比较宽松有利的国际环境。如不要求对等的开放和减让等。虽然这并不是发达经济体主观希望帮助发展中经济体，而是无意而为之，但确实对发展中经济体有利。改革开放之后的中国，也大踏步地加入到这样的体系之中，并深深地融入全球化的进程中来，成为这一时期全球化的赢家之一。但是，也应该客观地看到，中国所获得的这种贸易安排或者有利的条件是其他发展中经济体都可以享受的，并非为中国专门定制。

从现有的美欧日等国家所提出的改革方案来看，战后发展中经济体所享受的比较宽松的国际贸易环境也许会一去不复返了。因为，发达经济体要重新对发展中经济体进行分类，取消过去的优惠安排，要求世界贸易组织发展中成员方作出更大的市场开放承诺，甚至会迫使发展中成员"弥补"过去的减让承诺，与发达经济体实行"对等"开放。

作为一种制度安排，多边贸易体制也许是人类历史上创造的一种最好的安排。这种安排，不仅实现了推动技术水平、经济发展以及保护水平接近的发达经济体之间的贸易自由化，而且最大限度地带动了发展中经济体的发展。如果最初发达经济体将不参加多边谈判，或者不进行同等减让的发展中经济体剔除出去，那么就不会有，或者很难有落后经济体的崛起了。

多边贸易体制的局限在于它跨越自己的边界，将越来越多不同类型的经济体纳入，从而造成了内部成员及利益的极化，使得多边谈判陷入僵局。对于这种体制，也许最好的改革方案是微调，而不是伤筋动骨的改革。通过微调以鼓励少数比较成功的发展中成员毕业、探索将单边、区域贸易自由化多边化、实施小幅度的协商一致改革，以及尝试具体议题上的多边谈判方式等形式进行。不能期望多边贸易体制在所有的贸易方面都能引领潮流，关键在于能够为世界贸易和相关的治理提供一个基于共识且广泛适用的基准体系。

评价一种制度好坏的标准是它能否有效实现其目标。从这个角度来讲，多边贸易体制是成功的，因为它实现了"大幅度削减关税，废除关税优惠"目标，并为国际贸易建立了一种透明、可预期的发展环境，也为国际贸易纠纷提供了有效的争端解决机制。一种制度是否合理、是否能够发挥作用，是由其背后的理论决定的。多边贸易体制背后的逻辑或者说基本的理论如下：第一，自由贸易和国际分工对于参与国家都是有好处的。这就是比较优势理论，或者更具体讲，是最优贸易理论。同时，克鲁格曼所提出的基于规模经济之上的国际贸易理论也为这种分工提供了一种解释。第二，对等的和互为主要供应方的参与方之间的多边谈判能够实现成员之间的自由贸易和国际分工。这是美国《1934年互惠贸易协定法》的基本逻辑。这要求参与的经济体在技术上、发展水平以及保护水平基本相当，并积极参与多边谈判，进行互惠的谈判，相互交换出价和要价。因此，多边贸易体制针对的目标国家是发达经济体，确定的目标也是在这些经济体之间实现自由贸易。这与之前常见的以一个国家为主，形成自己的势力范围，或者帝国体系，并进行相互竞争的情形完全不同。后一种贸易秩序，时常导致列强或者帝国之间的激烈竞争以及连续不断的战争。

一般来说，不能跨越多边贸易体制背后的基本理论逻辑，要求这种体制下的发展中经济体也实现贸易的自由化。因为，无条件地参加自由贸易和国际分工，并不是落后国家实现经济追赶目标的理想选择。要从制度的设计上,给予发展中经济体和欠发达经济体充分而合理的政策空间,以实现各自的经济发展目标。

总之,作为一种制度安排,多边贸易体制并不完美,也不能够解决所有的问题,客观认识其优势和劣势,扬长避短,也许是一种最好的选择。

全球贸易体系重构背景下的区域贸易治理

沈铭辉[*]

二战以后,国际经贸规则主要是由发达经济体制定的,其中美国起到了主导性的作用。随着越来越多的发展中经济体加入世界经济体系,它们也必然参与国际规则的制定,乌拉圭回合的成果在一定程度上反映了发展中经济体参与的成果。但是,本应更多反映世界经济结构变化和发展中经济体参与成果的多哈回合却因为美国为首的发达经济体反对而停滞,如今,以美国为代表的发达经济体希望继续主导新规则制定,把由发达经济体主导的区域新规则推行到多边机制,以在新的国际竞争中占据主导权。未来一个时期,围绕贸易和投资新规则制定的角力将会成为国际经济关系的一个焦点。

一、新一轮全球贸易体系重构的背景

长期以来,美国是多边贸易体系的主要推动者和受益者,然而进入21世纪后,以中国、印度、巴西为代表的新兴经济体经济发展迅速,

---

[*] 沈铭辉,中国社会科学院亚太与全球战略研究院研究员。

其群体性崛起趋势不可忽视，美国在多边贸易体系内的地位不断受到冲击。特别是2000年11月，中国率先提出打造中国—东盟自由贸易区倡议，得到了东盟国家的积极响应，并在东亚地区内引发了一系列的区域经济合作连锁反应，而这些区域经济合作倡议中绝大部分都未包括美国，以"东盟+3"自由贸易协定为基础计算的排他性（主要是排除美国）东亚贸易集团在2004年GDP总量就已达到美国的69%，以"东盟+6"自由贸易协定为基础计算的东亚贸易集团GDP总量在2006年更达到美国的82%；尤其值得注意的是，以中国、东盟、印度等国为代表的新兴东亚经济体，其经济总量在2004年还只是美国GDP水平的28%，2008年就已飙升至50%。

虽然多数研究均表明，以"东盟+3"和"东盟+6"为主要方案的东亚合作对美国产生的贸易转移效应微乎其微，但是美国有理由防止另一个欧盟的出现。理论上，在国际贸易领域，一国对国际经贸规则的影响力取决于该国能够向世界提供多大的出口市场。历史经验证明，当欧洲国家通过欧盟的形式克服了单一国家市场规模较小的局限，一个拥有与美国同等市场地位的欧盟对美国取得国际经贸规则主导权构成了挑战。21世纪，东亚国家正通过东亚合作进一步加强经济联系，并有可能形成一个挑战美国国际经贸规则主导权的新的贸易集团[①]，这一局面是美国不愿意看到的。

面对以中国为代表的新兴经济体经济崛起引发的冲击，美国在国际经贸层面上仍然采用一贯的做法，即双边和多边方式同时并举的方法加

---

① 尽管目前亚洲出口品的最终消费市场仍在欧美等区域外市场，其中美国占23.9%，欧盟占22.5%，而亚洲自身仅占28.9%。参见 ADB, *Institutions for Regional Integration: Toward an Asian Economic Community*, 2010, p. 33。

以应对。具体而言，双边层面即缔结自由贸易协定（FTA），凭借美国相对强势的经济实力在双边谈判中往往都能迫使对方，特别是中小型经济体全面接受美国的要求；① 当然，鉴于这些经济体在经济上并不重要，因此，美国谈判签署双边自由贸易协定的意图通常并不完全是为了获得对方的市场准入，而往往是作为贸易新规则的"孵化器"，为更大范围的贸易谈判增强贸易集团实力，并提供未来谈判的模板。② 此外，同时以多边方式加以处理，所谓的多边方式主要是世界贸易组织（WTO）层面的多边贸易谈判，制定国际规则规范国际贸易投资新议题并约束新兴挑战者。然而，鉴于中国的经济实力迅速上升，美国利用不对称实力与中国双边谈判的有效性迅速下降，③ 中国等新兴经济体在双边谈判层面上全面接受美国标准的困难较大，因此，谈判签署双边自由贸易协定的可能性较小。只有在多边贸易谈判中，美国利用与其他经济体形成贸易集团才能更有效地平衡中国为代表的新兴经济体集团，在迫使接受其经贸规则的同时，将开放自身国内市场准入这一贸易谈判成本在全球范围内由所有世界贸易组织成员"摊平"，而非美国一家独自承担。因此，理论上规制中国等大型经济体的主要方式只能是多边方式而非双边方式。

二战以来，尽管不时有经济体对美国经济地位构成了挑战，但是以

---

① 进行双边战略经济对话、单方面采取贸易制裁措施等也有助于处理双边事务，但是并不能全面规范。

② Matthew P. Goodman, "U. S. Economic Strategy in the Asia-Pacific Region: Promoting Growth, Rules, and Presence," Paper Prepared for CNCPEC Seminar "New Development and Future Direction of Asia Pacific Regional Economic Integration," Beijing, China, November 14–15, 2013, p. 4.

③ 根据2013年中国社会科学院亚太与全球战略研究院创新工程项目"未来5—10年中国周边环境评估"的预测，如果不考虑汇率变动，2022年，中国的名义GDP将达到20.8万亿美元，相当于同时期美国经济总量的78%；2035年前后有望赶超美国的GDP水平。

国际贸易治理与变革

《关税与贸易总协定》/世界贸易组织为核心的多边贸易体系对维护美国的全球利益发挥了极为重要作用,这体现在:第一,二战结束后,多轮《关税与贸易总协定》谈判有效地削减了全球范围的关税水平,为美国商品打开了全球市场;第二,肯尼迪回合有效地缓解了由于欧共体经济一体化引发的欧洲国家对美国商品的歧视性待遇;第三,东京回合制定了针对日本的反补贴政策和约束商品进出口的国际贸易规则,有效地抵御了日本经济崛起对美国制造业竞争力的打击;第四,乌拉圭回合时期,一方面在农产品方面对欧盟的农业补贴政策进行了约束;另一方面将更多的主要发展中经济体纳入到多边贸易体系中,并根据美国自身国际竞争力的变化,将知识产权、服务贸易等新议题在世界贸易组织中进行了推进,并成功制定了新的国际规则。第五,通过中国入世谈判,成功实现了对中国的农业、制造业和服务业市场较大规模的贸易投资自由化。因此,面对中国等新兴经济体的群体性崛起,在国际经贸层面上,美国最佳应对策略是沿用过去类似东京回合的做法,利用多边贸易体系平台,针对中国等新兴经济体展开所谓的"北京回合"谈判。①

事实上,所谓在多边贸易体系展开新一轮的"北京回合"谈判已不是新话题了,早在2009年以前,就有不少美国学者建议利用世界贸易组织框架对崛起中的中国进行全面约束,主要约束领域涉及中国的汇率政策、农产品市场准入、稀土政策、政府采购、技术标准、贸易和气候变化等议题。需要指出的是,中国的政府采购市场是美国重点关注对象,美国方面预计该市场蕴含着约1万亿美元的市场潜力,美国宣称中

---

① Arvind Subramanian, "*A Muscular Multilateralism to Engage China on Trade*," Testimony before the Joint Economic Committee of the United States Congress, hearing on "Manufacturing in the USA: How Trade Policy Offshores Jobs," September 21, 2011.

国政府采购市场透明度低，要求中国放开政府采购市场。

事实上，伴随着中国经济体量不断增强，特别是从 2001 年开始，中国不断缔结自由贸易协定，与其他发展中经济体一道增强了在多边贸易谈判中的集体力量。美国在目前的世界贸易组织框架内很难独自推动直接针对中国等新兴经济体的多边贸易新规则，美国采用过去应对欧洲一体化的办法，即采用"竞争性自由化"的做法，采取双边、区域和多边并用的方式试图迫使中国最终在多边贸易谈判框架内与美国达成妥协，进而接受美国的多边贸易新规则。为了应对中国的经济崛起和不断强化的东亚贸易集团，美国在其"开创东盟事业倡议"谈判搁浅的情况下，一方面与韩国展开了双边自由贸易协定谈判，另一方面在 2008 年 2 月宣布加入跨太平洋战略经济伙伴关系协定投资条款的谈判，随后于 2009 年正式加入了《跨太平洋伙伴关系协定》（TPP）谈判。

2011 年，由于担心被《跨太平洋伙伴关系协定》排除在外和被《跨太平洋伙伴关系协定》造成一体化分裂，东盟推出了区域全面经济伙伴关系协定（RCEP）倡议，东亚合作进程又一次得到了加强。在此背景下，美国为了增强在多边贸易体制内的谈判实力，在《跨太平洋伙伴关系协定》9 国基础上吸纳了加拿大、墨西哥、日本，实现扩围至 12 国，并计划逐步将成员扩大至韩国、泰国、菲律宾、中国台湾等其他亚洲经济体，甚至拉美经济体等其他亚太经合组织（APEC）成员。除此之外，更重要的是，在 2011 年 11 月与欧盟联合举行的美欧峰会上，美国和欧盟提出建立欧美就业和增长高级工作组，以研究如何维护和加强当前的多边贸易体系。随后，在 2013 年区域全面经济伙伴关系协定开始谈判之际，《欧美就业和增长高级工作组报告》最终版本出炉，建议美国和欧盟就《跨大西洋贸易与投资伙伴关系协定》（TTIP）

进行谈判。《跨太平洋伙伴关系协定》与《跨大西洋贸易与投资伙伴关系协定》有助于美国在多边贸易体系内形成实力更为强大的发达经济体贸易集团，维持其不对称的经济实力，相应地，造成对新兴经济体更为强大的谈判压力，不仅有利于迫使以中国、印度为代表的新兴经济体在多边贸易谈判中妥协，更有助于为下一轮多边贸易谈判设定规则模板。①

当前，尽管美国特朗普政府宣布退出《跨太平洋伙伴关系协定》，美国希望主要通过关税制裁等单边主义或者双边谈判方式来应对中国等新兴经济体的挑战，但是，截至目前，其效果仍然非常有限，这充分表明中国经济实力上升已经显著降低了美国的不对称实力，与中国双边谈判的有效性大幅下降。因此，美国政府也在调整谈判策略，一方面，美国特朗普政府转而与日本先行就农业等部分内容达成"快速协定"（quick deal），在此基础上继续对中国施压，强化对中国的谈判压力。另一方面，美国重新谈判《北美自由贸易协定》（NAFTA），在《跨太平洋伙伴关系协定》文本的基础上与墨西哥和加拿大达成了《美墨加协定》（USMCA），并宣称该协定是未来贸易谈判的标杆。可见，在特朗普政府"美国优先"原则下，美国的对外经济政策和行为模式有所调整，美国在贸易谈判中更加看重通过双边方式维护自身的经济利益，而多边方式对美国的重要性有所下降。但是，鉴于美国相对经济实力的衰落，特别是当前"美国优先"原则伤及日本、欧洲等传统盟友，美国的对外贸易政策并未获得这些贸易伙伴的支持，美国以双边方式塑造

---

① Matthew P. Goodman, "U. S. Economic Strategy in the Asia-Pacific Region: Promoting Growth, Rules, and Presence," Paper Prepared for CNCPEC Seminar "New Development and Future Direction of Asia Pacific Regional Economic Integration," Beijing, China, November 14-15, 2013, p. 4.

国际贸易规则的愿望几无可能实现，即使《美墨加协定》于 2020 年 7 月 1 日得以实施，美国仍将自觉或者不自觉地回归传统双边与多边并用的方式，即以自由贸易协定谈判塑造规则进而实现多边化的"国际造法"路径。

二、通过自由贸易协定打造 21 世纪贸易投资新规则

21 世纪以来，新兴经济体和广大发展中经济体的经济崛起，已经冲击到传统发达经济体的地位，百年未有之大变局深刻影响着世界经济政治格局。特别是奥巴马上台后，美国试图从国际规制角度约束和规范中国等新兴经济体的国际经贸行为。伴随着 2009 年美国宣布加入《跨太平洋伙伴关系协定》谈判，不少美国官员甚至学者不断提及《跨太平洋伙伴关系协定》倡导和推动的所谓"21 世纪贸易标准"或"白金标准"。这些非传统的贸易新议题或新标准与传统自由贸易协定所强调的关税减让、海关合作、贸易救济等议题差别较大，不仅从边境措施（关税等）扩展到了法规政策（投资、金融法规政策等），甚至从经济议题衍生到了政治、安全等非经济领域。当前，全球贸易体系正处于二战后最大规模的一次重构，贸易新议题或新标准究竟会在多大程度上影响新一轮重构，该问题已经引起了各国政府的高度关注。事实上，包括所谓的贸易新议题在内的国际经贸规则，对不同经济体的影响各不相同（"制度非中性"），因此，这些经贸新规则必然会影响到各成员在 21 世纪的国际竞争力以及全球贸易下各利益攸关方的贸易收益分配问题。

(一)"21世纪条款"的实质

从战略角度看,《跨太平洋伙伴关系协定》已经不再是普通的自由贸易协定,因为货物贸易市场准入谈判仅占《跨太平洋伙伴关系协定》谈判的很小部分,相比之下,《跨太平洋伙伴关系协定》真正的竞争力来源于其高标准的贸易规则模板,即所谓的"21世纪条款"。[①]《跨太平洋伙伴关系协定》不仅是21世纪美国主导的最重要的亚太地区自由贸易协定,更重要的是,它所制定的经贸新规则框架直接影响甚至决定了随后谈判签署的《全面与进步跨太平洋伙伴关系协定》(CPTPP)和《美墨加协定》框架内容。可以说,尽管美国退出了《跨太平洋伙伴关系协定》,但是在规则制定层面上,《跨太平洋伙伴关系协定》是美国推动贸易新规则的经典范本。《跨太平洋伙伴关系协定》包含了诸多"21世纪条款",参见表1。

表1 《跨太平洋伙伴关系协定》部分"21世纪条款"在传统贸易协定中的覆盖率

议题	覆盖率(%)	边境内措施	条款内容
货物贸易	100	否	削减95%以上的关税;调整海关估价办法;设置敏感产品目录等
服务贸易	91	是	要求国民待遇和最惠国待遇;资金自由转移和支付;透明度要求;禁止业绩要求等

---

① Peter A. Petri and Michael G. Plummer, "The Trans-Pacific Partnership and Asia-Pacific Integration: Policy Implications," *PIIE Policy Brief*, No. 12-16, June 2012, pp. 2-3.

续表

议题	覆盖率（%）	边境内措施	条款内容
技术壁垒	69	是	要求实行世界贸易组织相关规定；推动技术标准、规则的相互认可；建立合作机制
竞争政策	66	是	采取措施抵制反竞争行为；确保对国有企业仅采取竞争性中性政策；要求实施国民待遇
知识产权	77	是	要求签署相关国际条约；确保对侵权行为严格执行惩罚；反盗版和仿造
投资	74	是	国民待遇和最惠国待遇；禁止业绩条款；确保自由和及时的资金转移；争端解决
政府采购	66	是	国民待遇；符合世界贸易组织规则；明确原产地规则；透明度要求等
检验检疫标准	69	是	确保对人、动物、植物合适的保护；建立合作委员会；食品安全规则
争端解决	91	否	设立争端解决专家组程序；确定惩罚机制；国际仲裁
原产地规则	94	否	确实原产地的规则；微量条款；例外等
贸易救济	66	否	暂时、双边的保障措施及其适用限制
海关措施	86	否	透明度和提高监管水平
人员短期流动	54	否	加速实施商务人员短期流动
机制建设	43	否	建立监管实施委员会
金融服务	26	是	国民待遇和最惠国待遇；约束对机构和交易的限制措施；允许跨境交易；争端解决
电子商务	—	是	确保信息跨境自由流动；禁止电子商务关税；确保信息保密

续表

议题	覆盖率（%）	边境内措施	条款内容
电信服务	—	是	取消投资限制；对电信网络的自由、非歧视接入；相互认可等
农业	9	否	关税配额；限制出口补贴；规范出口税和出口限制；限制保障措施
劳工条款	9	是	签署《国际劳工组织公约》；确保国内法与国际标准一致等
环境	9	是	建立环境保护法规；补偿机制；确保公众参与；鼓励技术合作；设立联合委员会
安全标准	3	是	确保产品及服务安全的法规
监管一致性	—	是	国民待遇；透明、开放的政策环境
中小企业	3	是	支持中小企业的联合战略；能力建设
商业便利化	0	是	贸易投资、海关清关、检验检疫等方面合作；提高贸易相关规则的透明度；建立联合工作组
文化	0	是	文化合作；规范对电影及其他文化产品进口的限制措施
科技	0	是	在信息产业、采矿业等关键产业开展联合工作和技术转让

资料来源：Peter A. Petri, Michael G. Plummer and Fan Zhai, "The Trans-Pacific Partnership and Asia-Pacific Integration: A Quantitative Assessment," *East-West Center Working Papers, Economics Series*, No. 119, October 24, 2011, pp. 9-11, 以及《跨太平洋伙伴关系协定》文本条款。

客观来看，这种高标准起码包含以下几个方面的因素：(1) 全面覆盖自由贸易协定谈判领域，除了货物贸易外，还包括服务贸易、投资、科技等领域；(2) 不仅涉及关税减让，还涉及非关税壁垒、国内规制等边境内（Behind-the-border）措施；(3) 涉及一些非传统自由贸易协定条款，如劳工条款、环境条款以及发展、中小企业、国有企业等横向条款。① 具体而言，《跨太平洋伙伴关系协定》中全部30个条款26个贸易议题中，有50%的议题在过去亚太地区签署的全部38个自由贸易协定②内是较少出现的（低于50%的出现率），而农业、劳工、环境、安全标准、中小企业等条款的出现率更低于10%，特别是商业便利化、文化和科技更是全新的贸易议题。值得一提的是，《跨太平洋伙伴关系协定》包含的贸易议题绝大部分都是边境内议题，如竞争政策、劳工、环境、知识产权等，这些议题占全部议题比重高达70%，而这些议题无不涉及国内法规或政策的调整。从这个角度，《跨太平洋伙伴关系协定》所涉及的贸易议题已经远远超出了传统的自由贸易协定议题，它要规制的问题也远远超出了传统的关税、海关措施、贸易救济、争端解决等边境议题（At-the-border），可以说，对中国在内的新兴经济体和亚太经济体等多数经济体而言，《跨太平洋伙伴关系协定》是一套全新的经贸规则。

更具体地来看，赫里克·霍恩等（Herik Horn, et al.）对14个欧盟签署的自由贸易协定和14个美国签署的自由贸易协定进行了研究分析，③ 识别了52个政策领域并将这些条款分类为两个大类，一类是WTO+条款，即所谓的传统贸易议题，包括了14个受到现有世界贸易组织相关条款约束的议题或条款；另一类是WTO-X条款，即所谓的贸

---

① Peter A. Petri, et al., "*The Trans-Pacific Partnership and Asia-Pacific Integration,*" Paper Presented at CNCPEC Seminar "TPP and Its Implications for Regional Economic Cooperation", Beijing, China, December 8-9, 2011.

② 具体自贸区情况参见 Peter A. Petri and Michael G. Plummer, "*The Trans-Pacific Partnership and Asia-Pacific Integration: Policy Implications,*" *PIIE Policy Brief*, No. 12-16, June 2012, p. 4。

③ Herik Horn, Petros Mavroidis and Andre Sapir, "Beyond the WTO? An Anatomy of EU and US Preferential Trade Agreements," *The World Economy*, Vol. 33, No. 11, 2010, pp. 1565-1588.

易新议题或新规则,涉及共计38个尚未出现于世界贸易组织规则内的新议题,但是,这些议题已经在其他自由贸易协定的相关条款中出现了。

尽管赫里克·霍恩等作出了开创性的探索,但是他们的研究也存在一定的局限性。具体而言,赫里克·霍恩等研究的样本空间有限,仅涉及美国和欧盟签署的28个自由贸易协定,而且非美国或非欧盟自由贸易协定中所涉及的条款并未体现在他们的研究成果中,这样可能导致研究误差较大,也缺乏代表性。2011年,世界贸易组织将研究对象拓展为全球96个自由贸易协定,其中有33个欧盟签署的自由贸易协定,11个美国的自由贸易协定,10个日本的自由贸易协定、7个中国的自由贸易协定、5个澳大利亚的自由贸易协定、5个韩国的自由贸易协定以及4个印度的自由贸易协定等。96个自由贸易协定涉及全球18个贸易集团,如美国、欧盟、中国、东盟、欧自联(欧洲自由贸易联盟)、印度、南方共同市场、海湾合作组织等,从这个角度,2011年世界贸易组织的研究代表性强于2010年赫里克·霍恩等的研究。特别需要指出的是,尽管2011年世界贸易组织的研究沿用了赫里克·霍恩等的分析思路,但是对赫里克·霍恩等研究的分类进行了细化,比如将一些有实质性内容,然而未体现在自由贸易协定章节标题上的贸易议题引入了研究,同时也对个别贸易议题的分类进行了调整,参见表2。

表2 自由贸易协定中的条款分类

类别	涉及议题或条款
WTO+条款	工业产品、农业产品、海关程序、出口税、卫生和植物检疫、国有贸易企业、技术性贸易壁垒、反补贴、反倾销、公共补助、政府采购、《与贸易有关的投资措施协定》《服务贸易总协定》《与贸易有关的知识产权协定》
WTO-X条款	反腐败、竞争政策、环境法规、知识产权、投资、劳动市场管制、资本流动、消费者保护、数据安全、农业、国内立法与国际法的对接、音像产业、文化保护、创新政策、文化合作、经济政策对话、教育培训、能源、金融支持、健康、人权、非法移民、反毒品、产业合作、信息传播、采矿业、反洗钱、核安全、政治对话、公共行政、区域合作、研究与技术、中小企业、社会事务、统计、税收、恐怖主义、签证与政治庇护

资料来源：WTO, *The World Trade Report 2011*, https://www.wto.org/english/res_e/booksp_e/anrep_e/wtr11-2a_e.pdf。

事实上，根据世界贸易组织2011年的研究，针对全球96个自由贸易协定样本的全部条款和议题进行分析后发现，全球范围自由贸易协定内所涉及的贸易新议题和新规则大体呈现稳定增长的态势，1958—1979年，全球自由贸易协定包括的新议题平均为6个，1980—1989年，平均为7个，1990—1999年，平均为6个，而2000—2010年自由贸易协定新议题攀升至9个。具体而言，竞争政策是全部自由贸易协定中出现频率最高的贸易新议题，议题覆盖率约为94%，其他新议题如知识产权63%，投资58%，资本流动57%，环境法规46%，农业33%，研究与科技32%，区域合作31%，教育培训29%，能源28%，劳动市场管制27%等。[①]

[①] WTO, *The World Trade Report 2011*, https://www.wto.org/english/res_e/booksp_e/anrep_e/wtr11-2a_e.pdf。

根据美国贸易代表办公室公布的消息,《跨太平洋伙伴关系协定》文本包括全部 30 个章节,具体是初始条款和一般定义、货物贸易、纺织和服装、原产地规则、海关管理和贸易便利化、卫生和植物检疫、技术性贸易壁垒、贸易救济、投资、跨境服务贸易、金融服务、商务人员短期流动、电信、电子商务、政府采购、竞争政策、国有企业和指定性垄断企业、知识产权、劳工、环境、合作和能力建设、竞争力和商业便利、发展、中小企业、监管一致性、透明度和反腐败、行政与制度安排、争端解决、例外、最终条款。按照赫里克·霍恩等的分类,《跨太平洋伙伴关系协定》条款中投资、跨境服务贸易、金融服务、商务人员短期流动、电信、电子商务、竞争政策、国有企业和指定性垄断企业、知识产权、劳工、环境、合作和能力建设、竞争力和商业便利、发展、中小企业、监管一致性、透明度和反腐败都属于贸易新规则。其中投资、服务贸易、竞争政策、电子商务、知识产权、劳工、环境、合作和能力建设、中小企业、透明度和反腐败等比较明显,毫无疑问都属于 WTO-X 条款,另外,根据具体条款内容,国有企业和指定性垄断企业涉及竞争政策的延伸,竞争力和商业便利涉及经济政策对话,发展涉及教育培训以及研究与科技,监管一致性涉及国内法与国际法的对接。

(二) 利用国际新规则约束新兴挑战者

整体上,美国通过《跨太平洋伙伴关系协定》强调贸易新议题设定而非传统贸易议题,试图对服务贸易、投资条款、知识产权、竞争政策、政府采购等涉及国际贸易变化新趋势的贸易规则进行规范。在为本国企业开拓新市场准入机会的同时,美国试图以更严格的贸易标准或规则增加其他经济体企业成本并削弱新兴经济体的国际竞争力。与此同时，弱化货物贸易、贸易救济等传统议题谈判，例如，利用复合谈判方式最大化保护美国货物贸易市场准入，利用"纺纱前沿"（Yarn-forward）① 等严格的原产地规则削弱《跨太平洋伙伴关系协定》其他经济体的纺织业等劳动密集型产业的国际竞争力等，尽可能减少对美国相关产业造成的冲击。

具体而言，与制造业相比，服务业能为美国多提供4%的就业，同时能提供平均约5.6万美元（比制造业更高）的高薪就业机会，特别是美国的服务业具有显著的比较优势，② 因此，美国重点对服务贸易规则进行了规范。首先，《跨太平洋伙伴关系协定》服务贸易谈判要求全面实现国民待遇，特别是准入前国民待遇，取消其他经济体对外方直接投资的审批，这将有助于防止新兴经济体承诺开放服务贸易市场，但是，借由审批环节造成事实上的不开放。其次，推动采用"负面清单"，即除保留措施外，其他所有部门一律开放。与"正面清单"比较，通过"负面清单"方式，美国不仅可以获得更多的服务贸易市场准入，任何未来出现的新服务部门也将对美国自动开放。最后，《跨太平洋伙伴关系协定》服务贸易谈判强调取消股权限制以及业绩要求，减少成员方对本土企业的保护。

事实上，《跨太平洋伙伴关系协定》对多边贸易谈判也产生了重大影响，由美国和澳大利亚等国发起，2013年正式开始谈判的《服务贸易协定》（Trade in Services Agreement，TiSA）基本上采用了《跨太平

---

① "纺纱前沿"是《跨太平洋伙伴关系协定》采用北美自由贸易区内使用的原产地规则，指纺织产品从纱开始之后的所有加工过程都在成员方内进行方可享受自贸区关税优惠。

② J. Bradford Jensen, *Global Trade in Services: Fear, Facts, and Offshoring*, September 2011, http://bookstore.piie.com/book-store/6017.html.

洋伙伴关系协定》服务贸易谈判的内容，即全面给予外资国民待遇，部门开放采用"负面清单"方式，原则上取消设立合资企业的各种要求，不得限制外资在金融、证券、法律服务等领域控股比例和经营范围。尽管目前《服务贸易协定》处于搁置状态，但是未来《服务贸易协定》很有可能多边化成为世界贸易组织的《服务贸易协定》，可以说《跨太平洋伙伴关系协定》和《服务贸易协定》在利用服务贸易规则规范新兴经济体方面已经迈出了重要一步。

据《财富》杂志统计，2005年，世界500强名单中仅67家是国有企业，而2011年该数字已提高至106家，特别是全球100家最大的跨国公司中，国有企业已高达19家，而来自中国等新兴经济体的国有企业在其中占据了重要地位。面对来自新兴经济体国有企业的强有力竞争，[1] 美国相应加强了竞争政策方面的"国际造法"行动。一方面，《跨太平洋伙伴关系协定》的国有企业议题要求消除国有企业补贴、消除对国有企业海外投资所给予的特惠融资措施、保护外国私营企业经济活动、撤销政府采购的优惠偏好等内容。同时，该规则要求在美国国内市场，确保外国国有企业和政府支持的企业在投资美国市场或争取贸易机会时不会对美国公司带来不公正竞争。在国外市场，要求制定国有企业在海外市场运营时应该遵守的规则，以使美国公司在海外市场上同国有企业竞争。[2]

2011年，美国副国务卿罗伯特·霍马茨（Robert Hormats）提出了

---

[1] Robert D. Hormats, *Ensuring a Sound Basis for Global Competition: Competitive Neutrality*, 2011, http://www.state.gov/e/rls/rmk/2011/163472.htm.
[2] 沈铭辉：《跨太平洋伙伴关系协议（TPP）的成本收益分析：中国的视角》，《当代亚太》2012年第1期，第9页。

"竞争中立"(Competitive Neutrality)①的概念,并指出要将此概念拓展至竞争法以外的其他领域。"竞争中立"旨在调整当前国际贸易领域的相关规则,以弥补现有的国际经贸规则无法保证国有企业和私营企业公平竞争的缺陷。在美国的推动下,"竞争中立"原则已经进入多边机制——经济合作与发展组织(OECD,以下简称经合组织)的研究领域。根据经合组织发布的报告,经合组织对国有企业的竞争优势进行了识别,并指出了"竞争中立"的政策目标,即需要确保税收中立、信贷中立、规则中立、保证国有企业与私营企业的利润率具有可比性、保证国有企业的价格形成方法反映其实际成本、保证非歧视性的政府采购等。② 2012年4月,美国与欧盟联合发布了《欧盟与美国关于国际投资共同原则的声明》,欧盟和美国表示支持经合组织在"竞争中立"领域的工作,认为该工作强调了国有企业和私营企业在既定市场上进行公平竞争的重要性。③ 相应地,这一声明的影响已经体现在《欧美就业和增长高级工作组报告》中,《跨大西洋贸易与投资伙伴关系协定》谈判已经明确纳入"竞争中立"议题。

不难看出,美国通过区域经济合作行为在《跨太平洋伙伴关系协定》和《跨大西洋贸易与投资伙伴关系协定》中制定"竞争中立"规则,同时将其进一步推广至经合组织中,推动经合组织制定"竞争中

---

① Robert D. Hormats, *Ensuring a Sound Basis for Global Competition: Competitive Neutrality*," May 5, 2011, https://2009-2017.state.gov/e/rls/rmk/20092013/2011/163472.htm.

② 参见 Antonio Capobianco and Hans Christiansen, "Competitive Neutrality and State – Owned Enterprises: Challenges and Policy Options," OECD Corporate Governance Working Papers No. 1, 2011, http://www.oecd-ilibrary.org/governance/competitive-neutrality-and-state-owned-enterprises_5kg9xfgjdhg6-en; OECD, Competitive Neutrality: Maintaining a level playing field between public and private business, 2012, http://www.oecd.org/daf/ca/corporategovernanceofstate-ownedenterprises/50302961.pdf。

③ 转引自王婷:《竞争中立:国际贸易与投资规则的新焦点》,《国际经济合作》2012年第9期,第75页。

立"框架,希望推动"竞争中立"规则的多边化,美国甚至还提出经合组织各成员应对该问题作出"政治性承诺"。[①] 美国强力推动"竞争中立"原则,无疑是在针对来自中国等新兴经济体的对外投资进行"国家安全审查"后,提出的又一重大约束性规则,该规则旨在从投资主体方面推动对现有国际和国内的竞争规则和反垄断规则进行多方面补充和修订,一旦成功上升为多边贸易规则,将全面削弱包括中国在内的国有企业或政府关联企业的国际竞争力,并大幅增加这些企业对外直接投资的难度。

另外,美国通过在《跨太平洋伙伴关系协定》内推动严格的知识产权、劳工条款以及环境条款等规则,也将从削弱新兴经济体企业竞争力角度对新兴经济体造成深刻影响。研究表明美国知识产权的保护标准则远超《与贸易有关的知识产权协定》水平[②],并在其签订的自由贸易协定中制定了不少具体条款进行约束。如果《跨太平洋伙伴关系协定》采用美国的知识产权模板,不仅会影响《跨太平洋伙伴关系协定》国家的相关行业,在未来可能对广大新兴经济体的部分特定产业如医药行业(新兴经济体大量存在的仿制药行业)[③]、互联网行业(盗版等)等产生极大的不利影响。美国坚持《跨太平洋伙伴关系协定》谈判方承诺采用和维持国际劳工组织"工作的基本原则和权利宣言"及其后续

---

① 黄志瑾:《国际造法过程中的竞争中立规则——兼论中国的对策》,《国际商务研究》2013年第5期,第56页。

② Flynn Sean, Margot Kaminski, Brook Baker and Jimmy Koo, "Public Interest Analysis of the US TPP Proposal for an IP Chapter," Draft Version 1.3, December 6, 2011, http://insidetrade.com//index.php?option=com_iwpfile&file=dec2011/wto2011_4302.pdf.

③ Flynn Sean, Aidan Hollis & Mike Palmedo, "An Economic Justification for Open Access to Essential Medicine Patents in Developing Countries," *Journal of Law, Medicine and Ethics*, Vol. 37, 2009, pp. 184-208.

文件规定的五大劳工标准,[①] 该规则不仅赋予美国以人权、劳动环境等为由启动针对新兴经济体的贸易保护主义措施的权利,更重要的是,该规则允许劳工问题适用争端解决机制,这意味着新兴经济体本地企业将可能因为劳工问题受到其竞争者发起的仲裁诉讼,这将可能严重限制新兴经济体企业的竞争力。《跨太平洋伙伴关系协定》环境条款要求成员方承诺履行各自已经加入的包括濒危野生动植物、消耗臭氧层物质、船舶污染、湿地、南极海洋生物、捕鲸、金枪鱼等包括多边环境协定等在内的国际公约的义务。根据此条款,美国要求所有缔约方均建立相关的环境仲裁机构,[②] 并允许企业以相关环境问题为由提起针对其他企业或者经济体的贸易仲裁,这将导致来自新兴经济体的同行企业可能遭遇大量的仲裁诉讼,大幅增加其成本投入而导致竞争力下降。不仅如此,根据环境条款,缔约方还被相应地分级,如果缔约方在分级中落后,则必须通过自身或者他国的协助,对其相关的环境法规进行修订,如秘鲁、智利等国都在美国的压力下,对其国内环境立法进行了修订和改革。

总之,美国推动《跨太平洋伙伴关系协定》的直接原因是为了应对在东亚地区出现的日益明显的排他性区域安排。但是战略上,美国利用有顺序的谈判和竞争性自由化,以《跨太平洋伙伴关系协定》构建增强的贸易集团,以便对中国、印度、巴西等新兴经济体集团造成不对称的经济实力,进而在多边贸易体制为代表的全球范围内推进美国的贸

[①] 参见 International Labour Organization (ILO), *Declaration on Fundamental Principles and Rights at Work*, http://www.ilo.org/public/english/standards/index.htm。

[②] Joshua P. Meltzer, "The Trans-Pacific Partnership Agreement, the environment and climate change," in Tania Voon, ed., *Trade Liberalisation and International Co-operation: A Legal Analysis of the Trans-Pacific Partnership Agreement* (forthcoming), September, 2013, http://www.brookings.edu/research/papers/2013/09/trans-pacific-partnership-meltzer.

易标准,不仅旨在从经济角度规范中国、印度、巴西等新兴经济体,更意图从战略上通过国际新规则全面制约新兴经济体企业竞争力,削弱新兴经济体的经济实力,维持美国的相对经济实力和地位。尽管目前美国退出《跨太平洋伙伴关系协定》,但是美国仍然缔结了《美墨加协定》,与此同时,日本主导推动并成功完成了《全面与进步跨太平洋伙伴关系协定》的谈判,事实上从规则制定角度,上述两个自由贸易协定的贸易规则几乎重合,可以说,美国为代表的老牌发达经济体并未停止通过国际规则制约新兴经济体的步伐,只是当前特朗普政府的"美国优先"原则使得这一进程看起来更加碎片化了。

三、推动区域规则"制度输出"的机制分析

自从1947年《关税与贸易总协定》签署以来,多边贸易体系为全球的国际贸易和经济发展起到了极为重要的推动作用,《关税与贸易总协定》/世界贸易组织机制不仅推动其成员方大幅削减最惠国关税税率,为全球自由贸易打下了坚实的基础,同时其贸易争端解决机制和政策审议机制对各参与方都具有相当的约束力,有力地维护了全球层面自由贸易环境。但是,从乌拉圭回合开始,由于最惠国关税已经削减至较低水平,而发达经济体又极力推动诸如知识产权、服务贸易、投资等非传统贸易议题,导致多边贸易谈判难度不断提高,在此背景下,美国、欧盟等全球主要经济体纷纷开始转向以自由贸易协定为代表的区域经济合作。

21世纪以来,世界贸易组织开启了新一轮的多哈"发展回合"谈

判,谈判之初,多哈回合计划讨论农业、服务贸易、非农产品、知识产权、政府采购透明度、投资、竞争政策、贸易便利化、环境、电子商务、能力建设等21个议题,据世界贸易组织估算,多哈回合每年将为全球经济带来500亿—1000亿美元的福利。但是,由于世界贸易组织"一票否决"的决策机制限制和贸易集团间复杂的利益博弈(美欧就农业问题、发展中经济体与美欧就农业和超过世界贸易组织现有条款范畴的问题等)等,造成多哈回合经历了10多年的谈判而没有结果的局面。

在此背景下,以自由贸易协定为代表的区域经济合作越来越成为全球各经济体积极参与和推动的重要战略。特别是美国、欧盟等发达经济体把构建它们之间的自由贸易协定和由它们领导的自由贸易协定作为应对新兴经济体挑战,制定新的货物贸易、服务贸易和投资规则的重要政策工具,并且试图把这些新规则作为未来多边规则的范本。尽管2014年11月世界贸易组织框架下的《贸易便利化协定》获得通过,这为世界贸易组织进一步推动多哈回合整体谈判进程提供了动力。但是在新兴经济体群体性崛起背景下,美国、欧盟等发达经济体推动国际新规则的努力不仅不会减弱甚至会继续加强,发达经济体将继续通过区域经济合作影响未来多边贸易谈判的进程和内容。

(一)"有顺序的谈判"是美国推动建立国际经贸规则的手段

为了维护其全球贸易竞争优势,美国极力维护在多边贸易体系内的优势地位,通过主导《关税与贸易总协定》/世界贸易组织谈判进程,推行美国版本的贸易方案并影响国际经贸规则的制定。在20世纪80年代以前,西方世界内美国一极独大,基本可以主导《关税与贸易总协定》谈判的进程。从 20 世纪 80 年代开始，欧洲国家通过经济一体化使得其整体经济实力大增，成为战后首个与美国整体经济实力相当的经济体，在国际市场上美国越来越感受到来自欧共体的竞争压力。这体现在 20 世纪 80 年代初美国希望开启新一轮多边贸易谈判的努力由于欧共体的阻拦而遭到失败，即使后来开启了乌拉圭回合谈判，又由于欧盟在农产品问题上拒绝妥协，导致乌拉圭回合久拖不决。为打破这一僵局，美国决定与加拿大、墨西哥等北美国家进行区域经济合作。

具体而言，1986 年，欧共体宣布建立欧洲单一市场，作为一种战略反应，美国宣布启动与加拿大进行美国加拿大自由贸易协定谈判。当 1992 年欧盟签署《欧洲联盟条约》时，《美加自由贸易协定》扩展为《北美自由贸易协定》。此后，为了回应欧盟东扩，美国决定启动美洲自由贸易区的谈判。① 然而我们不禁会问起，为了规避欧盟一体化可能产生的贸易转移效应，美国为什么会选择美洲国家作为区域合作对象而非欧洲国家呢？

如果将影响国际经济规则的能力纳入新区域主义的视野，则极大地有助于这一难题的解决。新区域主义理论表明，一国追求区域经济合作，除了获得传统经济收益外，还可以获得非传统收益，而影响国际经贸规则的能力可能是大国更为看重的区域经济合作目标。② 尽管美国当时可以通过与欧盟国家分别谈判双边自由贸易协定，以规避欧盟扩大对美国产生的贸易转移效应等负面影响，但是，由于美国与欧盟在农产品贸易等问题上一直存在不可逾越的障碍，甚至成为影响《关税与贸易

---

① 李向阳：《跨太平洋伙伴关系协定：中国崛起过程中的重大挑战》，《国际经济评论》2012 年第 2 期，第 25 页。

② 李向阳：《新区域主义与大国战略》，《国际经济评论》2003 年第 4 期，第 7 页。

总协定》/世界贸易组织谈判进程的主要障碍之一。因此,与欧洲国家开展区域经济合作,美国完全不能确保能否顺利完成谈判;面对已经形成的欧盟,更不可能借此再形成贸易集团以获得影响国际经济规则的能力。但是与加拿大、墨西哥等美洲国家进行区域经济合作的话,局面则完全不同,不仅这些国家主动要求与美国进行自由贸易协定谈判,而且加拿大、墨西哥经济实力较弱,在双边谈判中基本全面接受美国的要求①。

具体而言,与加拿大建立双边自由贸易协定的好处不仅在于,与加拿大进行谈判可以对乌拉圭回合中的日本、欧共体造成谈判压力,迫使它们在谈判中作出妥协;而且,《美加自由贸易协定》也包括了美国希望在《关税与贸易总协定》中推动的知识产权、投资、政府采购等一系列新条款。② 随后,1992年《欧洲联盟条约》签署时,欧盟经济总量已经可以媲美美国,这更增加了美国推动乌拉圭回合谈判的难度,为此,继续与墨西哥谈判达成北美自贸区将会对欧盟造成谈判压力,而且墨西哥还接受了美国关于劳工和环境的合作文件、知识产权以及服务贸易等条款。可见,美国与这些美洲国家开展区域经济合作,不仅能够获得传统福利收益,有效地弥补、平衡了欧共体经济一体化引发的贸易转移效应,而且可以利用不对称的经济实力,迫使这些经济小国接受美国的贸易规则模板,有利于在乌拉圭回合谈判时形成意见一致的贸易集团,进而对欧盟构成谈判压力,最终获得影响国际经贸规则的能力。

事实上,在国际贸易领域,一国对国际经贸规则的影响力取决于该

---

① 关于美国与自贸区谈判对象的经济实力对比及不对称性,可以参见何永江:《竞争性自由化战略与美国的区域贸易安排》,《美国研究》2009年第1期,第104—106页。

② Richard E. Feinberg, "The Political Economy of United States' Free Trade Arrangements," *The World Economy*, Vol. 26, No. 7, July 2003, p. 1024.

国能够向世界提供多大的出口市场。欧洲国家通过欧盟的形式克服了单一国家市场规模较小的局限，一个拥有与美国同等市场地位的欧盟对美国取得国际经贸规则主导权构成了挑战，美国如果不通过区域经济合作形成更大贸易集团，将有可能会失去对《关税与贸易总协定》/世界贸易组织的影响力（尽管美国的影响力确实正在衰减）。事实上，上述美国的区域经济合作路径，即通过区域经济合作形成贸易集团，进而加大美国在多边贸易谈判中的筹码，最终获得国际经贸规则制定过程中的主导权，这一将自由贸易协定内的规则推广为多边贸易规则的过程亦被称为"有顺序的谈判"（sequential negotiation）。① 正如美国经济学家吉弗里·肖特（Jeffrey Schott）在《自由贸易区与美国贸易政策》一书中写道："美国一直在用双边主义作为胡萝卜和棍子来推进贸易自由化的进程。在'关贸总协定'的谈判取得结果之前，双边主义既被用来补多边体制之'漏'，又被用来为'关贸总协定'的新一轮更为广泛的多边谈判建立样板"。②

（二）20世纪80年代以来美国区域合作议题与多边贸易规则的关系

正如2004年诺奖经济学家保罗·萨缪尔森（Paul Samuelson）所言，尽管其他国家的技术变动导致美国的贸易条件有所恶化，造成美国

---

① 李向阳：《新区域主义与大国战略》，《国际经济评论》2003年第4期，第6—8页。
② 转引自周茂荣：《论"美加自由贸易协定"对美国经济的影响》，《美国研究》1992年第2期，第93—106页。

的福利有所下降，但是即使这样，也比没有贸易时要强①。可见，美国参与区域经济合作更多是为了补充多边主义的不足，而非取而代之。美国之所以从 20 世纪 80 年代开始从多边主义转向区域主义，主要在于相对于欧盟、东亚，或以中国为代表的新兴经济体而言，美国的相对经济实力有所下降，在推动《关税与贸易总协定》/世界贸易组织多边贸易谈判时，往往力不从心。特别是从乌拉圭回合开始，美国就开始必须借助形成北美自贸区、亚太经合组织等贸易集团，依靠集体实力才能撬动乌拉圭回合中欧盟、日本等贸易集团的谈判立场，进而完成谈判。

通过这一策略，美国首先在小范围区域经济合作中，通过其不对称的经济优势，以自身的市场准入作为交换条件，制定并迫使自由贸易协定谈判对象接受有利于维护美国国际竞争力的贸易规则，进而增强全球贸易谈判中美国贸易议题的支持率，同时，利用以美国为中心的贸易集团作为谈判策略工具，威胁其他贸易集团如果不接受多边贸易谈判中的美国主张，美国将用区域合作取代多边贸易谈判。如此，迫于美国及其贸易集团所代表的巨大市场，美国的"有顺序的谈判"往往都会成功，例如美国通过将《美加自由贸易协定》扩大成为《北美自由贸易协定》，把知识产权、服务贸易和投资等当时的贸易新议题推广至北美自贸区的范围内。与此同时，美国政府提出"开创美洲事业倡议"，希望将北美自贸区扩大至美洲自贸区，并在乌拉圭回合谈判问题上与南美国家保持合作。② 同时，美国也在亚太地区积极参与 1993 年召开的首届亚

---

① 转引自王冬：《美国多规制贸易政策的动因分析及对我国的启示》，《当代经济》2011 年 9 月上半期，第 63 页。

② 徐世澄：《评布什的"开创美洲事业倡议"》，《拉丁美洲研究》1990 年第 6 期，第 12 页。

太经合组织领导人非正式会议,强烈推动自由贸易与投资,并推动该峰会对乌拉圭回合表示支持。① 通过上述双边自由贸易协定等区域经济合作行为,美国以增强的贸易集团压力最终撬动了乌拉圭回合谈判,并成功地将包括知识产权、服务贸易、投资等在内的贸易新规则推广至多边贸易体系。此时,我们发现,虽然美国推动的部分区域经济合作谈判中止或失败了,但是在全球层面,美国版本的贸易规则却在一定程度上得以进一步推广。从这个角度,与欧盟不同,区域经济合作对美国而言并非最终目标,它不过是美国在其相对实力下降背景下,在全球层面推动美国贸易标准,获得影响国际经贸规则的政策工具而已。美国有顺序推动谈判的情况,参见表3。

表3 美国有顺序的自由贸易谈判

议题	《美以自由贸易协定》	《美加自由贸易协定》	《北美自由贸易协定》	乌拉圭回合	《美约自由贸易协定》	《美新(加坡)自由贸易协定》	多哈回合
知识产权	第4条针对知识产权提供了连续的最惠国待遇和国民待遇	第2004条规定针对该领域在乌拉圭回合中协调立场	第6部分把国民待遇扩展到知识产权,并制定了具体的纪律	在《与贸易有关的知识产权协定》中制定具体的纪律	第4条确立国民待遇原则,并制定了具体的纪律	第18章把国民待遇扩展到知识产权,并制定了具体的纪律	拓展了地理标志制度等

---

① 1993年亚太经合组织第一次领导人非正式会议对乌拉圭回合所表示的支持,被视为美国就乌拉圭回合向欧盟的施压工具。参见 John Ravenhill, *APEC and the Construction of Pacific Rim Regionalism* (Cambridge: Cambridge University Press, 2002), pp. 93-94。

续表

议题	《美以自由贸易协定》	《美加自由贸易协定》	《北美自由贸易协定》	乌拉圭回合	《美约自由贸易协定》	《美新（加坡）自由贸易协定》	多哈回合
服务	与非约束性服务贸易宣言相伴随	第14章把国民待遇扩展到服务领域；对金融服务有专门的章节	第12章把国民待遇扩展到服务领域；对金融和电信服务有专门章节	《服务贸易总协定》把最惠国待遇扩展到服务领域	第3条把国民待遇扩展到服务领域；并制定了纪律	第8章把国民待遇扩展到服务领域；对金融和电信服务有专门章节	将《服务贸易总协定》下保障措施、政府采购、补贴等规则纳入多边谈判
投资	阐明早期的一个双边条约限制使用与出口相关的绩效要求	第16章提供了国民待遇；禁止绩效要求；确立了没收、争端解决等领域的规则	第11章提供了最惠国待遇和国民待遇；禁止绩效要求；确立了没收、争端解决等领域的规则	《与贸易有关的投资措施协定》章节只禁止某些绩效要求	（无对应条款）	第15章提供了最惠国待遇和国民待遇；禁止绩效要求；确立了没收、争端解决等领域的规则	成立工作组研究透明度、非歧视性、发展、保障条款、咨询、争端解决等领域规则（2004年该议题未进入谈判）

续表

议题	《美以自由贸易协定》	《美加自由贸易协定》	《北美自由贸易协定》	乌拉圭回合	《美约自由贸易协定》	《美新(加坡)自由贸易协定》	多哈回合
环境条款	(无对应条款)	(无对应条款)	在自贸协定中的某些条款得到了1993年《北美环境合作协定》的补充	(无对应条款)	第5条确立环境法等相关纪律	第18章制定了环境法等具体纪律	就环境产品和服务展开谈判;设立贸易与环境委员会
劳工条款	(无对应条款)	(无对应条款)	在自贸协定中的某些条款得到了1993年《北美劳工合作协定》的补充	(无对应条款)	第6条确立遵守国际劳工组织"工作基本原则和权利宣言及后续"等纪律	第17章在《国际劳工组织宣言》基础上制定了纪律和合作机制	(无对应条款)
竞争政策	(无对应条款)	(无对应条款)	第15章确立了垄断和国有企业(尤其是在能源部门)的纪律	(无对应条款)	(无对应条款)	第12章确立了反竞争行为、垄断和国有企业的纪律	成立工作组研究透明度、非歧视性、卡特尔、合作、能力建设等领域规则(2004年该议题未进入谈判)

续表

议题	《美以自由贸易协定》	《美加自由贸易协定》	《北美自由贸易协定》	乌拉圭回合	《美约自由贸易协定》	《美新(加坡)自由贸易协定》	多哈回合
电子商务	(无对应条款)	(无对应条款)	(无对应条款)	(无对应条款)	第7条确立了相关纪律	第14章确立了相关纪律	理事会设立工作方案研究电子商务
政府采购	第15条以双边条约确立了部分纪律	第13章以确立了部分纪律	第15章确立国民待遇及相关纪律	(无对应条款;政府采购协议独立于乌拉圭回合谈判)	第10条约定待约旦加入政府采购协议后再行谈判	第13章确立相关纪律	成立工作组仅研究透明度原则(2004年该议题未进入谈判)

资料来源:Craig Van Grasstek, "US Plans for a New WTO Round: Negotiating More Agreements with Less Authority," *The World Economy*, Vol. 23, No. 5, 2000, pp. 673–700;以及作者根据美国贸易代表办公室网站和世界贸易组织网站的相关信息归纳整理。

在亚太地区,美国既面临着持续不断的东亚合作的冲击,同时也面临着中国经济崛起这一新的挑战,在推动"开创东盟事业倡议"未果的情况下,美国选择了《跨太平洋伙伴关系协定》作为应对上述挑战的政策工具。尽管研究表明,《跨太平洋伙伴关系协定》目前能够带给美国的福利收益有限,但是它的"21世纪条款"不仅反映了美国的优势产业利益,而且有助于提高其国际竞争力;更为重要的是,《跨太平洋伙伴关系协定》代表的是美国主导的贸易规则,[①] 其长期目标是通过

---

① Peter A. Petri, Michael G. Plummer and Fan Zhai, "The Trans-Pacific Partnership and Asia-Pacific Integration: A Quantitative Assessment," East–West Center Working Papers, Economics Series, No. 119, October 24, 2011, pp. 1–10.

《跨太平洋伙伴关系协定》扩大至亚太地区后，进而将一系列新规则推广至世界贸易组织为代表的多边贸易体系。

从战略角度，为了应对东亚贸易集团，特别是中国、印度等新兴经济体的崛起和继续维持其国际贸易主导者地位，美国势必加强在亚太地区（甚至印太）的区域经济合作投入，以便形成该地区以美国为核心的增强的贸易集团，塑造针对中国等新兴大国的经济优势。只要上述新兴大国的经济实力持续增加，美国持续加强区域经济合作的政策导向理论上就不会发生动摇，美国将持续构建区域贸易集团以进一步在全球层面形成针对新兴大国的经济优势地位和谈判压力，迫使新兴大国接受其贸易规则，进而维护其全球贸易地位和利益。

（三）《美墨加协定》体现出新特征

尽管美国特朗普政府退出了《跨太平洋伙伴关系协定》，但是2018年9月30日，美国、墨西哥和加拿大三国在《北美自由贸易协定》的基础上重新谈判达成《美墨加协定》。从公布的最终版本来看，《美墨加协定》在保留原有的《北美自由贸易协定》基本条款的基础上，涵盖了《跨太平洋伙伴关系协定》的大部分内容。由美国主导签署的《美墨加协定》除了进一步深化贸易和投资外，还在知识产权、政府采购、国有企业、环境保护、劳工政策等领域提出了更高的标准，这些变化不仅会对美国、墨西哥和加拿大三国的经贸关系产生影响，更重要的是该协定将极大地影响现有的国际经贸格局。

《美墨加协定》覆盖面广泛，除了传统贸易投资议题外，还吸收了《跨太平洋伙伴关系协定》中关于电子商务、金融服务、国有企业、知识产权、竞争、环境保护和劳工标准等议题，同时还涉及全球化深入发展所带来的新议题。《美墨加协定》由 34 章、3 个附表、18 个附件组成，从章节数目上来看明显多于《北美自由贸易协定》（22 章）、《跨太平洋伙伴关系协定》（30 章）。《美墨加协定》基本沿用了《跨太平洋伙伴关系协定》的文本，框架结构也与《跨太平洋伙伴关系协定》高度契合，重合章节多达 27 处（包括《美墨加协定》的第 4、5 章，这两章拆分自《跨太平洋伙伴关系协定》的第 3 章"原产地规则与程序"，重合比例几乎占新协议章节的四分之三）。与此同时，《美墨加协定》也保留了《北美自由贸易协定》中的大量条款，《美墨加协定》可以说是《北美自由贸易协定》与《跨太平洋伙伴关系协定》的合集。从协议的主体框架结构上看，《美墨加协定》《北美自由贸易协定》和《跨太平洋伙伴关系协定》都包括了序言和若干章节。《美墨加协定》将《跨太平洋伙伴关系协定》中原有的原产地规则与程序分列了两章，增加了墨西哥碳氢化合物主权（第 8 章）、部门附件（第 12 章）和宏观政策与汇率章节（第 33 章）等章节，一些章节的名字相较于《跨太平洋伙伴关系协定》略有调整，例如《跨太平洋伙伴关系协定》中的电子商务改名为《美墨加协定》中的数字贸易，而透明度与反腐败章节则改为反腐败。而原来《跨太平洋伙伴关系协定》中的合作和能力建设、发展两个章节在《美墨加协定》中被取消，显示出美国对发展议题不感兴趣[1]。此外，《美墨加协定》中大部分异于《跨太平洋伙伴关系协定》的规则都源于《北美自由贸易协定》，例如，《美墨加协定》

---

[1] 崔凡：《美墨加协议解读：推动关键制造业部门向美国逐步回归》，来源国际经贸在线，原文标题《评美墨加协议》，新浪网，2018 年 10 月 6 日，http://finance.sina.com.cn/stock/usstock/c/2018-10-06/doc-ifxeuwws1450167.shtml。

中单列的农业章节（第3章）来自《北美自由贸易协定》自由贸易协定中农业与动植物检疫一章（第7章），而出版与行政一章（第29章）则源于《北美自由贸易协定》的第18章。

与强调自由贸易的《北美自由贸易协定》相比，《美墨加协定》主要体现了三个方面的新特征：

第一，与《北美自由贸易协定》相比，《美墨加协定》主要体现了"美国优先"的原则。一方面，《美墨加协定》在《北美自由贸易协定》基础上进一步改变了对汽车原产地规则。长期以来，汽车是北美三国最为重要的贸易品之一，也是三国贸易谈判中长期重点关注的领域。《美墨加协定》对汽车原产地要求的提高主要体现在四个方面：汽车原产地净成本价值含量从62.5%提高到75%；汽车生产所需要的70%的钢铁、铝须原产于成员国；40%的汽车和45%的轻量卡车必须由时薪至少16美元的工人生产。此外，《美墨加协定》附函中也对汽车和纺织品的原产地施加了更多的限制[1]。从自由贸易角度，《美墨加协定》的汽车原产地规则较之《北美自由贸易协定》是一种倒退，带有了一定程度的贸易保护色彩[2]。这无不体现了美国希望通过新协议重塑区域价值链，带动制造业回归美国的目的[3]。另一方面，《美墨加协定》与《北美自由贸易协定》重大区别在于，《美墨加协定》引入了以往贸易协定中罕见的歧视性条款——所谓的"毒丸条款"，对其界定的非市场经济体进行歧视性限制。通过加强对非市场经济体的歧视性约束，

---

[1] 宋利芳、武晥：《〈美墨加协定〉对中墨经贸关系的影响及中国的对策》，《拉丁美洲研究》2019年第2期，第59页。

[2] 廖凡：《从〈美墨加协定〉看美式单边主义及其应对》，《拉丁美洲研究》2019年第1期，第45—46页。

[3] 李馥伊：《美墨加贸易协定（USMCA）内容及特点分析》，《中国经贸导刊》2018年第34期，第26—28页。

《美墨加协定》一定程度上约束了成员国与所谓非市场经济体进行自由贸易协定谈判的可能。在第 32 章例外情况和一般情况的规定中,《美墨加协定》规定:若成员国与非市场经济体进行自由贸易谈判,则必须在开始谈判前至少三个月通知其他成员国;在发布与非市场经济经济体双边协议文本之前的 30 天内,《美墨加协定》的其他成员国可以在通知后的 6 个月后终止《美墨加协定》,以双边协议代替《美墨加协定》。学界普遍认为,此"毒丸条款"是针对中国而"量身定制"的,其主要目的在于阻碍中国的区域经济合作进程,从而达到遏制中国进一步发展的目的[①]。

第二,在投资者—国家争端解决机制(ISDS)上,《美墨加协定》的投资章节(第 14 章)对原有的国家争端解决机制作出了颠覆性的调整。国家争端解决机制允许投资者直接对东道国提起仲裁,一定程度上国家争端解决机制直接限制了东道国主权利益,是缔约方借以保护本国海外投资者利益的一大"利器"[②]。原则上,《美墨加协定》虽然保留了国家争端解决机制,但却对其内容进行了实质性缩减。一方面,美国与加拿大之间完全取消国家争端解决机制,加拿大和墨西哥之间则转而使用其他相关条约如《全面与进步跨太平洋伙伴关系协定》中所制定的国家争端解决机制;另一方面,美国与墨西哥之间继续适用国家争端解决机制,但较之以往作出重大限制。例如,允许提交仲裁的"合格投资争端"仅限于违反准入后国民待遇和最惠国待遇以及征收所导致的争端。而且无论哪种诉因、哪类争端,投资者的程序性权利都受到了不

---

① 王俊:《美国贸易协定新范式及对中国的挑战》,《亚太安全与海洋研究》2019 年第 1 期,第 19 页。

② 廖凡:《投资者—国家争端解决机制的新发展》,《江西社会科学》2017 年第 10 期,第 200 页。

同程度的限制①。《美墨加协定》的国家争端解决机制所呈现出的碎片化特征，预示着美国正在对过去将自由贸易协议视为帮助美国企业打造全球供应链的认知进行调整，并以更严格的标准审查流入美国的商品，旨在迫使制造业回归美国。② 从规则角度，贸易规则背后"权利导向"与"规则导向"的互动博弈一直在上演。《北美自由贸易协定》向《美墨加协定》的转变，可以说是一种从开放的小多边主义向封闭的小多边主义的退缩③。

第三，相较于《北美自由贸易协定》，《美墨加协定》规则呈现新的特征。从《美墨加协定》规则涉及的领域看，汇率条款和日落条款首次在协议中出现。汇率条款规定，成员国应当实现并维持市场汇率制度，避免通过干预外汇市场等手段实行货币的竞争性贬值④。而日落条款则指，《美墨加协定》将在生效 16 年后终止，除非各方确认延长协议的有效期。另外，《美墨加协定》的标准相较于《北美自由贸易协定》更高，并着重在贸易新规则领域加大力度，诸多标准甚至看齐于被称为高标准贸易协定的《跨太平洋伙伴关系协定》。在数字贸易方面，《美墨加协定》要求成员国应当保护算法和源代码，成员国不得要求本地化存储作为开展业务的条件；此外，较之《北美自由贸易协定》，《美墨加协定》延长了知识产权保护期限，在版权保护期限上延长了 20

---

① 廖凡：《从〈美墨加协定〉看美式单边主义及其应对》，《拉丁美洲研究》2019 年第 1 期，第 47—48 页。
② 万军：《〈美墨加协定〉对北美三国投资的影响》，《拉丁美洲研究》2019 年第 2 期，第 13 页。
③ 王学东：《从〈北美自由贸易协定〉到〈美墨加协定〉：缘起、发展、争论与替代》，《拉丁美洲研究》2019 年第 1 期，第 21 页。
④ 《美墨加协定》第 33 章。

年,并加强了对专利、版权、商标和商业机密的保护①。在竞争政策方面,《美墨加协定》更详细地明确了成员国遏制反竞争行为的义务,确保地方法院程序公平,并对成员国政策规则的透明性进行了要求②。在国有企业和相关的垄断条款中,《美墨加协定》对国有企业和垄断企业制定了更详细的标准,以使其运营符合商业规范,并进一步要求了国有企业和垄断企业信息的透明度③。

事实上,通过《美墨加协定》,特朗普政府部分调整了美国的对外经济政策,在一些领域的自由化主张有所退缩,扭曲了全球价值链的正常发展方向,但是更好地维护了美国的利益,充分体现了"美国优先"原则。此外,《美墨加协定》仍然集中于三个方面:一是市场准入谈判,包括关税、服务贸易、政府采购、投资等;二是特殊行业的监管措施谈判,涵盖贸易壁垒的监管问题,不同国家的监管分歧以及国内监管过程中的协调问题;三是应对全球贸易共同挑战和机遇的规则谈判,将涉及包括知识产权、竞争政策、数字经济、国有企业、环境和劳工等议题。显然,《美墨加协定》在贸易规则方面的内容与《跨太平洋伙伴关系协定》高度重合,这无疑表明了美国希望利用《美墨加协定》谈判来扩大美国版本国际经贸规则的范围和界限,通过和北美经济体达成共识形成更为强大的贸易集团,将有助于主导制定21世纪贸易新规则,为全球规则制定设置基准和范本,以便更好地在多边贸易谈判中以不对称的谈判实力迫使包括中国、印度在内的新兴经济体接受这些规则。

---

① 《美墨加协定》第22章。
② 《美墨加协定》第21章。
③ 宋利芳、武皖:《〈美墨加协定〉对中墨经贸关系的影响及中国的对策》,《拉丁美洲研究》2019年第2期,第60页。

尽管美国已经退出《跨太平洋伙伴关系协定》，但是《美墨加协定》与《跨太平洋伙伴关系协定》高度重合，而且亚太地区不少国家已经加入《全面与进步跨太平洋伙伴关系协定》，可见 21 世纪以来，美国推动的经贸规则重构进程已经产生影响。具体来看，首先，不少小型经济体愿意加入《全面与进步跨太平洋伙伴关系协定》，包括日本在内的众多参与国仍然期待美国能够重返《跨太平洋伙伴关系协定》。其次，诸如中国、印度等大型经济体已经切实感受到了被排除在外的巨大压力，一如当年乌拉圭回合时期的欧洲国家，因此，一些重要谈判领域如金融部门开放、准入前国民待遇、负面清单方式等规则或条款，在各种区域经济合作谈判场合中已经出现了松动迹象。最后，鉴于大型发展中经济体与美国很难达成双边自由贸易协定，同时，短期内又很难加入发达经济体主导的区域贸易集团，出于被排除在外的担心，这些经济体对于参与其他自由贸易协定或多边贸易谈判的热情变得更高，并且在此过程中愿意作出更多的开放承诺。

除了《全面与进步跨太平洋伙伴关系协定》《美墨加协定》等自由贸易协定外，经合组织等其他多边机制也已经开始讨论当前国际贸易新情况和新问题，即如何应对新兴经济体引发的挑战。这些发达经济体共同面临的问题，已经在世界贸易组织等多边机制上出现，未来的多边贸易谈判有可能会涉及国有企业条款等内容。

美国并未放弃多边贸易体制，只是希望通过自由贸易协定推动多边贸易谈判向新的方向发展。特朗普执政及其引发的贸易保护主义的盛行，甚至美国政府威胁退出世界贸易组织，都只是在具体谈判方式和策略上的调整，即从过去的巨型自由贸易协定转向更倚赖不对称的双边谈判，而不表明美国彻底放弃多边贸易体系，美国的区域经济合作更多是为了补充多边主义的不足，而非取而代之。通过区域经济合作，美国可以较快地获取新的市场准入，同时通过有顺序的谈判方式，逐步将这些领域再推广至多边贸易体制。值得一提的是，区域经济合作还能满足美国的政治外交目标，而这些目标是多边贸易体制难以达到的。因此，从结果上来看，只要世界上其他主要经济体经济实力不对美国构成威胁或者在区域经济合作上不作为，美国会乐于维持现状，继续保持在多边贸易体制下的固有地位，而一旦这些主要经济体通过区域经济合作行为损害美国利益，美国就会通过相应的区域经济合作行为加以反应，形成以美国为核心的贸易集团，以便在多边贸易体制内继续对其他贸易集团维持不对称的经济实力。根据这一逻辑，可以预测，伴随着新兴经济体群体性崛起，未来美国的区域经济合作趋势只会进一步加强。从这个角度，无论《美墨加协定》《全面与进步跨太平洋伙伴关系协定》最终如何发展，美国极力推动的部分内容如数字贸易、国有企业等极有可能在未来上升成为国际规则。

四、未来国际贸易体系展望

当前，美国特朗普政府在国际贸易领域坚持"美国优先"，导致国际贸易体系保护主义丛生，世界贸易组织遭遇严峻挑战，多边贸易体制的发展方向充满不确定性。

必须认识到，时至今日，不同国家对贸易投资新议题和新规则的认识也是不同的。由于"制度非中性"的影响，贸易投资新规则对不同国家的影响是不同的，因此，不同经济体目前在国际贸易投资新规则问题上的差异是非常大的,具体体现在不同经济体所签署的自由贸易协定涉及的贸易新规则(WTO-X条款)覆盖率差异极大。具体而言,有研究选择亚太地区的45个自由贸易协定为研究样本,考察了这些自由贸易协定的条款。研究表明,尽管在传统的贸易议题上,包括中国、东盟成员在内的广大发展中经济体都实施了相当程度的贸易开放,不仅承诺率都较高,而且各条款也具有法律约束力和执行力,因此体现到承诺率上就非常高。但是在WTO-X条款上,亚太地区各经济体差异显著,以中国和东盟为代表的发展中经济体的贸易新议题覆盖率非常低,仅分别为21%和23%,也就是说中国在其自由贸易协定中平均设置8个贸易新议题或新规则,而东盟的自由贸易协定中平均设置9个贸易新议题或新规则。相比之下,韩国、日本、美国为代表的发达经济体贸易新议题的覆盖率较高,分别是47%、37%、37%,也就是说韩国、日本、美国在对外谈判签署自由贸易协定时,平均分别会设置18个、14个、14个贸易新议题或贸易新规则。特别是美国在自由贸易协定中,不仅贸易新议题数是中国、东盟自由贸易协定的两倍,而且其新议题承诺率高达64%,表明了美国不仅重视推动贸易新议题和新规则,而且非常重视这些新规则的可执行力和约束力。显然,这表明发展中经济体集团和发达经济体集团在贸易新议题的认可度和偏好上是存在差别的,参见表4。

表4 亚太主要经济体已实施自由贸易协定条款比较

	WTO+		WTO-X	
	覆盖率	承诺率	覆盖率	承诺率
中国	69%	98%	21%	38%
日本	71%	89%	37%	35%
韩国	87%	92%	47%	45%
东盟	63%	93%	23%	34%
新加坡	78%	93%	30%	47%
美国	89%	99%	37%	64%
澳大利亚	71%	94%	28%	63%
新西兰	74%	97%	29%	58%

说明:"覆盖率"是指该国与所有亚太国家已签订并实施的自由贸易协定中涉及WTO+或WTO-X领域的条款数目与总条款(38)的比率;"承诺率"是指该国与所有亚太国家已签署实施自由贸易协定中涉及WTO+或WTO-X领域的具有实质性法律约束力的条款数目与所覆盖的条款总数的比率。新加坡的数据依据其签署的双边自由贸易协定计算,未包含其作为东盟成员签署自由贸易协定。

资料来源:盛斌、果婷:《亚太地区自由贸易协定条款的比较及其对中国的启示》,《亚太经济》2014年第2期,第98页。

此外,发达国家推动的《美墨加协定》《全面与进步跨太平洋伙伴关系协定》等自由贸易协定中体现的贸易新规则确实体现了发达国家对外通过自由贸易协定进行"国际造法"的战略意图,即贸易新议题体现了发达国家谈判签署自由贸易协定的政治性。也就是说,发达国家特别是发达大国往往并不在意特定发展中国家的市场准入,发达国家更在意的是获得国际贸易规则的制定权,这体现在发达国家更倾向于制度输出。以美国而言,伴随着欧盟、日本甚至新兴经济体的崛起,美国的相对实力和对全球贸易体系的控制力在衰减,为了继续维持其全球利益,美国不得不在小范围区域经济合作中通过其不对称的经济优势,以自身的市场准入作为交换条件，制定并迫使自由贸易协定谈判对象接受有利于维护美国国际竞争力的贸易规则，进而增强全球贸易谈判中美国贸易议题的支持率，同时，利用以美国为中心的贸易集团作为谈判策略工具，威胁其他贸易集团如果不接受多边贸易谈判中的美国主张，美国将用区域合作取代多边贸易谈判。如此一来，迫于美国及其贸易集团所代表的巨大市场，美国的有顺序的谈判往往都会成功。可见，美国一直在用双边主义作为胡萝卜和大棒来推进贸易自由化的进程。在新一轮多边贸易谈判取得结果之前，双边主义既被用来弥补多边体制规则漏洞，又被用来为新一轮更为广泛的多边谈判建立样板，参见图1。

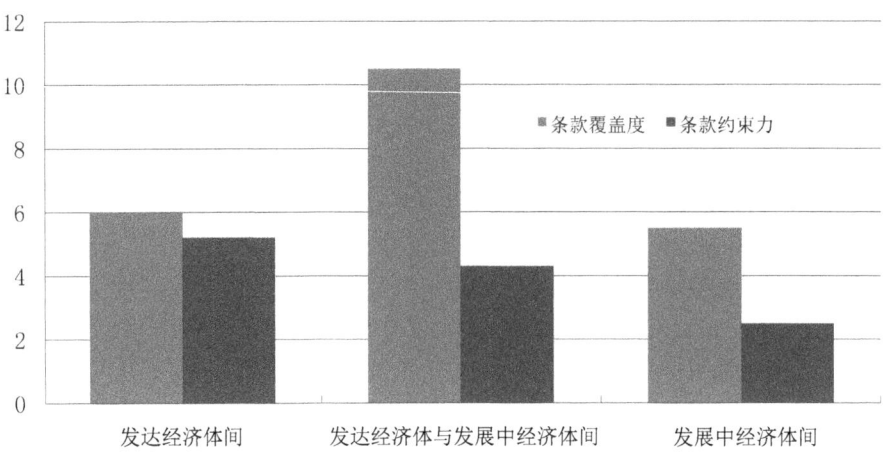

图1　不同类型经济体自由贸易协定中的 WTO-X 条款特征

资料来源：WTO, *The World Trade Report 2011*, https://www.wto.org/english/res_e/booksp_e/anrep_e/wtr11-2a_e.pdf。

除了多边贸易体制外，世界贸易组织的研究已经证实，发达经济体通过与发展中经济体签署自由贸易协定的方式输出经贸新规则和制度。世界贸易组织以全球96个自由贸易协定为研究样本，发现发达经济体之间和发展中经济体之间谈判签署的自由贸易协定中，所涉及的 WTO-X

条款相对有限，基本在6个左右，差别仅在于发达经济体自由贸易协定的贸易新议题可执行力更高，约束性更强；而发展中经济体签署的自由贸易协定贸易新议题可执行力较差，约束力不强。但是发达经济体与发展中经济体谈判签署的自由贸易协定，其WTO-X条款平均高达10个，这表明发达经济体利用其自身的市场，换取发展中经济体接受更高水平的贸易议题，这是一种典型的"制度输出"或"国际造法"行为。① 2018年的一项研究显示，1990—2015年，全球发展中经济体和发达经济体签署的全部贸易协定中，国际经贸新规则的条款覆盖程度从1990年的9.5提高到2015年的24.5。与此同时，全球国际经贸新规则的条款覆盖程度则从1990年的8.6提高到2015年的20.4。② 这表明，除了发达经济体制度输出因素外，也不能排除发展中经济体主动加入自由贸易协定，通过接受经贸新规则，寻求市场改革的可能。特别是伴随着国际贸易模式从20世纪的传统贸易过渡到21世纪的价值链贸易，以及新技术革命的到来，全球贸易治理随之从世界贸易组织市场准入为核心内容的第一代"边境规则"向自由贸易协定规制融合的第二代"边境内规则"转变。

可见，尽管在区域层面，全球各经济体对贸易投资新规则的看法和认识仍有差异，但是不可忽视的是，经贸新规则的发展速度是非常显著的，特别是发达经济体与发展中经济体之间缔结的贸易协定中，经贸新规则的覆盖度和接受程度在提高。可以预期，区域层面的贸易规则重构

---

① 当然，发达经济体与发展中经济体间谈判签署的自由贸易协定，其约束力和可执行力也较差，这一方面表明了发达经济体与发展中经济体在贸易新议题问题上的鸿沟仍然存在，另一方面可能是贸易新规则的过渡期较长导致的。

② 高疆、盛斌：《贸易协定质量会影响全球生产网络吗？》，《世界经济研究》2018年第8期，第3—9页。

趋势不可阻挡，并将进一步带动和加速全球贸易体系重构的步伐。

短期内，由于目前世界贸易组织各成员的最惠国关税平均水平已经较低，无论发展中经济体还是发达经济体，继续削减关税的难度都较大；与此同时，发达经济体开放其敏感产业部门，或者发展中经济体为获得发达经济体市场准入而接受其边境内措施改革的代价亦都较大，特别是当前世界贸易组织协商一致决策机制的存在，世界贸易组织继续推进多哈回合或者达成一揽子协议的可能性都非常低。尽管如此，成员数量众多、市场准入地位不可替代，这些特征都决定了世界贸易组织将继续存在，但是世界贸易组织改革迫在眉睫，关于世界贸易组织改革的诸多议题将成为中短期内的博弈焦点。

中期内，伴随多边贸易谈判一定程度上的停滞，各经济体将继续寻求区域经济合作（自由贸易协定）作为推动经贸发展的手段，未来全球贸易投资格局亦将变得更加多元化。如果美国政府在单边主义进一步碰壁或者政府更迭后，重返《全面与进步跨太平洋伙伴关系协定》，那么重启《跨大西洋贸易与投资伙伴关系协定》也指日可待，鉴于前文分析结果，《美墨加协定》与《全面与进步跨太平洋伙伴关系协定》差异不大，那么发达经济体集团在多边贸易体系内的整体实力和谈判地位将得到极大提高。与此同时，发展中经济体集团出现了利益分化，巴西等国在多边贸易谈判中可能进一步转向美国，美国有可能将重启后的《跨太平洋伙伴关系协定》《美墨加协定》《全面与进步跨太平洋伙伴关系协定》等巨型自由贸易协定所涉及的经贸新规则条款（占全部条款三分之二，远高于世界平均水平）内的部分规则推动成为新一轮多边贸易谈判的模板。从规则上来看，多哈回合谈判未能推动的议题，如政府采购、竞争政策（包括国有企业内容）、部分投资规则等新议题将有可能入围新一轮多边贸易谈判，而服务贸易、环境、知识产权等贸易议题也可能得到进一步深化。

如果保守估计，更可能发生的情景是，美国政府仍然坚持"美国优先"原则，在"再全球化"问题上坚持贸易保护主义，与其传统发达经济体盟友难以形成更为一致的贸易集团；与此同时，如果世界贸易组织也未能实现大幅度的改革，以美国为代表的发达经济体将按照部门开放的思路，对投资、服务贸易等重要的"边境内规则"独立发起谈判，形成诸边协定，并最终实现多边化。例如，当前已经启动的世界贸易组织电子商务谈判，表明美国特朗普政府更倾向于诸边谈判方式。类似地，一旦电子商务谈判完成，服务贸易方面部分高标准服务条款可能将直接并入《服务贸易协定》并重启谈判，多边投资协定（MAI）等也可能得以启动，而竞争政策、劳工条款等规则的部分内容可能被分散体现在《服务贸易协定》或多边投资协定内容中。最终，世界贸易组织将继续维持其处理货物贸易问题的多边机制，《服务贸易协定》和多边投资协定等将可能上升为类似于政府采购协议和信息技术协议等世界贸易组织框架下的诸边协议。

长期来看，伴随美国经济实力的相对衰落，美国对多边贸易体系的掌控力将会不断下降，该国推动包括世界贸易组织所有成员的"一揽子"多边贸易谈判会变得越来越困难。即使美国和欧盟、日本成功结成贸易集团，但是，如果不能与中国、印度等新兴经济体达成妥协，那么新的区域贸易规则仍难以成为真正意义上的全球贸易新规则。可以预见，只有当中国经济完成工业化并实现经济结构转型，而印度等新兴经济体开始规模工业化后，需要开拓全球新市场的新兴经济体贸易集团才可能与发达经济体真正展开新一轮的"一揽子"多边贸易谈判，这将成为全球贸易体系重构的最重要内容。

　　总之，随着新兴经济体的群体性崛起，发达经济体"抱团"加强合作的趋势势必越来越强，即使当前美国政府奉行"美国优先"原则，导致发达经济体集团"抱团"进程减速，但是如果中国、印度等新兴经济体经济实力持续上升，美国重新回归"抱团"发达经济体盟友将不可避免。可见，无论中期内美国等发达经济体集团是否在区域经济合作领域进一步合作和融合（重返《跨太平洋伙伴关系协定》、重启《跨大西洋贸易与投资伙伴关系协定》谈判等），国际经贸规则都不可避免被改写，区别仅在于一种可能是以多边贸易体制框架下以诸边协议形式出现的，仅部分改变目前国际经贸规则；另一种可能是一轮全新的多边贸易谈判，结果表现为彻底改写目前的国际经贸规则。

世界贸易组织的改革方案与中国策略*

屠新泉　李思奇**

自世界贸易组织（WTO）成立 20 多年来，世界经济和贸易快速发展，世界贸易组织被认为在其中发挥了重要的体制性作用。2008 年国际金融危机之后，多边贸易体制依然保持总体开放，而不是重蹈 20 世纪 30 年代经济大萧条的覆辙，充分展现了世界贸易组织作为世界贸易稳定器的作用。然而，在保持现有贸易自由化成果方面成就显著的世界贸易组织，在进一步推进贸易自由化进程方面却进展甚微。除了在建立之初达成了金融、电信、信息技术产品等部门协议以及 2013 年达成的《贸易便利化协定》，自 2001 年世界贸易组织发起的多哈回合谈判至今依然深陷僵局。随之，在世界贸易组织框架外，兴起由世界贸易组织成员广泛参与的区域贸易安排，大有取代世界贸易组织成为新一代国际贸易和投资规则制定者之势[①]。而多哈回合自发起多边贸易谈判以来始终无法取得实质性突破，究其原因，是受到世界宏观经济、政治环境以及

---

* 本文受到国家社会科学基金重大项目"逆全球化动向与国际经贸规则重构的中国方案研究"（17ZDA098）支持。

** 屠新泉，对外经济贸易大学中国世界贸易组织研究院院长、教授；李思奇，对外经济贸易大学中国世界贸易组织研究院副教授、博士。

① 屠新泉、苏骁、姚远：《从结构性权力视角看美国霸权衰落与多哈回合困境》，《现代国际关系》2015 年第 8 期，第 29—35 页。

世界贸易组织自身体制机制等诸多因素影响的结果。在 2017 年美国特朗普上台之后，世界贸易组织正面临日益严峻、前所未有的挑战。无论是世界贸易组织自身存在的制度性问题，还是全球经贸环境的不确定性为世界贸易组织带来的外部挑战，这些问题若不及时解决，都将影响世界贸易组织的正常运行，破坏多边贸易体制下的规则体系，对国际贸易造成严重干扰。

当前，国际上对于世界贸易组织改革的呼声高涨，但对于世界贸易组织改革的思路和方案有所不同，并且在如何推进改革上面临着阻力和困难。美、欧、日、加等发达成员以及中国、印度等发展中成员都以独立方案或联合提案的形式，对世界贸易组织改革提出了相关建议。未来一段时期，世界贸易组织改革将是多方利益博弈的焦点，并决定多边贸易体制的走向和未来。

一、关于世界贸易组织改革的研究回顾

纵观世界贸易组织的发展，不仅成员数量不断增多、谈判议题不断拓展，还发起了雄心勃勃的多哈回合，希冀进一步推动多边贸易自由化进程。但世界贸易组织的问题也由此而起，多哈回合谈判的停滞使世界贸易组织内外部呼吁改革的声音不断增多，世界贸易组织也在不断探寻有效的改革路径。早在 2001 年，世界贸易组织法律问题研究专家杰克逊（John H. Jackson）教授就撰文讨论了世界贸易组织的"体系性问题"，并提出了改革决策机制、增强透明度、非政府组织参与等建议。在 2005 年世界贸易组织成立十周年之际，世界贸易组织秘书处发布了

《世界贸易组织的未来》报告,对世界贸易组织改革提出了多项建议。2007 年,英国华威大学(University of Warwick)发布了《多边贸易体制:出路何在?》(The Multilateral Trade Regime: Which Way Forward)的报告,① 再次系统地提出了世界贸易组织改革的具体方案。之后,国内外学术界对世界贸易组织改革进行了大量研究,既有对世界贸易组织整体改革方向的探讨,也有对世界贸易组织具体改革策略的争论。

(一)围绕世界贸易组织整体改革方向的研究

关于世界贸易组织的整体改革方向,一些学者提出了以下三个方面的争论。②

一是世界贸易组织是否应走"宪政化"的道路,体现在世界贸易组织的"宪法化"以及对人权等社会事务的关注。例如,一些学者认为合法性是世界贸易组织"宪法化"的核心要素,其主要来源于贸易民主。世界贸易组织应在程序上进行民主化的改革,以适应全球治理的需要;并将其目标定位于发展而不是自由贸易,发展应居于世界贸易组织"宪法化"的核心位置③。还有学者讨论了世界贸易组织框架下的国际贸易法与人权法的关系,认为世界贸易组织只重视经济事务,忽略了

---

① The University of Warwick, "The Multilateral Trade Regime: Which Way Forward?" 2007, https://warwick.ac.uk/research/warwickcommission/worldtrade/report/uw_warcomm_tradereport_07.pdf.
② 刘敬东对以下三个方面的研究进行了归纳总结。刘敬东:《浅析 WTO 未来之路——WTO 改革动向及思考》,《法学杂志》2013 年第 4 期,第 87—94 页。
③ Deboral Z. Cass, *The Constitutionalization of the World Trade Organization: Legitimacy, Democracy and Community in the International Trading System* (New York: Oxford University Press, 2005).

人权等社会事务，致使普通民众的权利和环境受损①，应采用以人权为核心的"宪政化"理论来改造世界贸易组织，在世界贸易组织多边贸易体制内厘清市场功能、宪法性权利和国际法之间的关系②。但另一些学者对以人权为核心改造世界贸易组织提出了质疑，驳斥了世界贸易组织忽视人权的观点，反而认为世界贸易组织所倡导的自由贸易极大地促进了其成员财富的增长，为加强人权保护提供了丰富的物质基础③。而国际贸易法和国际人权法本身分属两个法律体系，不应将其混淆④。

二是世界贸易组织是否应转移工作重点。随着经济全球化和全球价值链的深入发展，一些学者提出应将世界贸易组织的工作重点由降低各成员的关税等市场准入壁垒转移至规制各成员的国（域）内政策和立法。在推进关税及市场准入等传统边境规则的谈判后，世界贸易组织正面临投资、知识产权、竞争规则等诸多边境后议题⑤以及气候变化、环境保护等非贸易议题。这些广泛的贸易和非贸易问题使多边谈判变得更为复杂。在世界贸易组织立场上，多边贸易谈判既应维护各成员的市场准入条件，也需要保障各成员追求合法的公共政策目标的权力。然而，在世界贸易组织的工作重点即多边谈判议题优先项的选择上，美欧等发达成员呼吁应将涵盖边境后措施的新议题谈判引入世界贸易组织框架；

---

① James Harrison, *The Human Rights Impact of the World Trade Organization* (Oxford and Portland, Oregon: Hart Publishing, 2007).

② Ernst Ulrich Petersmann, *Theories of Justice, Human Rights and the Constitution of the International Markets* (European University Institute, 2003).

③ ［爱尔兰］彼得·萨瑟兰等著：《WTO的未来——阐释新千年中的体制性挑战》（刘敬东译），北京：中国财政经济出版社2005年版。

④ Philip Alston, "Resisting the Merger and Acquisition of Human Rights by Treaty Law: A Replay to Petersmann," *European Journal of International Law*, Vol. 13, No. 4, 2002, pp. 815–844.

⑤ Kyle Bagwell, Chad P. Bown & Robert Staiger, "Is the WTO Passe?" World Bank Policy Research Working Paper No. 7304, 2018.

而发展中成员则表示反对,仍然坚持优先谈判传统议题,并保留其现有的"政策空间"①。当前主要贸易大国将区域贸易协定视为解决某些政策溢出效果的有效机制,世界贸易组织应当继续处理区域贸易协定所不能解决的问题,以及区域贸易协定和世界贸易组织同时关注的一些焦点问题。对于在区域贸易协定中磋商但没有被世界贸易组织所涵盖的问题,世界贸易组织应给予关注并考虑在部分世界贸易组织成员间就这些新问题进行合作②。

三是世界贸易组织是否应改变成员驱动的导向。有学者认为,世界贸易组织体制之所以缺乏运行效率,原因是其奉行的成员驱动导向。全体成员方主导世界贸易组织,总干事和秘书处只是被动执行,充当"协调人"和"发言人"的角色,权力十分有限,缺少其他国际组织与生俱来的许多管理架构与规则制定程序,可考虑将其转变为管理导向的国际组织,强化其管理职能和权威。但也有学者认为,成员驱动、"协商一致"是世界贸易组织的根本原则,不应被改变,而是要根据实际需要修订一些具体协定、规则和程序③。

(二)围绕世界贸易组织谈判和决策机制改革的研究

世界贸易组织的谈判和决策机制是协调各成员贸易利益的重要场所。在谈判机制方面,主要发挥两个基本功能:一是为世界贸易组织成

---

① Richard Baldwin, "WTO 2.0: Global Governance of Supply-Chain Trade," *CEPR Policy Insight*, 2016.

② Bernard Hoekman, *Supply Chains, Mega-Regionals and Multilateralism: A Road Map for the WTO* (London: CEPR Press, 2014).

③ [加拿大]黛布拉·斯蒂格主编:《世界贸易组织的制度再设计》(汤蓓译),上海:上海人民出版社2011年版。

员在执行多边协定遇到问题时提供谈判场所,以解决有关的多边贸易关系问题;二是为世界贸易组织成员进行新议题的谈判提供场所。但随着世界贸易组织成员的不断增多以及发展中成员和发达成员之间显著的利益分化,造成了多边谈判机制效率的低下。而在相关的决策机制方面,世界贸易组织虽然建立了正式的决策机制,但在成员驱动特性的指导下,其最重要的多边规则谈判仍主要通过非正式机制进行,这大大降低了正式决策机制的作用,也造成决策权的分散与不透明。对此,引发了大量针对世界贸易组织谈判和决策机制改革的研究。

1. 世界贸易组织谈判机制改革研究

多哈回合的停滞反映了国际经济治理中新兴权力架构的演变带来的多边谈判的困难。以往由发达成员长期把持议题设定、谈判进程、议案拟定等关键环节,但随着中国、印度等发展中大国和新兴经济体的崛起,原有的决策平衡被打破,主要经济体以谈判形式解决问题的集体能力正在下降[1]。对此,《世界贸易组织的未来》报告中提出了五点建议:一是多速前进,让有意者先行。例如,可采用诸边谈判方式使一些成员就某些议题率先展开谈判,对于其他成员可以允许其加入谈判,但是在谈判结果不能使该成员满意时拥有退出的权利,或拒绝其他成员参与谈判,但在适当时为其提供谈判的机会。诸边谈判的规则要让所有成员事先知晓,同时防止少数成员将大部分成员都反对的议题纳入谈判议程。二是模仿"服务贸易总协定减让表"的模式,让各成员根据自身情况选择开放的行业或者部门,但开放度必须与其经济发展和政策导向挂钩,这样使各个成员均拥有一定的自主权,成员间进而通过谈判的方式

---

[1] Sooyeon Kim, "Who Will Reform the WTO? Power, Purpose, and Legitimacy in Institutional Reform,"2009, https://www.researchgate.net/publication/265195243_Who_Will_Reform_the_WTO.

改善自身的承诺水平。在制定新规则的过程中,《服务贸易总协定》方式可能是诸边谈判的合适替代,因此,报告建议对这两种方式一起研究。三是为世界贸易组织最贫困成员量身定制承诺。随着市场准入谈判的推进和世界贸易组织规则适用范围的拓展,一些新的承诺必然对最不发达成员造成新的负担,对此建议加强技术援助,针对新的履行义务开展能力建设,并且对发达成员提供援助的承诺作为新协定的一部分,包括相应的资金安排。四是加强政治投入和组织协调。首先,建议提高世界贸易组织部部长会议的频率,将其更改为每年一次,并且为了保证部长级会议参与的连续性,要求总干事每六个月以书面形式向部长简洁、公开、公正地汇报世界贸易组织的重要进展,及时传递有用信息;此外,建议每五年召开一次领导人峰会。其次,建议增加各成员政府高层尤其是发展中国家政府高层赴世界贸易组织总部的频率,鼓励发达国家和发展中国家的高层官员每三个月或六个月参加一次总理事会的会议,并且有必要为最不发达国家(Least Developed Countries,LDCs)筹集适当的资金。也可考虑设立一个特殊机制促进各成员政府高层参与世界贸易组织谈判,建立政府高层的小型磋商机构,其可以代替"小型非正式部长级"会议,该机构仅为磋商机构,并不具备谈判权或执行权。该机构成员数量应保持在30个以内,以保障该机构的效率,其中一些主要贸易成员必须为该机构永久性成员,其余成员以轮换的方式参与,保证会议的频率以及所有成员特别是最不发达国家的有效参与。该机构代表必须来自各成员首都,并且由总干事召集和主持会议,由总干事向所有代表报告机构的活动情况。五是扩大区域集团之间的协调。建议应提高各区域集团之间的沟通协调,在各项会议中提高各集团的代表性和秘书处的支持力度。

《加强21世纪的全球贸易和投资体系报告》（2016）针对世界贸易组织的多边谈判和运行功能也提出了十分具体的建议①，包括：（1）优化诸边协定以挽救世界贸易组织的谈判功能。加强诸边协定的程序性规则，如建立一个诸边协定发展委员会或工作组负责研究各种不同的诸边协定的建议和规则；采用不同形式的诸边协定，如适用最惠国待遇的无条件的诸边协定和仅适用于缔约方的有条件的诸边协定；关注诸边协定的收益与影响，特别是对非参加方的潜在影响等。（2）加强秘书处的作用。世界贸易组织应在数据信息管理和审议上投入更多的资源；更好地发挥内部机构专长，允许主席们设立临时工作组，由秘书处或者联合成员代表主持，更加系统地任命世界贸易组织职员。（3）改进世界贸易组织的领导力和协调力，建议世界贸易组织委员会主席应以三年为一个任期，秘书处官员应给予主席更多的支持，并在秘书处增设一个新的部门或整合现有力量来负责委员会的相关工作；另外建议设立一个正式的主席常设机构，确保主席之间的信息交流，加强各委员会主席和世界贸易组织总干事之间的信息交流。（4）改进交流和审议的质量。建议邀请一些专家参与世界贸易组织内部的审议会议，以确保信息的充分性，同时积极鼓励世界贸易组织与其他国际组织合作；应创造一个非正式的会议环境，增强参与方之间的理解和信任，必要时可以召开临时性的头脑风暴会议或组建起草工作组，听取外部专家和调解人员的建议。（5）更多地引入国内决策者。建议各委员会更多地引入国内决策者参

---

① The E15 Initiative: Strengthening the Global Trade and Investment System in the 21st Century, January 2016, https://www.weforum.org/reports/the-e15-initiative-strengthening-the-global-trade-and-investment-system-in-the-21st-century; E15 Initiative, *Strengthening the Global Trade and Investment System for Sustainable Development* (International Centre for Trade and Sustainable Development and World Economic Forum, 2016).

与，吸引各成员首都的官员和议会成员参与，并增强其在特定委员会的参与。（6）搭建世界贸易组织与公众之间的桥梁。公众的支持对体制的合法性十分重要。建议世界贸易组织吸引更多公众参与，包括更多的现场直播委员会的特定会议，如果会议在日内瓦以外举办，则组织公开辩论；就正在进行的工作鼓励公众的互动和反馈，鼓励经过认证的商业和非政府代表向委员会提交书面意见。（7）创办商业论坛。建议在部长会议期间举行一个正式的商业论坛，以便为决策者提供实质性的意见，该论坛可以按照二十国集团（G20）会议期间的工商峰会（B20）模式，听取商业领袖和商业团体的建议并作出相关承诺。（8）创立商业咨询委员会。可以考虑建立商业咨询委员会，就广泛的议题为世界贸易组织秘书处和成员提供咨询意见，更好地体现商业团体的利益。

"绿屋会议"是世界贸易组织惯常采用的谈判形式之一。世界贸易组织总干事和部长会议的主席常常召集谈判的主要利益相关方先行开会，协调各方矛盾，然后将达成的意见提交总理事会或者世界贸易组织部长会议。作为《关税与贸易总协定》/世界贸易组织历史上非常重要的谈判规则，"绿屋会议"有利于贸易大国在小范围内达成共识，实现了谈判的效率，在谈判实践中发挥了关键性作用。但由于"绿屋会议"只有部分世界贸易组织成员参加，并且谈判过程并非公开透明，其合法性、参与度和透明度广受质疑[①]。对此，一些学者肯定了"绿屋会议"的重要性，并强调关键是确保"绿屋会议"不会替代部长会议和总理事会的决策职能，主张规范"绿屋会议"使其具有合法性、扩大代

---

① 周跃雪：《WTO 多边贸易体制谈判规则及其改革探索》，《经济体制改革》2017 年第 5 期，第 30—35 页。

性,增加"绿屋会议"的透明度①。学者建议从以下方面改进"绿屋会议"。一是建立分组谈判模式,现行"绿屋会议"的缺陷之一是吸纳参会成员的能力有限,有损发展中成员充分参与决策的权利,然而若过分扩大"绿屋会议"的规模,又会减少非正式决策机制的效率优势,有违当初设计该机制的初衷。一种合理的设想是在召开"绿屋会议"之前依据具体议题以及各世界贸易组织成员经济发展水平、地理位置和外交关系等综合因素,将愿意参加非正式决策程序的各成员以自愿为主、协调为辅的原则进行分组,每一磋商小组维持与现行"绿屋会议"大体一致的规模,由各个小组选派代表担任主持工作,开展相同议题的分组讨论,之后再将各小组中形成的共识草案提交"绿屋会议"讨论,由"绿屋会议"表决形成草案最终稿。二是完善集团谈判模式。发展中成员在"协商一致"中不可避免地受到发达成员的压力,很难独立自主地行使否决权或提出正式的反对意见,因此,最终达成的决议往往更多地反映发达成员的利益。而谈判集团的形式能够更好地反映发展中成员的利益。发展中成员可以结成临时或者持久的谈判联盟,将联盟的力量渗透到"绿屋会议"之中,以集团关注的核心共同利益为指导进行磋商。三是将"绿屋会议"有关流程安排规范化。确定成员参会资格的选择标准,除考虑成员的贸易份额外,还应考虑其他因素,尽可能客观、科学地决定每一次会议的参会成员,改变由发达贸易大国单方面决定参会成员的做法。同时,如果某议题事关发展中国家特殊利益,则应限制发达成员的参会比例,以达到实力平衡的目的。四是增加非正式

---

① 傅星国:《WTO非正式决策机制"绿屋会议"研究》,《上海对外经贸大学学报》2010年2期,第30—36页。

决策程序的透明度，寻求外部专家意见，由世界贸易组织常设机构提供全面技术支持；建立世界贸易组织咨询董事会或指导委员会，当"绿屋会议"无法容纳全部想参加的成员时召开会议。

2. 世界贸易组织决策机制改革研究

"协商一致"一直是世界贸易组织的主要决策方式，其基本特征是不经过投票而是通过协商取得共识。虽然"协商一致"也涉及"表决"环节，即全体成员在部长会议或者总理事会上可以针对某项决议草案提出正式的反对意见，但在实践中，各成员往往在表决前的协商和谈判过程中已达成基本一致。因此，"协商一致"的关键环节不在于表决环节，而在于协商和谈判的过程。随着发展中国家实力的不断增强与利益诉求的不断增多，发达成员和发展中成员的分歧在"协商一致"原则下被放大，变得更加难以调和①。对此，《世界贸易组织的未来》报告就完善"协商一致"原则提出了三个方面的建议。首先，应保留"协商一致"的原则，并在此基础上，第一，对于不同类型的议题，所有世界贸易组织成员应对与达成共识相关的问题进行认真深入的研究；第二，如果某成员试图阻止某项议案，而该议案又有非常广泛的共识支持，那么只有在该成员用书面形式陈述具体理由，说明该问题涉及某项非常重要的国家（区域组织）利益前提下，才可允许阻止该项共识达成。其次，应实行区别对待原则。根据不同的议题对不同的成员加以区分，允许成员自行选择履行义务的水平。允许在"一揽子协定"之外针对一些议题"多速推进"，已有合意的成员先行达成协定，后续有意者可以再行加入。最后，应强化总干事和秘书处的职能。通过澄清界限

---

① Richard Baldwin, "The World Trade Organization and the Future of Multilateralism," *Journal of Economic Perspectives*, Vol. 30, No. 1, 2016, pp. 95-116.

不清的总干事与世界贸易组织秘书处的角色来实现条约的真正守卫[①]。英国华威大学的《多边贸易体制：出路何在?》的报告则支持在决策机制中采取"临界数量"（Critical Mass）[②]方法，主张当达到"临界数量"的成员支持一项决策时，无须全体成员达成一致[③]。"临界数量"可以是占压倒多数的成员和占压倒性比例的世界贸易。

其他学者从世界贸易组织的治理结构角度分析了世界贸易组织决策机制面临的挑战，认为目前除秘书处以外没有任何正式的常设机构被授权以全面和系统的方式组织讨论有争议的问题。例如，贸易和环境委员会处理了世界贸易组织法律与多边环境协定之间的关系，然而，在其他法律领域也存在同样的问题，如在贸易和投资、贸易和人权、贸易和文化等领域；建议建立一个咨询委员会，由国际法律师、政治学家、经济学家和政府代表组成，同时还应加强世界贸易组织总干事的权力[④]。建议世界贸易组织通过加强秘书处和委员会的作用，将部长会议改为每年召开一次，不定期举办成员领导人非正式会议，加强内部机构的协同性以及与联合国、世界银行、国际货币基金组织间的协作，来增强世界贸易组织在谈判与决策方面的功能[⑤]。此外，以金砖国家为代表的发展中成员的日益崛起对世界贸易组织决策机制产生了重大影响，金砖国家的加入使世界贸易组织的权力结构更加平衡，一方面，有利于促进公平；

[①] ［爱尔兰］彼得·萨瑟兰等著：《WTO的未来——阐释新千年中的体制性挑战》（刘敬东译），北京：中国财政经济出版社2005年版。

[②] "Critical Mass"也译为"关键多数"。

[③] Warwick Commission, *The Multilateral Trade Regime: Which Way Froward?* (Coventry: University of Warwick, 2007).

[④] Thomas Cottier, "Preparing for Structural Reform in the WTO," *Journal of International Economic Law*, Vol. 10, No. 3, 2007, pp. 497-508.

[⑤] Talal Abu-Ghazaleh, *WTO at the Crossroads: A Report on the Imperative of a WTO Reform Agenda*, 2013.

另一方面,确实使世界贸易组织的决策效率低下;为此,建议利用二十国集团对世界贸易组织进行外部改革,同时世界贸易组织应向执行层下放权力并改变决策规则①。

(三)围绕世界贸易组织争端解决机制改革的研究

争端解决机制被视为世界贸易组织稳定国际经济的最独特贡献。总体而言,现有的争端解决机制是基本令人满意的,围绕争端解决机制改革的讨论也基本不涉及深层次的体制性变革,而只是对现有程序进行优化。

1. 关于在争端解决机制中引入投票机制的建议

一些观点建议为争端案件中的特定成员在完整的争端解决程序之后提供"民主投票"等方式来撤销或改变最终报告中的某些意见,以解决一些成员提出的专家组和上诉机构在案件审理过程中对法律条文的解释超出了原本的法律范围,存在"法官造法"的现象。但需要对"民主投票"机制进行合理的设计,避免部分成员滥用这一机制而使争端解决程序失去信用,并且使《关税与贸易总协定》时期的一些重要问题卷土重来,如为败诉方提供拒绝接受报告意见的机会。

2. 关于如何处理透明度和"法庭之友"意见书的建议

透明度是争端解决机制需要面对和处理的挑战。《世界贸易组织的未来》报告认为,当前争端解决程序的保密度可能会损害世界贸易组织的公正性,认为专家组审议和上诉机构审议总体都应对公众开放。但

---

① Amrita Narlikar, "New Powers in the Club: The Challenges of Global Trade Governance," *International Affairs*, Vol. 86, No. 3, 2010, pp. 717-728.

这项提议很可能被专家组（上诉机构）或争端方反驳，声称有"有力和充分的理由"说明为何将公众排除在大多数审议之外，如出于保护商业机密的需求。但无论如何，应增强争端解决程序的透明度，来强化公众对争端解决机制的积极印象。关于"法庭之友"意见书，《世界贸易组织的未来》报告总体赞同现有程序，应对合理递交的意见书给予考虑，并强调在实际操作中应公平合理地处理"法庭之友"递交的材料。

3. 关于专家组和上诉机构改革的建议

一些学者提出，应采取与上诉机构类似的方式建立固定的专家组团队①。《世界贸易组织的未来》报告也建议设立一个专家组名单，该名单无须纳入专家组的所有成员，但可以设定任命比例。比如，在案件数量高峰期，每个专家组应至少包含一名来自名单中的人员。这种安排的主要优点是，相较于临时组织人员，固定团队可以使专家组有更好的表现，但存在的问题是固定团队的构成是否有内在问题，比如，专家组成员在意识形态上具有倾向性，以及在实践中应具体安排固定团队的哪些人员参加案件审理。针对第一个问题，尽管固定团队模式会带来部分专家组成员的个人偏向问题，但总体来看，专家组成员具有规避个人倾向、作出专业判决的能力。针对第二个问题，若无法确保常规的民主程序能够选举出最胜任的人员，可以考虑组建一个由专家组成的具有政治独立性的机构来评估符合标准的候选人名单。该机构可以和争端解决机构合作确定专家组名单。

---

① 具体建议可参考 James C. Hecht, "Operation of WTO Dispute Settlement Panels: Assessing Proposals for Reform," *Law and Policy in International Business*, Vol. 31, No. 3, 2000, pp. 657–663; John Kingery, "Commentary: Operation of dispute settlement panels," *Law and Policy in International Business*, Vol. 31, No. 3, 2000, pp. 665–673。

另外，还有一些针对上诉机构的改革建议。例如，当案件数量较多时，上诉机构是否应扩大成员数量，对此可以在后续的改革中引入一些灵活性等。

（四）围绕世界贸易组织特殊与差别待遇改革的研究

特殊与差别待遇原则是世界贸易组织为帮助发展中国家[①]的经济发展，针对发展中成员作出的特别优惠安排。但在具体实施过程中，特殊与差别待遇原则遭到了一些成员的质疑，比如，哪些成员可以适用于特殊与差别待遇、发展中国家的"毕业"问题等。对此，国内学者从发展中国家的角度提出了一些建议，例如，应积极宣传支持特殊与差别待遇的法理思想；尽快督促发达成员作出让步，签署《特殊与差别待遇框架协定》以及建立特殊与差别待遇监督机制；在多哈回合谈判中积极修改完善特殊与差别待遇规定；在世界贸易组织争端解决实践中援引相关特殊与差别待遇规定；发展中成员应通过联盟的方式合力与发达成员抗争等[②]。并且，中国在现阶段的多哈回合谈判中仍应坚持发展中国家身份，积极推动特殊与差别待遇条款的硬化与发展。

国外学者则对特殊与差别待遇有更多的探讨。

首先，在特殊与差别待遇的适用上，20世纪70年代就有学者主张将特殊与差别待遇的适用范围限定在最不发达国家。其他学者认为应重新谈判成员分组，即成员将不能自主决定自身是否属于发展中国家。如

[①] 本部分所述"发展中国家"为世界贸易组织语境下适用于"特殊与差别待遇"的"发展中国家"。

[②] 姜作利：《试析WTO特殊差别待遇规则"硬化"的合理性——发展中国家的视角》，《山东师范大学学报（人文社会科学版）》2015年第4期，第68—79页。

进行"最不发达国家+"分组,由最小和最贫穷的发展中国家组成,将这些国家认定为真正需要特殊与差别待遇的成员①。在实践中,可以对国家履行《世界贸易组织协定》的能力和成本进行评估,对于能力较差的国家可提供免除履约义务的一个期限②。然而,也有不同观点认为,重新进行成员分组的建议是不现实的,应借鉴经济合作与发展组织(OECD)的做法,通过分析一国的经济社会因素确定其适用于哪个单一的特殊与差别待遇条款,并通过分析服务领域考虑发展中国家的异质性③。

其次,在发展中国家"毕业"的问题上,有学者认为不能采取双重标准,使一个自称为发展中国家的成员一下子就被认定为发达国家的毕业生,这一过程应循序渐进。"毕业"机制会减少对发展中国家的有利优惠,因为对其产品竞争力的评价标准是由给惠国定义的,具有主观性;事实上,运用指标来确定发展中国家的发展水平会忽视发展中国家在不同领域有不同发展水平的事实。为此,发达国家应采取更加统一的方法来建立客观、透明的"毕业"标准,而且如果持续对发展中国家的同类产品给予优惠,这对不再从这类产品中获益的发展中国家是不公平的,因此,某些发展中国家认为"产品毕业"和"国家毕业"的原则侵犯了非歧视和非互惠的基本原则。发展中国家希望加强特殊与差别待遇在世界贸易组织各项协定中的应用,但是,令其失望的是特殊与差别待遇并未帮助它们进入外国市场,也未使出口结构多样化。此外,特

---

① Bernard Hoekman and Will Martin, "The New International Trade Agenda and the WTO: Introduction,"*Review of International Economics*, No. 9, 2003, pp. 189-191.

② Susan Prowse, "The Role of International and National Agencies in Trade-related Capacity Building,"*World Economy*, Vol. 25, No. 9, 2002, pp. 1235-1261.

③ Alexander Keck and Patrick Low, "Special and Differential Treatment in the WTO: Why, When and How?" WTO Staff Working Paper, 2004.

殊与差别待遇不应是提供给所有发展中国家的一种迟钝或机械的条款，发展中国家应承担的世界贸易组织义务应基于对其所能承受的成本和行政能力的灵活考虑①。

总体来看，以往关于世界贸易组织改革的讨论已经关注到了世界贸易组织运行的体制性和程序性问题，对谈判和决策机制、争端解决机制、特殊与差别待遇等方面提出的很多改革建议具有针对性和可操作性，值得参考和借鉴，世界贸易组织也正是以循序渐进的方式在不断改进和完善。然而，上述讨论的背景并未将美国采取单边主义、将世界贸易组织置于生存危机的情形考虑在内，因此，本轮对于世界贸易组织改革的讨论有其特殊性和紧迫性。

二、当前世界贸易组织改革的国际讨论

由于彼时世界贸易组织并未遭受深层次的生存危机，除多边谈判机制之外，世界贸易组织的其他功能包括争端解决机制和贸易政策审议等仍然维持着良好的运转，世界贸易组织主要成员缺乏改革世界贸易组织的强烈政治意愿，因此以往的世界贸易组织改革研究及建议并未转化为世界贸易组织的正式议程，世界贸易组织仅是以循序渐进的方式在不断改进和完善。但本轮关于世界贸易组织改革的讨论有着显著不同的背景，主要表现在美国颠覆其在多边贸易体制中的角色和定位，故意破坏世界贸易组织体制的权威性。对此，其他世界贸易组织成员积极回应，

---

① Pallavi Kishore, "Special and Differential Treatment in the Multilateral Trading System," *Chinese Journal of International Law*, Vol. 13, No. 2, 2014, pp. 363-394.

由此拉开了新一轮世界贸易组织改革的序幕。

(一) 当前世界贸易组织改革的特殊背景

虽然关于世界贸易组织改革的讨论与争议一直存在,但本轮关于世界贸易组织改革的讨论具有更为鲜明的时代背景。一是美国的角色与定位发生根本性变化,由多边贸易体制的主要建立者、倡导者变为挑战者、质疑者。2017年,特朗普政府上台之后就强烈质疑世界贸易组织的有效性以及对于美国的不公平性,通过实施232措施①限制钢铝进口和对华301措施②、阻挠上诉机构法官任命等单边主义方式,故意破坏世界贸易组织的权威,意图借此对现有的国际贸易体系进行施压和要挟,按照自身的立场重新设定多边贸易体制的运行方式和规则,使其更加符合美国利益。二是中美贸易关系的迅速恶化对世界贸易组织改革带来的不确定性。美国一再指责中国利用世界贸易组织尤其是给予"发展中国家"的"特殊与差别待遇",剥夺了美国应享受的利益,而且中国特色的经济体制未能在现有世界贸易组织框架下得到有效约束,进而使中国享受了世界贸易组织保护下的不公平竞争优势。截至2020年1月,美国联合欧盟和日本共发表七次三方联合声明,指出世界贸易组织应当有效应对国有企业、产业补贴、技术转让等非市场导向问题,其意指中国的态度十分明显。作为世界贸易组织的两大成员方,中美之间利

---

① 美国232措施是指美国商务部根据1962年《贸易扩展法》第232条款授权,对特定产品进口是否威胁美国国家安全进行立案调查,并根据调查结果实施相应措施。

② 美国301措施是指美国依据《1974年贸易法》第301条和《1988年综合贸易与竞争法》第1301—1310节授权,对有关外国立法或行政上违反协定、损害美国利益的行为进行立案调查,并根据调查结果实施相应措施。

益诉求的差异将为世界贸易组织改革带来很大的不确定性。因此，引发本轮世界贸易组织改革讨论的动机并非旨在提高世界贸易组织的效率或公平，而是美国引发世界贸易组织的生存危机，迫使其他成员重新接受美国的领导，来实现美国优先和遏制中国的目的。而包括中国在内的其他世界贸易组织成员必须对此作出回应。

（二）当前世界贸易组织改革的讨论方案

面对当前呼吁世界贸易组织改革的热潮，无论是学界还是世界贸易组织成员，都纷纷提出世界贸易组织改革建议。学界较为代表性的研究有德国贝塔斯曼基金会"全球贸易治理高级专家委员会"于2018年7月发布的《重振世界贸易组织的多边治理》报告。该报告基于当前不断变化的全球经济环境，分析了世界贸易组织作为多边贸易合作机制面临的三大挑战：一是如何妥善处理贸易冲突根源，包括数字经济贸易等新领域。二是如何有效应对各成员的经济发展差异问题，如在积极援助欠发达成员的同时，鼓励较发达的发展中成员作出更多贡献。三是如何提高世界贸易组织运行机制的灵活性和效率。对此，报告为世界贸易组织改革提出了六大政策建议：第一，积极开展贸易政策对话；第二，增强世界贸易组织各机构的实质性审议功能；第三，维护开放的诸边主义；第四，加强世界贸易组织秘书处的工作职能；第五，审查世界贸易组织的组织效率，建立组织评价机制；第六，改进世界贸易组织的外联与沟通战略①。

美国国会研究服务部（Congressional Research Service）作为独立的研究机构，于 2018 年 11 月发布了《世界贸易组织：概述和未来方向》的研究报告，对世界贸易组织的发展历程和多边贸易协定的概况进行了回顾，讨论了当前世界贸易组织涉及的政策议题，包括诸边谈判及区域自由贸易协定的谈判形式，服务贸易、国有企业、投资、劳工和环境等谈判议题，协商一致和"一揽子协定"的谈判机制、透明度和通报义务、发展中国家特殊和差别待遇、争端解决机制等。最后，报告讨论了世界贸易组织的未来，一是美国是否会退出世界贸易组织这一多边贸易体制，报告认为，美国不太可能会退出世界贸易组织，这需要经过美国国内的审议，并且美国企业会因退出世界贸易组织而遭受巨大损失；二是如果缺少美国领导力的世界贸易组织的未来走向和欧盟、中国等世界贸易组织成员是否会更多地发挥他们的领导力，报告建议美国国际贸易委员会更好地审议世界贸易组织对于美国的价值以及退出世界贸易组织对美国的企业、消费者、联邦机构、法律法规和外交政策的影响；三是美国的单边主义措施对基于规则的多边贸易体系的影响，包括"国家安全"条款在世界贸易组织框架下的界定；四是诸如中国、巴西、俄罗斯、印度等新兴国家在世界贸易组织中的作用，报告在其中点出了中国的角色定位，但认为中国在环境产品谈判和政府采购协定谈判中的表现不尽如人意，报告还讨论了在世界贸易组织框架下如何界定"发展

---

① *Revitalizing Multilateral Governance at the World Trade Organization*, Report of the High-level Board of Experts on the Future of Global Trade Governance, Bertelsmann Stiftung, September 28, 2018, https://www.wto.org/english/news_e/news18_e/bertelsmann_rpt_e.pdf.

中国家"的标准①。

从世界贸易组织成员层面,除美国以外,在世界贸易组织改革议题上较为活跃的经济体有主动提出独立改革方案的欧盟、加拿大,通过共同声明和联合提案形式参与的日本,以及同欧盟一起向世界贸易组织提交联合提案的中国、印度等世界贸易组织成员。

1. 美欧日三方声明

截至 2020 年 1 月,美欧日三方部长级贸易官员共举行七次会议并发表联合声明,力图在产业补贴、国有企业、技术转让等问题上采取更为严格的纪律。此外,三方就世界贸易组织改革的必要性达成了共识,共同发起一项透明度与通报建议。三方还就数字贸易与电子商务、分享和交流关于外国投资审查机制的信息、政府支持出口信贷等方面发表了声明②。

2. 欧盟的世界贸易组织现代化提案

2018 年 9 月 18 日,欧盟于公布了关于《世界贸易组织现代化的概念性文件》,③ 涵盖规则制定与发展问题、日常工作和透明度以及争端解决机制。在规则制定与发展方面,欧盟建议应约束产业补贴和国有企业活动;解决包括强制性技术转让在内的市场准入壁垒、外国投资者的歧视性待遇和边境后扭曲;以约束渔业补贴等方式解决贸易的可持续发

---

① Cathleen D. Cimino-Isaacs, Rachel F. Fefer, and Ian F. Fergusson, "World Trade Organization: Overview and Future Direction," Congressional Research Service, November 29, 2018.

② 美欧日七份三方联合声明分别于 2017 年 12 月 12 日于阿根廷布宜诺斯艾利斯,2018 年 3 月 10 日于比利时布鲁塞尔发布,2018 年 5 月 31 日于法国巴黎发布,2018 年 9 月 25 日于美国纽约发布,2019 年 1 月 9 日于美国华盛顿发布,2019 年 5 月 23 日于法国巴黎发布和 2020 年 1 月 14 日于美国华盛顿发布。

③ European Commission, *Concept Paper, WTO Modernisation: Introduction to Future EU Proposals*, September 18, 2018, http://trade.ec.europa.eu/doclib/docs/2018/september/tradoc_157331.pdf.

展问题、灵活处理"发展中国家"的特殊与差别待遇以及加强世界贸易组织规则制定的灵活性，如在无法获得多边协商一致的领域推动适用最惠国待遇的"开放式"诸边谈判、加强秘书处作用等。在日常工作和透明度方面，欧盟建议加强透明度和通报机制、加强委员会之间的协作、精简无效的委员会等。在改革争端解决机制方面，欧盟建议首先要打破上诉机构遴选僵局，改善上诉机构与世界贸易组织成员的互动，加强上诉机构独立性；而后再处理争端解决机制在世界贸易组织规则适用方面的实质性问题。

2018年11月29日，欧洲议会通过了关于《世界贸易组织：未来之路》的决议，[①]强调了世界贸易组织在规则制定和争端解决方面的重要性，但也指出世界贸易组织目前面临深层次的危机。决议指出：（1）上诉机构成员的空缺严重破坏了世界贸易组织争端解决程序的有效运行，呼吁美国以一种能够迅速填补上诉机构空缺席位的方式解决这一问题，重申欧盟委员会在《世界贸易组织现代化》的概念性文件中提出的争端解决机制改革方案；（2）美国以"国家安全"为名实施232措施并不能解决全球钢铁产能过剩的问题，并且违反了世界贸易组织规则，呼吁欧盟委员会与美国在基于规则的世界贸易组织争端解决框架内解决贸易分歧、消除贸易壁垒；（3）世界贸易组织需要更新规则以解决导致市场扭曲的补贴和国有企业、知识产权保护、投资市场准入、强制源代码公开和其他导致产能过剩的国家指令性活动，解决包括技术转让、合资企业和本地成分要求的服务和投资管制壁垒，监督现有协议的执行、

---

① *European Parliament Resolution of 29 November 2018 on WTO: The Way Forward* (2018/2084 (INI))，November 29, 2018, Brussels, https://www.europarl.europa.eu/doceo/document/TA-8-2018-0477_EN.html.

管理和运作;(4)建立必要的监管框架来涵盖电子商务、全球价值链、公共采购、国内服务监管、中小企业等议题;(5)应对全球环境和社会挑战,确保贸易、劳工和环境议程之间的政策一致性;(6)强调欧盟在隐私和数据保护方面的规则,使这些规则可在国际层面推广并成为制定国际和多边标准的基准;(7)在互惠和共同利益的基础上推进政府采购协定谈判;(8)认为现有关于发达国家和发展中国家的区分并不能反映当前的经济现实,这是导致多哈回合谈判停滞的重要障碍,呼吁较发达的发展中国家更多地承担起责任,作出与其发展水平和竞争力相称的贡献,重申欧盟委员会在世界贸易组织现代化的概念性文件中提出的关于特殊和差别待遇的改革建议;(9)呼吁推进《贸易便利化协定》在世界贸易组织成员中的全面批准;(10)认为中国未能很好地遵守世界贸易组织的国民待遇原则;(11)支持"灵活的多边主义"理念,但强调诸边协定谈判必须补充而不是破坏多边议程,呼吁尽快恢复《环境产品协定》和《服务贸易协定》谈判,并在多边和诸边协定中为中小企业制定规则,强调世界贸易组织应继续深化与其他国际组织的合作;(12)强调贸易需实现可持续发展目标,应对气候变化、渔业补贴、性别平等、人权等问题,有必要通过能力建设使最不发达国家从中获益;(13)对数字经济时代的贸易发展提出关注,呼吁加强实体和数字基础设施建设等;(14)加强世界贸易组织的日常工作,如敦促成员履行透明度和通报义务,增强秘书处和各委员会的职能,加强世界贸易组织与成员方议会之间的互动以保证世界贸易组织的民主合法性和透明度,确保成员方议员充分参与贸易谈判以及各项决定的制订和执行,出于其公民的利益适当审查贸易政策①。

3. 加拿大的世界贸易组织改革文件

2018年8月30日,加拿大发布了题为《加强与现代化世界贸易组织》的讨论文件,② 从提高世界贸易组织监督职能的效率和有效性、维护和加强争端解决机制、21世纪贸易规则的现代化三个方面阐述了对世界贸易组织改革的建议。在提高世界贸易组织监督职能的效率和有效性方面,加拿大建议改善各成员国内措施的通报和透明度、提高委员会审议的能力和机会、改善解决具体贸易问题的机会和机制。在维护和加强争端解决机制方面,加拿大提出为加强争端裁决程序的有效性和效率,可以考虑采用调解或其他方式解决某些争端,甚至将某些类型的争端正式排除出裁决程序的管辖;可以简化裁决程序;应解决上诉机构人员任命的僵局,寻求成员间关于上诉机构条款解释和程序性实践问题的解决方案。在21世纪贸易规则的现代化方面,加拿大建议应首先确定规则现代化的优先事项,包括多哈回合谈判中的突出问题,特别是最不发达国家面临的问题;现代经济发展需要更新的规则以及解决全球化的社会问题,如数字贸易、包容性贸易、可持续发展、中小微企业、投资和国内规制;以及解决近期对竞争扭曲的担忧问题,如国有企业的市场扭曲效应、产业补贴、技术转让和商业秘密以及透明度问题。在规则现代化的方法方面,加拿大提出可以推进适用最惠国待遇的"开放式"协定、区别对待的"封闭式"协定以及在世界贸易组织之外进行的

---

① *European Parliament Resolution of 29 November 2018 on WTO: The Way Forward*, 2018/2084.

② Strengthening and Modernizing the WTO: Discussion Paper, Communication from Canada, JOB/GC/201, September 24, 2018, https://docs.wto.org/dol2fe/Pages/FE_Search/FE_S_S009-DP.aspx?language=E&CatalogueIdList=248327&CurrentCatalogueIdIndex=0&FullTextHash=371857150&HasEnglishRecord=True&HasFrenchRecord=True&HasSpanishRecord=True.

"封闭式"协定。同时，加拿大也提到了灵活处理发展中国家的特殊与差别待遇问题。

4. 中国的世界贸易组织改革文件

中国针对世界贸易组织改革共发布两份文件。2018年11月23日，中国商务部发布《中国关于世贸组织改革的立场文件》，支持对世界贸易组织进行必要改革，同时提及中国在世界贸易组织改革问题上的三个基本原则和五点主张。三个基本原则为：第一，世界贸易组织的改革应该维护多边贸易体制的核心价值。第二，世界贸易组织改革应该保障发展中成员的发展利益。第三，世界贸易组织改革应该遵循协商一致的决策机制。五点主张包括：第一，世界贸易组织改革应维护多边贸易体制的主渠道地位。第二，世界贸易组织改革应优先处理危及世界贸易组织生存的关键问题。第三，世界贸易组织改革应解决贸易规则的公平问题并回应时代需要。第四，世界贸易组织改革应保证发展中成员的特殊与差别待遇。第五，世界贸易组织改革应尊重成员各自的发展模式[①]。

2019年5月13日，中国向世界贸易组织总理事会提交了《中国关于世贸组织改革的建议文件》，进一步阐述了关于世界贸易组织改革的总体立场和建议，提出了四项世界贸易组织改革的行动领域：一是解决危及世界贸易组织生存的关键和紧迫性问题，包括打破上诉机构成员遴选僵局、加严对滥用国家安全例外的措施的纪律、加严对不符合世界贸易组织规则的单边措施的纪律；二是增加世界贸易组织在全球经济治理中的相关性，包括解决农业领域纪律的不公平问题、完善贸易救济领域的相关规则、完成渔业补贴议题的谈判、推进电子商务议题谈判开放、

---

① 《中国关于世贸组织改革的立场文件》，中华人民共和国商务部网站，2018年12月27日，http://sms.mofcom.gov.cn/article/cbw/201812/20181202817611.shtml。

包容开展、推动新议题的多边讨论;三是提高世界贸易组织的运行效率,包括加强成员通报义务的履行、改进世界贸易组织机构的工作;四是增加多边贸易体制的包容性,包括尊重发展中成员享受特殊与差别待遇的权利、坚持贸易和投资的公平竞争原则①。

5. 渥太华世界贸易组织改革会议

2018年10月24日至25日,加拿大邀请世界贸易组织十二国和欧盟在加拿大首都渥太华举行了关于世界贸易组织改革的会议,讨论如何实现世界贸易组织的现代化。会后,加拿大连同与会成员共同发布了关于世界贸易组织改革的联合公报。相对于欧盟和加拿大各自发布的世界贸易组织改革建议,这份联合公报更为原则性,但显示了与会成员在重要领域形成的共识,提出了三个需要紧急审议的领域:一是强调争端解决机制是世界贸易组织的核心支柱,迫切呼吁重启对上诉机构成员的任命;二是重振世界贸易组织的谈判职能,重申需要在2019年结束关于渔业补贴的谈判,更新规则以反映21世纪的现实,对此需要采取灵活和开放的谈判方式;强调必须解决补贴和其他手段造成的市场扭曲;探讨如何在规则制定中更好地追求发展议题,包括特殊和差别待遇。三是加强对各成员贸易政策的监督和透明度②。

6. 美欧日关于通报和透明度的提案

美欧日于2018年11月1日和2019年4月1日在世界贸易组织货物贸易理事会上联合其他成员提交了关于增强透明度和通报义务的两份提

---

① General Council, *China's Proposal on WTO Reform: Communication from China*, WT/GC/W/773, May 13, 2019; Website of the Ministry of Commerce of the People's Republic of China, http://images.mofcom.gov.cn/sms/201905/20190524101255283.pdf.

② *Joint Communiqué of the Ottawa Ministerial on WTO Reform*, October 25, 2018, https://www.wto.org/english/news_e/news18_e/dgra_26oct18_e.pdf.

案,从监督、激励和惩罚三个方面概述了改善世界贸易组织成员遵守通报义务的建议。提案既有对现有制度的改进,包括建立相应委员会、工作组或其他机构来评估和报告各成员在世界贸易组织协定下履行通报义务的情况;在贸易政策审议工作中增加关于成员遵守其通报义务的具体标准和情况;建议采取反向通报的做法;特别提出改善在世界贸易组织《农业协定》下的通报问题;鼓励落后于通报义务的成员提交相关说明;以及考虑发展中国家的情况。提案也有增加新的"行政措施",即对持续不遵守通报义务的成员进行不同方式的处罚①。

7. 欧盟、中国等关于上诉机构改革的联合提案

2018年11月22日,欧盟、中国以及其他世界贸易组织成员向世界贸易组织提交了关于争端解决机制上诉机构改革的两份联合提案,并在12月12日的世界贸易组织总理事会会议上就此发表联合声明。

第一份提案回应了个别成员对上诉程序提出的程序性关注,就离任上诉机构成员过渡规则等问题提出了适当的解决方案。具体包括:首先,建议世界贸易组织成员通过修订《关于争端解决规则与程序的谅解》(DSU),为即将离任的上诉机构成员制定过渡规则,规定离任上诉机构成员应当完成在其任期内已举行听证会的未决上诉案件的审理。其次,建议修订《关于争端解决规则与程序的谅解》第17.5条,提供争端方同意超过90天审理期限的可能性。实践中,上诉机构如预估报

---

① General Council/Council for Trade in Goods, Procedures to Enhance Transparency and Strengthen Notification Requirements under WTO Agreements: Communication from Argentina, Costa Rica, the European Union, Japan, and the United States, JOB/GC/204(JOB/CTG/14), November 1, 2018; General Council/Council for Trade in Goods, Procedures to Enhance Transparency and Strengthen Notification Requirements under WTO Agreements: Communication from Argentina, Australia, Canada, Costa Rica, the European Union, Japan, New Zealand, the Separate Customs Territory of Taiwan, Penghu, Kinmen and Matsu, and the United States, JOB/GC/204/Rev. 1 (JOB/CTG/14/Rev. 1), April 1, 2019.

告将在90天期限后散发,则需在上诉审理程序初期(或在上诉前)与争端方磋商。如果争端方未能就延期达成一致,则可建立机制,在个案中调整上诉程序或工作安排,保证在90天期限内完成。最后,在"国内法的含义属事实问题"上,建议澄清《关于争端解决规则与程序的谅解》第17.6条规定的"上诉应限于专家组报告中涉及的法律问题及由该专家组所作的法律解释",包括涉案措施在世界贸易组织规则下的法律定性和专家组根据《关于争端解决规则与程序的谅解》第11条进行的客观评估,但不包括国内措施的含义本身[①]。

第二份提案主要是加强上诉机构的独立性,提高上诉机构提交报告的效率和能力,以及自动启动上诉机构遴选程序等。具体包括:第一,建议为上诉机构成员规定6—8年的单一、更长的任期。第二,除了关于90天问题的建议修订外,为改善上诉机构的效率,使其能够遵守时限要求,建议将目前的成员人数从7人增加到9人,将岗位设定为全职工作(注:目前可兼职)以支持上诉。第三,为保障离任上诉机构成员和新上诉机构成员的有序过渡,离任上诉机构成员应当继续履行职责,直到其职位得到填补,但不得超过其任期届满后两年。第四,建议澄清争端解决机制应在不迟于离任上诉机构成员任期届满前X个月(如6个月)自动启动遴选程序。

中国和欧盟的两份联合提案共获得了加拿大、印度、挪威、新西兰、瑞士、澳大利亚、韩国、冰岛、新加坡、墨西哥等成员的联署,包括争端解决机制主要使用方,涵盖了发达成员和发展中成员,具有一定

---

① General Council, Communication from the European Union, China, Canada, India, Norway, New Zealand, Switzerland, Australia, Republic of Korea, Iceland, Singapore, Mexico, Costa Rica and Montenegro to the General Council, WT/GC/W/752/Rev. 2, December 11, 2018.

的广泛性和代表性①。

上述成员提出的世界贸易组织改革建议，其主要聚焦世界贸易组织的运行机制改革以及世界贸易组织规则的扩展与深化。在扩展与深化世界贸易组织规则方面，美、欧、日、加等发达成员有着清晰的共同利益和目标，即对所谓导致市场扭曲的国有企业、产业补贴、技术转让等问题制定更加严格的规则，并就数字贸易、投资等发达成员关切的新议题展开规则讨论；对于发展中成员的特殊和差别待遇，美、欧、加等发达成员提出应灵活区分对于不同发展中成员的特殊和差别待遇，设立分类和"毕业"机制等。在世界贸易组织本身的运行机制方面，美、欧、日、加等发达成员都同意加强世界贸易组织的透明度和通报义务，例如，加强委员会和秘书处的作用、在贸易政策审议工作中增加关于成员遵守通报义务的情况、强化反向通报、对持续不遵守通报义务的成员进行处罚等。但在最为关键的争端解决机制上，美国与其他发达成员和发展中成员有着尖锐的矛盾。美国基于对其霸权地位的自信和维护，不愿世界贸易组织维持一个强约束力的争端解决机制，一再阻挠上诉机构成员的遴选程序；而欧盟联合中国、加拿大、印度等成员联合提出的改革上诉机构的建议，则是对美国强有力的回应以及从技术层面解决世界贸易组织争端解决机制困境的建议。世界贸易组织改革要想取得成功，不能缺少任何一个成员的支持。但考虑到美国与其他发达成员和发展中成员在世界贸易组织改革上既有共同利益也有显著分歧，中国对此应深入分析和区别对待，努力寻求和扩大与其他世界贸易组织成员的利益共

---

① General Council, Communication from the European Union, China, India and Montenegro to the General Council, WT/GC/W/753/Rev. 1, December 11, 2018.

识，在可行领域共同推进世界贸易组织改革。

三、中国对世界贸易组织改革的基本策略研究

对于中国而言，世界贸易组织是最有利的全球贸易治理平台。首先，中国加入世界贸易组织的承诺作为一种国际义务，锁定了国内的改革开放成果，加快了中国的市场化进程。其次，世界贸易组织拥有广泛的、包含所有发达经济体和绝大多数发展中经济体的成员结构，是最有利于实现中国全球贸易利益的多边框架。最后，世界贸易组织具备相应较为完善的谈判和争端解决机制等，能够确保比较公平、开放的贸易体制，这对中国而言非常有利[①]。

中国一直对世界贸易组织进行必要改革保持开放、包容、建设性的态度。当前，由于中美经贸关系迅速恶化以及发达成员对世界贸易组织改革的强烈呼吁，特别是这些改革主张中有一些针对中国，中国很难回避，而且在当前逆全球化盛行、世界贸易组织面临严重危机的情况下，中国也应挺身而出，积极主动地提出世界贸易组织改革方案。实际上，中国对于世界贸易组织改革的方案也在不断细化，从最初简短地表达支持多边贸易体制的立场，到联合包括欧盟等主要经济体就打破争端解决机制危机提出具体提案，再到明确提出关于世界贸易组织改革的三大原则和五点主张，以及提交关于世界贸易组织改革的具体建议文件，中国正在不断细化地推进世界贸易组织的体制机制性改革。

[①] 屠新泉：《"入世"15年：中国在全球贸易治理中的角色变迁》，《国际商务研究》2016年第6期，第34—44页。

现阶段，考虑到中国在世界贸易组织中的地位以及发达成员对中国的诉求和压力，中国对世界贸易组织改革的基本策略应是维护世界贸易组织的基本框架和原则、改进世界贸易组织的现行运行机制和规则以及扩展世界贸易组织的规则约束范围三个层次。

（一）维护世界贸易组织的权威性有效性与基本原则

世界贸易组织改革不是推倒重来、另起炉灶，而是要在现有体制内加强世界贸易组织的权威性和有效性，主要包括以下几个方面。

1. 必须维护争端解决机制的正常运转

维护争端解决机制的有效性是讨论世界贸易组织改革的前提，也是除美国以外所有世界贸易组织成员的共识。对此，中欧已联合多个世界贸易组织成员提出完善争端解决机制部分技术性规则、提高其运行效率和稳定性的提案。在现阶段中国应积极推进相关规则的澄清或修改。比如，当前被美国诟病较多的是专家组和上诉机构在案件审理过程中对法律条文的解释超出了原本的法律范围，存在"法官造法"的现象。按照世界贸易组织协定，对多边协议的解释权应在成员，而不是法官。鉴于这一问题，可以考虑在成员对上诉机构的法律解释存在质疑的情况下，通过全体成员投票的方式审议上诉机构提出的对具体法律条文的解释。至于具体适用"全票通过"还是"多数票通过"的表决机制，可视具体情形而定。实际上，世界贸易组织协定规定，凡是世界贸易组织协定及其各个子协定的任何条款之解释，均需要世界贸易组织成员的3/4多数票表决通过。因此，既有制度其实可以解决美国所提出的关切，这也进一步驳斥了美方抛开现有制度而实行单边主义的错误。

2. 必须维护协商一致原则

"协商一致"原则的最大优点在于通过谈判和调和的方式扩大各方参与,在各方间创造一个真正的磋商和讨价还价的机会,鼓励各成员就各项议题充分表达观点,平衡实力不对等的发达成员与发展中成员的权利和义务,预防决策中的绝对垄断情况。面对多哈回合举步维艰的困境,国际上对于"协商一致"这种"成员驱动型"的决策机制存在质疑,认为这种决策方式降低了世界贸易组织的谈判效率。但贸易谈判涉及了成员的权利和义务,如果不是协商一致的结果,也很难强制成员履行。并且"协商一致"不仅在多边层面适用,在双边、区域和诸边层面的谈判也采用了这种决策机制。此外,部分观点认为当前世界贸易组织成员数量众多,因此,很难用"协商一致"取得谈判成果。但当前多边贸易谈判的低效更多反映的不是谈判成员数量庞大的规模问题,而是谈判成员间利益分歧巨大的结构性问题。倘若放弃"协商一致"原则,就等于放弃了世界贸易组织这个"成员驱动型"组织的核心要义,削弱了世界贸易组织民主参与和决策正当性的保障。并且,即使放弃"协商一致"原则,也不能解决世界贸易组织谈判的核心问题。

3. 必须维护非歧视原则和给予"发展中成员"的"特殊与差别待遇"

"特殊与差别待遇"原则当前受到发达成员的很大质疑,尤其是中国是否仍然是"发展中国家"以及中国是否仍然有资格享受"特殊与差别待遇"。对此,中国仍应坚定支持给予发展中国家"特殊与差别待遇"的基本原则,同时坚持中国是一个发展中国家,但中国可以不必一般性地主张以此享受"特殊与差别待遇",而是基于具体行业和议题，通过互惠谈判方式来确定中国应承担的义务和应享受的权利。

（二）改进世界贸易组织现有运行机制和规则体系

改进世界贸易组织的运行机制和规则体系能够使其在程序上和法律上更具有效性，保证各成员贸易措施的透明度，在各成员诉诸法律手段之前解决具体贸易关注，并在必要时逐渐调整世界贸易组织规则。

1. 应加强世界贸易组织的日常工作与透明度

应增强各委员会和理事会的作用和效率、增强秘书处研究和技术援助的能力、增强贸易政策审议机制的成员参与度与有效性、增强各成员执行通报和透明度义务。长期以来，世界贸易组织成员履行通报义务不力的问题对世界贸易组织的贸易监督活动和争端解决产生不利影响。针对美、欧、日提出的加强透明度和通报要求的建议，包括其他有利于提高世界贸易组织运行效率和有效性的建议，中国都应以开放态度接受。虽然这些建议可能会在现阶段增加中国的负担，但加强纪律也有利于约束其他成员尤其是改进发展中成员的制度环境，帮助中国企业更好地进入这些市场。

2. 可对补贴、反倾销、技术转让、国家安全等现有实体规则进行澄清或修改

美欧等发达成员多次提出世界贸易组织现有的补贴、技术转让规则无法规制中国的国内政策；而中国在反倾销"替代国"做法、美国滥用国家安全条款方面也与美欧有较大的分歧。中国应同意就上述规则的澄清或修改开展讨论与谈判，特别是提出中国的诉求。例如，补贴问题已经是西方国家指责中国的焦点问题，被认为是政府干预的最主要工

具，中国已经无从回避。无疑，更严格的补贴纪律会对中国政府促进特定产业发展形成一定制约，但综合各方面的考虑，梳理过度补贴、讨论国际补贴规则对中国在一定程度上是有利的，尤其是考虑到中国企业走出去、国际化程度越来越高，更严格的补贴纪律在可预见的将来有可能成为保障中国企业利益的工具。对于补贴规则讨论的方向，可以考虑几个路径：一是将工业补贴和农业补贴捆绑讨论，更加平衡中国在工业补贴和农业补贴上的利益；二是对现有可诉补贴进一步细分，将部分在以往世界贸易组织争端解决案例中已经定性的非法补贴列入禁止性补贴；三是恢复不可诉补贴的合法性，对贫困地区、资源枯竭型城市的补贴、对研发的补贴等一些类型的补贴明确为允许的补贴，为中国创新政策的实施和产业结构调整预留空间；四是新的补贴规则谈判可以考虑采用诸边协定的方式，但应包含主要补贴使用大国，以及在特定行业中占据较高市场份额的补贴使用大国。

3. 应继续推进多哈回合中遗留问题的谈判

发达成员大力倡导世界贸易组织改革、扩展世界贸易组织约束范围，却故意忽略多哈回合谈判尚未完成的事实。因此，中国应联合其他发展中成员，不能让发达成员把注意力全部转移到新议题而抛弃发展中成员关注的老议题。可通过诸边协定或者部门多边协议的方式，继续推进发展中成员关心的多哈回合中的遗留问题。如前面提到的，可以将多哈回合的核心问题农业补贴与工业补贴一起进行谈判。

(三)扩展世界贸易组织规则范围以涵盖反映贸易21世纪贸易新议题

数字贸易和电子商务、投资、中小企业等是发达成员和部分发展中成员所关切的21世纪贸易新议题,也是推动世界贸易组织规则与时俱进、回应21世纪经济现实需要的重要议题。对此,中国应持开放的态度,并遵循如下原则。

1. 诸边谈判是更为可行的方式

应对世界贸易组织关于诸边谈判的制度性设计进行讨论。目前,在世界贸易组织体制下缺乏关于诸边谈判的特定规则或框架,来界定诸边谈判的谈判机制和模式,而是采取"一事一议"的方式推进诸边谈判。这样带来的问题是缺乏可预见性。建议诸边谈判应基于参与方之间的协商一致原则,并讨论制定一个发起、开展和执行诸边谈判的工作程序,设立诸边谈判的专属委员会或工作组,明确非参加方的权利、明确诸边协定与争端解决机制的关系等,将诸边协定作为未来一个时期推动世界贸易组织进程的主要谈判方式,保持诸边谈判进程的开放和透明。

2. 中国应参与所有议题的诸边谈判

中国应在诸边谈判中发挥更加建设性的作用,主动提出中国方案,寻求尽可能平衡的谈判结果。这样可以避免新议题完全由美国等发达成员操纵,同时又可以展现中国积极开放的决心,以及获得制定国际贸易新规则的权利。

3. 中国可优先选择"入世"时已承诺的议题开展谈判

对于技术转让、出口管制等议题,中国已在《中国入世议定书》

中作出相关承诺。在具体谈判策略上，可以考虑将防守利益议题和进攻利益议题捆绑谈判，例如，可以将投资自由化和投资国家安全审查、技术转让和技术出口管制等问题联系起来谈判，以确保中国在世界贸易组织改革规则谈判中的利益平衡。

综上所述，当前世界经济与贸易格局已发生巨大变化，世界贸易组织确实需要与时俱进作出相应改革。此次改革将会是世界贸易组织成立以来最大的一次结构性改革，会广泛涉及各项新旧议题，引发国际经贸规则体系的一次重大重构。中国作为加入世界贸易组织的巨大受益者和世界主要经济体，在当前世界贸易组织改革进程中应更好地发挥建设性作用，通过对中国经济发展与加入世界贸易组织制度改革经验的分享，呼吁各成员继续将多边贸易体制作为制定与执行国际经贸规则的核心平台，重塑各成员对多边贸易体制的信心，形成推动世界贸易组织改革的共识。当前，从总体判断上，即使世界贸易组织面临美国等不确定因素，维护多边贸易体制仍然十分重要，世界贸易组织成员间仍然有可能进一步开放市场，达成自由化承诺，仍然有可能在现有框架内对世界贸易组织进行一定的调整和改进。而在具体方案上，中国应结合自身定位，以问题为导向提出建设性的方案，以完善世界贸易组织体制为目标，促进世界贸易组织的效率和公平，加强世界贸易组织的包容性、代表性和先进性。

世界贸易组织框架下
数字贸易规则及发展趋向

周念利　李玉昊*

全球数字贸易的迅速发展，不仅逐渐改变了全球商品和服务的生产、交付和消费方式，而且成为推动国际贸易乃至全球经济复苏的重要力量。例如，消费者可以接触到电子商务、社交媒体、远程医疗和其他30年前无法想象的产品和服务。企业可利用先进技术来开拓新市场、跟踪全球供应链、分析大数据以及创建新产品和服务。与此同时，数字技术也为国际贸易的全球治理带来新的问题和挑战。为应对该挑战，区域贸易协定作出了一系列有意义的努力和尝试。作为数字贸易大国，为促进数字价值输出与数字产业发展，美国已经在其主导谈判和签订的一系列双边、诸边自由贸易协定中构建起相对完善的数字贸易规则"美式模板"。2000年《美国和约旦关于建立自由贸易区的协定》包含了第一个不具有约束力的电子商务章，2003年《美国—新加坡自由贸易协定》中包含了第一个具有约束力的电子商务章，到主导《跨太平洋伙伴关系协定》（TPP）、《跨大西洋贸易与投资伙伴协定》（TTIP）和

---

* 周念利，对外经济贸易大学中国世界贸易组织研究院研究员；李玉昊，对外经济贸易大学中国世界贸易组织研究院博士研究生。

《服务贸易协定》(TISA) 为代表的巨型区域贸易协定谈判，美国为数字贸易建立了一个具有约束力的"美式"标准，《美墨加协定》(USMCA) 和《美日数字贸易协定》则涵盖了最高标准的数字贸易规则议题。与区域自由贸易协定形成鲜明对照的是，多边数字贸易规则进展缓慢。世界贸易组织作为迄今世界最具效率的多边贸易治理组织，在全球数字贸易规制的构建上却贡献有限。

一、世界贸易组织框架下数字贸易的定义及其规则挑战

自1998年《全球电子商务宣言》(Declaration on Global Electronic Commerce) 通过并实施后，世界贸易组织成员一直在这一框架下展开讨论与谈判，使用的是"电子商务"这一概念。近年来，美国开始在多边体制中推广"数字贸易"的概念，试图取代"电子商务"。由于缺乏前瞻性，世界贸易组织的现有规则不足以解决日益复杂的数字贸易问题，对组织自身造成了一定的挑战。

（一）世界贸易组织框架下数字贸易概念演进

2017年12月，在阿根廷首都布宜诺斯艾利斯举办的第十一届世界贸易组织部长级会议上，美国、欧盟、日本、俄罗斯等71个成员签署了《关于电子商务的联合声明》（以下简称《联合声明》）。2018年4月，美国向世界贸易组织递交了一份探索性文件，正式提出以"数字贸易"的概念取代"电子商务"。美国在文件中指出，世界贸易组织定

义的"电子商务"为"以电子手段生产、分配、营销、销售或交付商品和服务"①。习惯用法更倾向于将电子商务定义为"利用互联网进行的商品购买",其他国际组织都采取了这种更狭义的说法。因此,美国提出更倾向于"数字贸易"这一术语,它更明确地涵盖了通过电子手段进行的与贸易有关的所有方面——它包括了世界贸易组织定义的"电子商务"的所有要素。在2016年的提案中,对"数字贸易""电子商务",美国指出"世界贸易组织成员仍处于界定术语、研究含义的时期"②;而2018年的探索性文件中则正式提出以"数字贸易"取代"电子商务",凸显出美国在多边框架下进行数字贸易规则谈判的雄心。

欧盟在2019年共提交了两份探索性文件,其第一份探索性文件中虽然主要使用的还是"电子商务"的概念,但是也提到了"数字贸易"。日本则在其2019年3月的探索性文件中将"电子商务"与"数字贸易"两个概念并用。例如,日本在其文件的第3条第3款中指出:"为了给电子商务和/或数字贸易创造有利的环境,需要建立一系列与电子商务和/或数字贸易有关的国内监管框架。但是,各国间此类框架的变化可能会给跨境企业带来障碍。世界贸易组织在促进区域和政府间的协调和互补方面可发挥作用,这对促进跨境电子商务和/或数字贸易至关重要。③"中国在其2019年4月提交的探索性文件中也回应了定义的变化问题,第3条第1款提出,应"澄清与电子商务有关的贸易方面

---

① *Joint Statement on Electronic Commerce Initiative Communication From the United States*, WTO JOB/GC/178, April 12, 2018.

② Work Programme on Electronic Commerce Non-Paper from the United States, WTO JOB/GC/94, July 4, 2016.

③ *Joint Statement on Electronic Commerce Initiative Proposal for the Exploratory Work By Japan*, WTO INF/ECOM/4, March 25, 2019.

的定义和未来规则的适用范围"①。由于数字贸易比电子商务涵盖的范围要广，且更加能体现"贸易"这一概念，符合世界贸易组织的职能范围，因此，未来，在世界贸易组织框架中使用"数字贸易"代替"电子商务"是有可能的。

（二）世界贸易组织框架下与数字贸易相关的规则

世界贸易组织成立于电子商务萌芽的 20 世纪 90 年代中期。尽管数字革命已在孕育之中，世界贸易组织在设立之初，并没有将关注重点放在具有前瞻性的专门的数字贸易规则。散见于世界贸易组织的一些主要协定的部分规则和条款可能会有助于规制数字贸易，包括《服务贸易总协定》《信息技术协定》《与贸易有关的知识产权协定》和《全球电子商务宣言》等。通过对这些协定中相关条款的适用范围和内容进行合理界定和阐释，在某种程度上可部分解决多边数字贸易治理问题。世界贸易组织各协定所包含的数字贸易规则与所涉具体问题，详见表1。

表1 世界贸易组织框架下的数字贸易规则及主要内容

协定	条款	适用的数字贸易问题
《服务贸易总协定》	电信附件5. 公共电信传输网络和服务的进入和使用	公共电信网络的准入问题、跨境数据传输问题、数字保护措施
	第1条、第2条、第3条、第6条等	数字服务与新服务准入
	第14条例外规则	数据本地化措施

---

① *Joint Statement on Electronic Commerce Communication from China*, WTOINF/ECOM/19, April 24, 2019.

续表

协定	条款	适用的数字贸易问题
《信息技术协定》	—	信息技术产品免关税
《与贸易有关的知识产权协定》	—	数字贸易中的知识产权问题、数字版权问题
	第10条计算机程序和数据汇编	保护计算机软件源代码
《全球电子商务宣言》	—	电子传输免关税问题

资料来源：作者根据世界贸易组织相关规则整理。

（三）世界贸易组织现行数字贸易规则遇到的挑战

尽管世界贸易组织框架下有部分条款可用于治理数字贸易问题，但这些条款几乎都不是为数字贸易专门设立的，在具体适用时也遇到各种困难。同时，由于世界贸易组织成员众多，成员间信息技术发展水平差距悬殊，甚至存在数字鸿沟。在数字相关产业上，世界贸易组织成员各自的比较优势和利益诉求又存在严重分歧。世界贸易组织的决策和运行遵循"协商一致"原则，作为一个由成员驱动的国际组织，世界贸易组织很难无视成员间的巨大差距而出台一套高标准的数字贸易规则。况且多哈回合在农产品和环境等议题上耗费了大量的谈判资源，数字贸易规则的谈判实质上被边缘化。经过总结，针对数字贸易治理的一些基本问题，世界贸易组织迄今也未给出明确的解决思路，详见表2。

表2 世界贸易组织针对数字贸易相关问题的基本解决思路

数字贸易治理的相关问题	由世界贸易组织电子商务工作计划/谈判解决	由争端解决机制解决	世界贸易组织总体结果
关于电子传输及其内容的明确、永久性免税禁令的恢复和适用	不存在有约束力的决定	无	悬而未决
一般《服务贸易总协定》义务（例如，最惠国待遇、透明度）对电子传输服务的适用性	不存在有约束力的决定	无	悬而未决
对电子传输服务的具体承诺的适用性	不存在有约束力的决定	是	解决
电子交易服务适用模式1还是模式2	不存在有约束力的决定	潜在的：归类为模式1	悬而未决
电子商务背景下新服务的分类与调度	不存在有约束力的决定	无	悬而未决
数字产品分类	不存在有约束力的决定	无	悬而未决
确定适用最惠国义务和国民待遇承诺的"相似性"	不存在有约束力的决定	无	悬而未决
《服务贸易总协定》第6条国内法规对数字贸易的适用	只是原则上确认	确认其适用于电子交易	理论上解决了，仍取决于实践
《服务贸易总协定》第14条对电子商务一般例外的适用	只是原则上确认	确认其适用于电子交易	理论上和实践上都解决了
标准和电子商务（技术性贸易壁垒协定）	是，按照原则完全适用，但没有详细讨论	无	理论上解决了，需要在实践中进一步阐述和确定
数据本地化措施（本土化的贸易壁垒）	不存在有约束力的决定	无	悬而未决

资料来源：根据以下资料整理：Wunsch-Vincent S., " Trade rules for the digital age," in *GATS and the Regulation of International Trade in Services*, 2008, pp. 497–529; Burri

M. , "The Regulation of Data Flows Through Trade Agreements," *Law and Policy in International Business*, Vol. 48, No. 1, August 2017, pp. 407 - 448。

世界贸易组织中现有的与数字贸易相关的规则很不完善，至少表现在以下方面。

第一，在《服务贸易总协定》框架下，与数字贸易关系紧密的领域主要包括电信、计算机、信息及相关服务和视听服务，数字服务仅被部分《服务贸易总协定》成员在上述部门中的特定承诺所覆盖，而《服务贸易总协定》成员基于"肯定清单"所做承诺根本无法覆盖所谓的"新服务"。如：《服务贸易协定》的附件第二条（d）款规定了"新金融服务"，其中包括不经传统手段交付，而以互联网为媒介跨境提供的"服务"，"新金融"在《服务贸易总协定》的金融附件中并未体现。"新服务"的界定、分类及适用性是《服务贸易总协定》面临的首要问题，而且究竟应将以数字形式传输的产品视作货物还是服务也无定论。即使将其划分为服务，在数字时代由于视听媒体服务和计算机服务之间的界限变得模糊，与"高附加值的通信服务""视听服务"或"计算机及相关服务"相关的数字服务究竟应适用《服务贸易总协定》中哪个具体部门的特定承诺也很难识别。此外，作为"文化例外"与"贸易利益"之间冲突的重要体现，数字服务尤其是视听服务贸易自由化进程严重滞后。[①]

第二，《信息技术协定》是世界贸易组织项下的诸边协定，该协定旨在降低甚至消除成员间信息技术产品的关税税率。《信息技术协定》最初于1997年生效，覆盖了全球97%的信息通信技术（Information and

---

① 周念利等：《多边数字贸易规制的发展趋向探究——基于WTO主要成员的最新提案》，《亚太经济》2018年第2期，第46页。

Communications Technology，ICT）产品出口额；2015 年，在世界贸易组织第十届部长级会议时完成扩围，2016 年 7 月开始生效。需要关注的是，印度和越南等《信息技术协定》的初始缔约方没有加入扩围后的《信息技术协定》，但信息通信技术产品扩围后的关税减让待遇，是基于最惠国待遇机制适用于所有的世界贸易组织成员，这可能会造成权利义务不平衡的"免费搭便车"现象。除此之外，《信息技术协定》宣称，要实现全球信息通信技术产品贸易自由化，其内容只涉及关税减让，对非关税壁垒几乎没做约束。信息技术产品分类标准还过于陈旧僵化无法覆盖到新产品。

第三，《与贸易有关的知识产权协定》于 1995 年 1 月 1 日生效，并未具体涵盖数字环境中的知识产权保护和执法问题。比如，网络侵权案件中所谓"互联网服务提供者的中介责任界定"问题（如：若第三方在合法的互联网平台上创建或者分享的信息是侵犯他人知识产权的，互联网平台需不需要承担责任），《与贸易有关的知识产权协定》根本未提及。虽然《与贸易有关的知识产权协定》第 10 条第 1 款规定："计算机程序，无论是源代码还是目标代码，应作为《伯尔尼公约》（1971）项下的文字作品加以保护。"但《与贸易有关的知识产权协定》的规定仅限于将软件源代码作为一种版权加以保护，并未涉及美欧等成员关注的源代码公开和转让等议题。

第四，《全球电子商务宣言》发表于 1998 年，当时全球电子商务方兴未艾，世界贸易组织成员承诺对电子传输暂时免征关税。2005 年世界贸易组织香港部长级会议后世界贸易组织成员决定延续对电子传输免关税的决定。2017 年的世界贸易组织布宜诺斯艾利斯部长级会议中，世界贸易组织成员同意继续对工作计划进行定期评审，对电子传输关税暂停征收。但该宣言中的免税声明只是阶段性有效，况且宣言本身只是世界贸易组织成员间的政治承诺，不具有正式的法律效力。事实上，2017年世界贸易组织布宜诺斯艾利斯部长级会议是在最后关头才达成了电子传输免关税延长至2019年的共识，未来的谈判仍然艰难，是否继续免征关税还存在相当大的变数。

以上分析表明，世界贸易组织框架下的既有协定尚不能很好地解决数字贸易问题，某个协定的某些条款理论上有可能适用于数字贸易，但在实践中会遇到各类具体问题。针对"跨境数据流动"等为代表的第二代数字贸易规则，世界贸易组织的相关协定更是几乎没有触及。《服务贸易总协定》电信附件5有如下表述，"每一成员应保证任何其他成员的任何服务提供者可按照合理和非歧视的条款和条件进入和使用其公共电信传输网络和服务……"然而，此条款强调的重心是市场准入而非"跨境数据流动"本身。数字贸易的发展日新月异，世界贸易组织规则却严重滞后，更新和改革世界贸易组织规则无疑势在必行。

二、世界贸易组织主要成员关于数字贸易治理的主要立场

如前文所述，因对数字技术发展可能带来的变革缺乏预见性，且掣肘于多哈回合的谈判效率，世界贸易组织迄今尚未针对数字贸易问题出台一套专门规则。尽管如此，世界贸易组织在某种程度上仍有能力来处理数字贸易问题，主要理由如下：第一，数字贸易是新的贸易形态，跟传统贸易的最大区分是将贸易从线下转移到线上，但贸易对象仍可大致

区分为货物或服务，这意味着世界贸易组织的相关协定依然具有适用性；第二，世界贸易组织秘书处以及在数字贸易方面具有重大利益的世界贸易组织成员都在不断推动多边数字贸易规则的发展，积极组织有关多边数字贸易规则的讨论，并积极向世界贸易组织递交相关提案。从 2016 年开始，美国、日本、加拿大等传统发达经济体以及中国、巴西、墨西哥、巴基斯坦等发展中经济体向世界贸易组织递交与数字贸易有关的提案，截至 2017 年，世界贸易组织成员方已经递交了 30 多份提案。这些提案已广泛涉及数字贸易的众多议题，详见表 3。

表 3 部分世界贸易组织成员提案涉及的数字贸易议题

议题	成员			
	中国	美国	日本	加拿大、欧盟等 12 个成员
电子传输免关税	✓	✓	✓	✓
数字产品免关税	—	✓	—	✓
简化边境措施	✓	✓	—	✓
无纸化贸易	✓	—	✓	—
提高政策透明度	✓	—	✓	✓
改善数字基础设施	✓	—	—	—
电子签名和电子认证	✓	—	✓	✓
非歧视原则	—	✓	✓	—
数据跨境流动	—	✓	✓	✓
本地化措施	—	✓	✓	✓
保护关键源代码	—	✓	✓	✓
禁止技术转让	—	✓	—	—
在线消费者保护	✓	✓	✓	✓
建立统一标准	—	✓	✓	—
网络安全	—	—	✓	✓

资料来源：根据世界贸易组织相关成员提案整理。

第十一届世界贸易组织部长级会议上,71个成员签署了《联合声明》,宣布为将来在世界贸易组织框架下谈判与贸易相关的电子商务议题共同启动探索性工作。会议期间,中国积极参与讨论和谈判电子商务议题,但最后中国没有加入《联合声明》,显示中国与美国等成员在数字贸易规则上的利益诉求和立场存在分歧。第一,中美两国在数字贸易规则上的侧重点不同。中国侧重于促进跨境电子商务的发展,主要是通过互联网销售产品,尤其是帮助发展中国家和中小企业利用电子商务平台。美国则侧重于促进数字化的服务贸易。第二,中美在一些关键议题上分歧严重。如"跨境数据自由流动""数据存储非强制本地化"以及与知识产权相关的"源代码非强制转让"等,这也是2018年3月以来中美贸易摩擦的原因之一。2019年1月,在瑞士达沃斯举行的电子商务非正式部长级会议上,中国和澳大利亚、日本、新加坡、美国、欧盟、俄罗斯、巴西、尼日利亚、缅甸等共76个世界贸易组织成员签署《联合声明》。2018年以来,参加《联合声明》的世界贸易组织成员在这一框架下,针对数字贸易议题向世界贸易组织递交探索性文件,涵盖议题的范围多数超出了前几年的提案。具体议题详见表4。

表4 部分世界贸易组织成员探索性文件涉及的数字贸易议题

议题	成员			
	中国	美国	日本	欧盟
电子传输免关税	✓	✓	✓	✓
数字产品免关税	—	✓	—	✓
简化边境措施	✓	✓	—	✓
无纸化贸易	✓	—	✓	—
提高政策透明度	✓	—	✓	✓

续表

议题	成员			
	中国	美国	日本	欧盟
改善数字基础设施	✓	—	—	—
电子签名和电子认证	✓	—	✓	✓
非歧视原则	—	✓	✓	—
数据跨境流动	—	✓	✓	✓
本地化措施	—	✓	✓	✓
保护关键源代码	—	✓	✓	—
禁止技术转让	—	✓	—	—
在线消费者保护	✓	✓	✓	✓
建立统一标准	—	✓	✓	—
网络安全	✓	✓	—	—
数字市场准入承诺	—	✓	—	✓
开放政府数据	—	✓	✓	—
网络服务提供者责任	—	✓	—	—
竞争性电信市场	—	✓	—	—

资料来源：作者根据世界贸易组织相关成员探索性文件整理。

对比提案和探索性文件所包含的议题，可以发现，探索性文件的议题范围更大，标准更高。以美国为例，美国在提案中强调，它"目前没有提出具体的谈判提案"，而是零散地提出一些政策概念"仅仅为了促进成员之间的建设性讨论"[①]。而在探索性文件中美国提出了具体的七大类议题（见表5），并表示，"在这些条款上达成共识也将证明世界

---

① Work Programme on Electronic Commerce Non-Paper From The United States, WTOJOB/GC/94, July 4, 2016.

贸易组织应对全球经济变革的能力"[①]。这说明美国寄希望于世界贸易组织能够在数字贸易规则上取得符合美国利益的进展，并将会积极推动这一进程。

表5 美国探索性文件和提案对比

议题		探索性文件	提案
信息自由流动	跨境数据流动	互联网用户必须能够按照他们认为合适的方式移动数据	公司和消费者必须能够按照他们认为合适的方式移动数据
	防止数据本地化	不要求建立本地数据基础设施	依赖云计算和提供互联网产品与服务的公司不需要在每个国家建立有形基础设施和昂贵的数据中心
	禁止网络阻塞	互联网访问不受限制	使数字供应商在其服务的市场上建立网络，或从现有的公司获得这样的设施和服务
数字产品的公平待遇	数字产品免关税	电子传输免关税必然要求数字产品免关税	全面禁止数字产品关税
	数字产品的非歧视待遇	非歧视原则适用于数字产品	明确规定国民待遇和最惠国待遇原则适用于数字产品
专有信息保护	保护源代码	企业不应将其源代码、商业秘密或算法作为市场准入条件共享	企业不必将其源代码或专有算法交给竞争对手或监管者
	限制强制技术转让	贸易规则应该禁止转让技术、商业秘密或其他专有信息的要求	禁止公司转让技术、生产工艺或其他专有信息的要求
	禁止歧视性技术要求	禁止将使用本地技术作为市场准入条件	企业应该能够利用最适合他们的技术

---

① *Joint Statement on Electronic Commerce Initiative Communication from the United States*, WTOJOB/GC/178, April 12, 2018.

续表

议题		探索性文件	提案
数字安全	加密	确保供应商能够使用创新的和安全的加密技术	制定规则来保护加密产品的创新
	网络安全	确保政府有能力应对网络风险,同时不阻碍数字贸易	—
促进互联网服务	与数字相关的市场准入承诺	《服务贸易总协定》的分类和承诺适用于数字服务	—
	开放政府数据	鼓励和确保公众获取和使用政府信息	—
	互联网中介责任	仅存储、处理或传送内容的中介机构不对该内容负法律责任	—
竞争性电信市场		开放电信市场	—
贸易便利化		数字贸易领域适用《贸易便利化协定》	贸易便利化协定所载的各种规定可以对数字贸易作出非常直接的贡献

资料来源:世界贸易组织网站。

对比两份文本,从体系结构来说,探索性文件比提案体系更完整,在七个大议题之下细分了 15 个小议题,内容包括了第一代和第二代数字贸易规则,基本上涵盖了美国的所有诉求,较完整地体现了数字贸易规则的"美式模板"。从具体规则来说,探索性文件比提案增加了"网络安全""促进互联网服务"和"竞争性电信市场"等议题。从具体表述来看,美国的态度更加鲜明,例如,美国在提案中提出"全面禁止数字产品关税",在探索性文件中则指出目前世界贸易组织成员同意的电子传输免关税"必然要求数字产品免关税",并指出对应用程序、歌曲和游戏等数字产品征收关税是一种贸易壁垒。值得注意的是,美国在探索性文件中针对网络安全的问题,提出"贸易规则应该确保政府有能力应对网络风险"。联系到 2016 年美国大选中甚嚣尘上的俄罗斯黑客事件,美国提出的网络安全表达了其担忧。但美国同时表示,"过分广泛地保护网络安全的努力会扼杀数字经济,甚至降低安全性"。[1] 说明美国强调的是适度的网络安全保护,促进数字贸易的目标优先级高于网络安全。

具体来说,世界贸易组织主要成员在数字贸易规则具体议题上的立场如下。

(一) 与数字贸易有关的关税问题

概括而言,与数字贸易有关的关税问题,主要包括两点:一是电子传输是否免征关税的问题;二是针对信息通信技术产品的关税减让问题(见表6)。针对前者,世界贸易组织成员已在《全球电子商务宣言》就"电子传输暂时免关税"达成共识。自 2005 年世界贸易组织香港部长会议之后,历次世界贸易组织部长会议都重申了电子传输免关税的决定。2017 年在阿根廷首都布宜诺斯艾利斯召开了第十一届世界贸易组织部长级会议,经过艰难的谈判,在最后关头,会议决定将电子传输免关税的决定延长适用至 2019 年。尽管如此,但针对"电子传输是否能永久免关税"以及"是否将电子传输免关税由成员的政治共识上升为

---

[1] *Joint Statement on Electronic Commerce Initiative Communication from the United States*, WTOJOB/GC/178, April 12, 2018.

法定义务",部分世界贸易组织成员仍在犹豫。相关顾虑主要来自以下几点:一是担心作出电子传输永久免关税承诺后会导致其财政收入的减少;二是针对特定的电子传输内容(歌曲、电子书等)是否免关税仍犹疑不决;三是害怕承诺电子传输永久免关税,会失去与谈判对手在其他议题上进行谈判的筹码。

表6 部分世界贸易组织成员在提案或探索性文件中有关数字贸易关税问题的表态

议题	成员			
	中国	美国	欧盟	日本
电子传输免关税	应延长对电子传输征收关税的禁令	主张电子传输免关税;禁止数字关税;全面禁止数字产品关税,确保关税不妨碍音乐、视频、软件和游戏的流通,使创作者、艺术家和企业家在数字贸易中得到公平的待遇	建立具有法律约束力的禁止在电子传输上征收关税的法律规定	不应对包括数字编码产品在内的电子传输施加关税,以便利数字产品跨越国界的移动
信息技术产品免关税	—	—	关税消除,如通过《信息技术协定》扩围	—

资料来源:世界贸易组织网站。

对于部分世界贸易组织成员的第一点顾虑,经济学家通过经验研究已经证实,即使所有的数字媒体产品都通过网络交易,大多数国家的税收损失也是很少的。关税是人为设置的贸易壁垒,针对电子传输征收关税可能会加剧发展中成员和发达成员之间的数字鸿沟。美国认为,这种贸易壁垒尤其对参与全球数字贸易的中小企业和个人不利:"世界贸易组织成员早就认识到确保数字产品和服务受到公平、非歧视、免税待遇的重要性。应用、歌曲、书籍、游戏和视频等数字产品是由小企业、个体艺术家和企业家（他们通常最没有能力克服贸易壁垒）不成比例地创造的。世界贸易组织成员可以保护这些创作者免遭不公正待遇，并通过将自由贸易原则继续应用于数字产品，保证他们可以在全球公平的竞争环境中出售其产品。"①

对于第二点，世界贸易组织主要成员如中国、美国、欧盟和日本都在其自身的探索性文件中作出了明确表态。美国向世界贸易组织提交的一份提案主张："全面禁止针对数字产品征收关税，以确保关税不妨碍音乐、视频、软件和游戏等数字产品的流通，使创作者、艺术家和企业家在数字贸易中得到公平待遇。"② 2019年3月，美国向世界贸易组织提交的探索性文件提出了世界贸易组织应制定规则将电子传输免关税永久化："自1998年以来，世界贸易组织成员同意不对电子传输征收关税——该协定明确要求对数字产品免税待遇。贸易规则可以确保政府继续实行永久性规避数字产品关税的做法。"③ 中国向世界贸易组织提交的提案也主张"应延长对电子传输征收关税的禁令"④。中国虽然没有主张电子传输免关税的永久化，但一直主张在现有框架下不断延长这一禁令的有效性。例如，中国在2019年4月向世界贸易组织提交的探索

---

① *Joint Statement on Electronic Commerce Initiative Communication from the United States*, WTOINF/ECOM/5, March 25, 2019.

② *Work Programme on Electronic Commerce Non-Paper from the United States*, WTOJOB/GC/94, July 4, 2016.

③ *Joint Statement on Electronic Commerce Initiative * Communication from the United States*, WTO INF/ECOM/5, March 25, 2019.

④ *Work Programme on Electronic Commerce Aiming At The 11th Ministerial Conference Communication from the People's Republic of China*, WTO JOB/GC/110, JOB/CTG/2, JOB/SERV/243, JOB/DEV/39, November 4, 2016.

性文件中强调:"各成员应继续保持不对电子传输征收关税的做法,直到下一届部长级会议为止。"① 欧盟在 2019 年 3 月、4 月分别向世界贸易组织递交探索性文件,其中 3 月的文件中提出"暂停电子传输的关税"②,而 4 月的文件中进一步强调:"世界贸易组织成员不得对电子传输征收关税,包括对传输的内容。"③ 这说明数字贸易大国在电子传输免关税的问题上已经基本达成共识。

第三点顾虑主要是来自发展中成员,如印度和印度尼西亚等国希望以"针对电子传输免关税"为筹码来换取美国等发达成员在农产品市场准入方面作出让步。但通过谈判,印度等成员已多次同意延长数字传输免关税的决定。这说明,多数发展中经济体并不反对数字传输免关税本身,只是期望借此获得足够对价,印度等信息通信技术发展较快的发展经济体甚至还会从中受益。根据上述分析,再结合世界贸易组织主要成员在其提案和探索性文件中的表态,将电子传输免关税的决定永久化和法定化,世界贸易组织成员间在此问题上可能会达成一致。事实上,由来自世界贸易组织主要成员的学者推出的 E15 研究报告已明确提到,"应当考虑把电子传输免关税规定变成永久性的,因为该永久性的免税声明将会提高企业参与国际贸易的确定性和进一步促进全球数字贸易发展"④。

---

① *Joint Statement on Electronic Commerce Communication from China*, WTO INF/ECOM/19, April 24, 2019.

② *Joint Statement on Electronic Commerce * Establishing An Enabling Environment for Electronic Commerce Communication from the European Union*, WTO INF/ECOM/10, March 25, 2019.

③ *Joint Statement on Electronic Commerce EU Proposal for WTO Disciplines and Commitments Relating To Electronic Commerce Communication from the European Union*, WTO INF/ECOM/22, April 26, 2019.

④ Meltzer, Joshua P., "Maximizing the Opportunities of the Internet for International Trade." E15 Expert Group on the Digital Economy—Policy Options Paper, 2016.

信息通信技术产品的关税减让主要是在《信息技术协定》谈判的框架下推进。如前文所述,《信息技术协定》致力于消除全球信息和通讯产品的关税税率,目前虽然该协定框架下的减税安排已覆盖全球90%多的信息技术产品交易量。但由于信息技术产品科技含量高,更新换代速度快,新产品层出不穷,《信息技术协定》的覆盖范围理论上也应与时俱进。事实是《信息技术协定》自1996年签订之后直到2015年才实现第一次扩围。在扩围之前,减税的"正面清单"只覆盖1996年已知的信息技术产品,其更新速度远低于信息技术的发展速度。在此背景下,部分世界贸易组织成员如欧盟在其提案中明确提到,要通过《信息技术协定》扩围进一步降低信息技术产品的关税水平。欧盟在其探索性文件中也提到"欧盟要求其他成员加入《信息技术协定》及其扩展。"扩围主要依托两个方向进行:一是加快信息技术产品范围的扩围速度,将降税安排覆盖到更多新出现的信息通信技术产品上。二是要提升该协定的成员覆盖率,将印度、巴西、墨西哥和韩国等信息通信技术产品的主要贸易国囊括到《信息技术协定》的新一轮谈判之中。只有将上述成员纳入,扩围后的《信息技术协定》才更具有代表性,缔约成员的权利与义务也会更加平衡。

(二)数字知识产权问题

作为数字贸易交易对象的货物及服务一般都是知识或技术密集型产品,知识产权保护一直是数字贸易相关谈判的重要议题。与数字贸易相关的知识产权规则可以简称为数字知识产权规则,主要包括两个方面:一是传统知识产权规则中可以适用于数字贸易的部分,如版权规则;二是专门针对数字贸易出现的知识产权规则，如软件源代码转让规则、网络服务提供者在第三方知识产权侵权中的责任等。世界贸易组织框架下的知识产权相关规则主要涵盖于《与贸易有关的知识产权协定》之中。

值得注意的是，《与贸易有关的知识产权协定》本身为设计与数字贸易相关的知识产权规则提供了空间和基础。主要体现在：第一，《与贸易有关的知识产权协定》本身具有与时俱进的时代精神。《与贸易有关的知识产权协定》附件第七条允许成员"根据可能对协定进行修改或修正的任何相关新发展进行审查"，这为《与贸易有关的知识产权协定》框架下数字知识产权条款的设计和出台预留了空间。根据该条款，世界贸易组织秘书处明确建议，"要在网络空间适用知识产权，需要有更清晰的规则以适应在数字时代可能遇到的种种问题"。① 第二，《与贸易有关的知识产权协定》中关于知识产权保护的一些原则性表述已为数字贸易中的知识产权保护立法提供了参考。在区域贸易安排框架下，数字贸易规则的"美式模板"中有关互联网环境下知识产权保护规则的制定和实施，正是遵循和参照了《与贸易有关的知识产权协定》的相关条款，即《与贸易有关的知识产权协定》为数字贸易"美式模板"中知识产权规则的制定奠定了基础。典型的如《与贸易有关的知识产权协定》第10条第1款规定："计算机程序，无论是源代码还是目标代码，应作为《伯尔尼公约》（1971）项下的文字作品加以保护。"这体现了《与贸易有关的知识产权协定》要求对计算机程序的源代码或目标代码进行保护的基本立场。但是在一些最新的数字知识产权议题上，《与贸易有关的知识产权协定》还是无能为力。例如，"关键源代码保

---

① Meltzer, Joshua P., "Maximizing the Opportunities of the Internet for International Trade," in *E15 Expert Group on the Digital Economy—Policy Options Paper*, 2016.

护"属于典型的第二代数字贸易规则。《与贸易有关的知识产权协定》第 10 条是在第 2 部分第 1 节 "版权和相关权利" 之下的,其中所说的保护源代码指的是将源代码作为一种文字作品加以保护,即主要是禁止盗版和抄袭,与现在所主张的源代码保护存在出入。

在世界贸易组织框架下围绕数字知识产权进行的谈判主要有三个议题,参见表 7。

1. 源代码、算法和商业秘密保护

除了源代码之外,数字贸易大国的关注点还有商业秘密和算法。美国认为,数字经济中许多最具创新性的参与者都在投资专有信息并从中获利,如计算机源代码,算法和商业秘密。任何需要披露此类信息的市场准入条件都会使这些业务面临风险,尤其是如果此类披露会导致将信息转移给竞争对手的情况。同样,在存在合法替代品的情况下,强制使用某种技术或标准会损害公司选择最适合它们的技术的能力。美国在提交给世界贸易组织的探索性文件中强调保护源代码:"作为进入市场的条件,公司不必共享其源代码,商业机密或算法。贸易规则可以确保政府不强制访问此类专有信息或与本地公司共享信息,同时保留当局实现合法监管目标的能力。"[①] 欧盟在其探索性文件的第 2 条第 6 款中指出:"成员不得要求转让或访问其他成员的自然人或法人拥有的软件的源代码。"但同时,欧盟也提出了一些例外条款,如允许在《服务贸易总协定》框架下与金融服务有关的行业中存在例外,也允许"自然人或法

[①] *Joint Statement on Electronic Commerce Initiative Communication from the United States*, WTOINF/ECOM/5, March 25, 2019.

人在商业基础上自愿转让或授予对源代码的访问权"①。日本则向世界贸易组织详细阐述了"禁止披露重要信息,如商业秘密,包括源代码和专有算法"的重要性:从信息技术(IT)产品到工业产品(包括汽车),软件程序都嵌入各种产品中。这些是公司在现代经济中的竞争力的来源。但是在某些国家中,在进口有关商品或服务以及建造设施时,需要披露在此类程序中使用的源代码和算法。通过这种披露方式泄露商业秘密的风险对于公司而言是至关重要的,因此,不鼓励这样做,甚至应该阻止公司将其产品出口到施加这些要求的国家。公开源代码和算法的要求实际上是一种贸易壁垒,除实现合法公共政策目标的情况外,不应由政府强加。此类披露不应成为在成员境内进口、分销、销售或使用相关产品(包括数字编码产品)的条件。②

2. 技术规则

世界贸易组织框架下技术规则的谈判又可以分为两个具体议题,一是禁止技术的强制转让,二是禁止歧视性技术要求。强制技术转让的主要做法是要求外国企业以技术转让作为进入当地市场的条件。美国反对技术的强制性转让,认为强制性技术转让限制市场准入会阻止外国投资,并阻止本地公司获得世界一流的数字服务。美国进一步建议世界贸易组织制定贸易规则,禁止要求公司转让技术、生产工艺或其他专有信息的要求。在强制技术转让的问题上,分歧最大的是美国和中国,例

---

① *Joint Statement on Electronic Commerce EU Proposal For WTO Disciplines and Commitments Relating to Electronic Commerce Communication from the European Union*, WTO INF/ECOM/22, April 26, 2019.

② *Joint Statement on Electronic Commerce Initiative * Proposal for the Exploratory Work by Japan*, WTO INF/ECOM/4, March 25, 2019.

如，美国曾在2018年的《301报告》①中用了大量篇幅批评中国将技术转让作为市场准入的条件。但事实上，中国法律没有明确规定要求外国企业转让技术，中美在2020年1月签订的《中美第一阶段贸易协定》中也就这一问题达成初步共识。从世界贸易组织的角度来说，中美达成共识的领域通过程序上升为世界贸易组织的规则是行得通的。

歧视性技术要求是指要求外国企业使用特定的技术作为市场准入的条件。美国一贯反对歧视性的技术要求，在其提案中，美国提出了"确保技术选择"（ensuring technology choice），认为企业应该能够利用最适合它们需要的技术。例如，移动电话公司应该能够在无线网络（Wi-Fi）和长期演进（LTE）等无线传输标准中进行自由选择。美国的探索性文件中则提出"禁止歧视性技术要求"，认为要求使用国家技术作为市场准入条件破坏了数字经济的核心优势。因此，世界贸易组织应该制定贸易规则规定企业不需要购买和利用本地技术，而是自己选择合适的技术。日本的立场与美国类似，认为应该禁止歧视性的技术要求，并提出三点具体理由：第一，在电子商务或数字贸易领域，新技术和新服务正在逐步发展，而政府强制要求使用包括加密技术在内的特定技术会阻碍新技术和商业机会的发展；第二，强制使用特定技术是一种技术壁垒，会阻碍外国企业进入该市场；第三，在企业必须使用特定加密技术的情况下，其安全级别是潜在下降的。但是，日本与美国不同的一点是认可合法公共政策目标例外："除实现合法公共政策目标的情况外，

---

① Findings of the Investigation into China's Acts, Policies, and Practices Related to Technology Transfer, Intellectual Property, and Innovation Under Section 301 of The Trade Act of 1974, USTR, March 22, 2018.

政府不应对包括加密在内的特定技术的使用施加任何强制性要求。①"在未来世界贸易组织的规则制定中,日本的提案应该是更容易被各方接受的,因为既禁止了歧视性的技术要求这一技术壁垒,又强调了对合法公共利益的保护。

3. 网络服务提供者责任

"网络服务提供者责任的界定"条款是被普遍关注的议题。世界贸易组织主要成员在2017年的提案中均未涉及该问题,但在数字贸易飞速发展的过程中,网络版权侵权案件频发,互联网服务提供者究竟是否应该承担以及应该承担什么责任的界定问题变得日益迫切和必要。中国、美国、欧盟和日本在各自的国内法律或签订的区域贸易协定中都有对这个问题的规定。美国为了鼓励数字内容产品的流传和传播,提出互联网服务提供者(中介)不应该对此产品引发的知识产权侵权行为承担责任。美国贸易代表办公室(USTR)数字贸易工作组(DTWG)将"互联网中介承担侵权连带责任"认定为一种数字贸易壁垒。美国《通信规范法》(CDA)第230条C款提供了与知识产权有关的中介方责任的完全豁免,只要侵权内容是由中介方以外的另一方提供的。发生侵权行为时,互联网中介商所要做的只是在权利人的要求下撤销侵权内容。但是近年来,美国国内也渐渐地认为单纯的"通知和删除"不足以应对日益复杂的网络侵权行为,因此,在《美墨加协定》等谈判中提出,第三方的知识产权侵权行为不豁免部分网络服务提供者的连带责任。这实际上是实行更严格的知识产权保护标准,强化了网络服务提供者的义

---

① *Joint Statement on Electronic Commerce Initiative Proposal for the Exploratory Work by Japan*, WTOINF/ECOM/4, March 25, 2019.

务和责任。与美国相比，欧盟的态度要严厉得多，欧盟《电子商务指令》（ECD）除了将个别活动完全豁免之外，对于其他侵权行为服务提供商都要承担连带责任。中国的立场与美国接近，在网络用户利用网络服务提供者提供的平台实施知识产权侵权行为时，被侵权人有权通知网络服务提供者采取必要措施来消除或补救侵权后果。如果在接到通知后，网络服务提供者未及时采取必要措施，应当与该网络用户承担连带责任。中国没有专门规制互联网中介责任的法律，相关规范主要存在于《中华人民共和国侵权责任法》等和其他政府规章之中。由于中美是全球的数字贸易大国，全球按市值排名前十位的互联网科技公司全部来自中美。作为全球数字贸易规制构建过程中最大的利益攸关者和引领者，既然中美在互联网中介侵权责任的认定上立场较一致，那么，在多边《与贸易有关的知识产权协定》框架下引入符合美国意志的"互联网中介责任界定"条款应该是可行的。

2019年，在向世界贸易组织提交的探索性文件中，美国第一次提出了与"网络服务提供者责任"有关的提议，这也说明了美国对世界贸易组织这一平台在规制数字贸易层面的日益重视。美国认为，对网络服务提供者来说，如果政府规定其要对第三方创建的内容负责，则不可避免地会抑制在线服务商的活跃性并扼杀依赖用户参与度的服务创新。新制定的贸易规则应该确保仅存储、处理或传输内容不会使互联网中介机构对该数据的内容承担法律责任，同时仍可以采取措施确保严格执行知识产权和刑法。由此可见，在多边层面，美国既希望网络服务提供者对第三方侵权内容承担有限责任，以保持数字贸易的活跃度，又希望通过加强国内执法的方式打击知识产权侵权行为。中国、欧盟和日本依然没有在各自的探索性文件中提出网络服务提供者责任认定的问题，但美国在《联合声明》框架下提出这一问题势必会引起成员间的讨论,加之上述成员各自的国内立法和贸易协定的规定,在多边《与贸易有关的知识产权协定》框架下引入"网络服务提供者责任界定"条款应该是可行的。

表7 部分世界贸易组织成员对知识产权问题的态度

议题	成员			
	中国	美国	欧盟	日本
保护关键源代码	—	保护关键的源代码:创新者不必将其源代码或专有算法交给竞争对手或监管者,然后又经由他们泄露给国有企业	不将要求转移或获取软件源代码作为市场准入的条件	重要信息的披露,如商业秘密,包括源代码,不应成为进口、分销、销售或使用会员国领土内包括数字编码产品在内的相关产品的条件
技术规则	—	禁止技术的强制转让,禁止歧视性技术要求	—	反对强制使用特定技术但允许合法公共政策目标例外
网络服务提供者责任	中介方要及时采取措施补救侵权影响,否则承担连带责任	侵权内容是由中介方以外的另一方提供的,则中介方责任完全豁免	除少数例外,中介方承担连带责任	—

资料来源:世界贸易组织网站。

(三)跨境数据流动

在数字经济时代,数据是最重要的生产要素,被称为21世纪的

"石油资源"。目前世界贸易组织框架下还没有出台专门的协定或条款来规制跨境数据流动问题。事实上,数据跨境流动是开展数字贸易的基础和前提,促进数据跨境流动已成为数字贸易大国的普遍共识。但是,应该在多大程度上允许跨境数据的自由流动?什么样的数据才允许跨境流动?这是世界上参与数字贸易的经济体之间最大的分歧之一。例如,美国和日本认为,应该实行完全的跨境数据自由流动,不应施加任何限制;中国、欧盟和俄罗斯则认为,应该实行有条件的数据跨境流动,对于涉及公共安全的数据不允许自由流动。部分世界贸易组织成员在向世界贸易组织递交的提案中提出了有关跨境数据流动的问题,参见表8。

表8 部分世界贸易组织成员对跨境数据流动问题的态度

议题	成员			
	中国	美国	欧盟	日本
跨境数据自由流动	促进成员间国际贸易单窗口的互联互通和数据交换	确保跨境数据流动:公司和消费者必须能够按照他们认为合适的方式移动数据	在现有世界贸易组织义务的基础上,承诺允许跨国界数据流动,但须遵守适当的公共政策例外	数字编码信息的自由流通,能够使消费者和供应商获得数字环境的最大利益
本地化措施	—	防止本地化壁垒:依赖云计算和提供互联网产品与服务的公司不需要在每个国家建立有形基础设施和昂贵的数据中心	在现有世界贸易组织义务的基础上,建立处理各种形式的本地化的规则	全球商业运作不应受到在特定地区使用或定位计算设施的强制性要求的限制

资料来源:世界贸易组织网站。

而在 2019 年的探索性文件中，这些世界贸易组织成员的讨论更加细节化、具体化。与跨境数据流动有关的规则又可以分为以下三个议题。

1. 数据跨境传输

美国首先强调了跨境数据流动的重要性，"数据的跨境流动日益成为国际贸易的命脉"。① 并引用麦肯锡全球研究院（McKinsey Global Institute）2016 年的数据表明，2014 年跨境数据流产生的经济价值为 2.8 万亿美元，对世界 GDP 的影响超过了全球商品贸易。美国的观点是："互联网用户必须能够移动他们认为合适的数据。贸易规则可以确保消费者和公司都能跨边界移动数据而不受任意或歧视性限制。"② 与 2016 年的提案不同，中国在探索性文件中正面回应了跨境数据流动的问题，并首先肯定了跨境数据流动对当今国际贸易的重要作用，认为："不可否认，与贸易有关的数据流方面对于贸易发展至关重要。③" 但中国认为更重要的是数据流应以安全为前提，这关系到每个成员的核心利益。为此，有必要按照会员各自的法律和法规有序地传输数据。欧盟认为，世界贸易组织成员应该致力于确保跨境数据流动以促进数字贸易的发展，但是，欧盟没有提出数据应该完全自由地跨境传输。日本由于贸易政策受到美国影响，在跨境数据传输上的立场与美国一致，认为，"为了确保跨境商业环境的可预测性，并促进新的数字产业和市场的健康增长，世界贸易组织应该考虑在成员方之间就确保数据自由流通的原

---

① *Joint Statement on Electronic Commerce Initiative Communication from the United States*, WTOINF/ECOM/5, March 25, 2019.

② *Joint Statement on Electronic Commerce Initiative * Communication from the United States*, WTOINF/ECOM/5, March 25, 2019.

③ *Joint Statement on Electronic Commerce Communication from China*, WTOINF/ECOM/19, April 24, 2019.

则达成协定。"① 日本的观点是通过政府政策限制数据的国际传输将阻碍跨境业务运营，并阻碍数字业务的健康发展。这种限制也将使来自发展中成员和发达成员的中小企业更加难以参与全球价值链。

比较而言，美国和日本在提案和探索性文件中的说法大同小异，一直致力于数据全球性的自由流动。中国的态度相比于美国和日本来说较为保守，在提案中仅提到"促进成员间国际贸易单窗口的互联互通和数据交换"②。随着数字贸易的迅猛发展和相关议题博弈的白热化，中国在探索性文件中亮出了自己的底牌，表明了自己的立场，即数据安全是核心利益，因此，数据传输必须以安全为前提。欧盟的立场与中国接近，原因可能是欧盟并没有能与美国的互联网巨头相抗衡的相关企业，因此，在数据流动和数据安全上一直存在担忧。这说明，在世界贸易组织框架下来实现美国所力推的跨境数据自由流动，对于大部分世界贸易组织成员来说，都显得过于激进和不可接受。在这种情况下，想要在世界贸易组织框架下达成跨境数据流动的规则框架无疑是十分困难的。一个可能的解决方法是世界贸易组织将亚太经济合作组织（APEC）构建的跨境隐私规则体系（CBPR）可作为参考模式进行推广。跨境隐私规则体系建立了一个框架，亚太经济合作组织成员的企业可以申请加入，旨在实现框架内的数据自由流动。跨境隐私规则体系在行业自律的基础上增加了执法机构，在保证灵活性的同时给予企业多一层监管，进一步保护数据安全。世界贸易组织应该将跨境隐私规则体系扩大到多边，这

---

① *Joint Statement on Electronic Commerce Initiative Proposal for the Exploratory Work by Japan*, WTO INF/ECOM/4, March 25, 2019.

② Work Programme on Electronic Commerce Aiming at the 11th Ministerial Conference Communication from the People's Republic of China, WTO JOB/GC/110, JOB/CTG/2, JOB/SERV/243, JOB/DEV/39, November 4, 2016.

将大大有助于全球数据跨境流动和数字贸易的发展。①

2. 数据存储本地化

数据存储本地化即要求在境内有业务和活动的互联网企业将其产生的数据存储于本地的数据中心，而不能存储在境外的存储中心。数据存储本地化的规定其实是限制了数据跨境的自由流动，因此，一直被美国视为一种数字贸易壁垒来批评。美国认为，数据本地化的措施会给参与数字贸易的互联网企业造成沉重的贸易成本，因为互联网企业需要在每个实行数据本地化政策的国家建立新的数据存储设备。因此，世界贸易组织应该建立贸易规则以"确保企业无须在其服务的每个司法管辖区中建立或使用独特的、资本密集型的数字基础设施，从而可以更好地为客户提供服务"。② 中国在探索性文件中第一次回应了关于数据存储问题的关切，认为鉴于其复杂性和敏感性以及成员之间的分歧很大，因此，需要进行充分的讨论。欧盟在探索性文件中明确提出反对数据存储本地化措施，"跨境数据流不应受到以下限制：……要求对会员境内的数据进行本地化以进行存储或处理"③。但是，欧盟成员如法国、德国等在其国内实施了一定的数据存储本地化的措施，这表明欧盟内部在这一问题上的态度不统一。日本则认同了正当的合法公共政策，认为除此之外，世界贸易组织应该制定规则确保各成员政府不对服务器的位置施加强制性要求，因为这种限制会阻碍外国企业进入该市场。

---

① 周念利等：《多边数字贸易规制的发展趋向探究——基于 WTO 主要成员的最新提案》，《亚太经济》2018 年第 2 期，第 46 页。

② *Joint Statement on Electronic Commerce Initiative Communication from the United States*, WTO INF/ECOM/5, March 25, 2019.

③ *Joint Statement on Electronic Commerce EU Proposal for WTO Disciplines and Commitments Relating To Electronic Commerce Communication from the European Union*, WTO INF/ECOM/22, April 26, 2019.

3. 互联网自由访问

美国认为免费且开放的互联网可以使用户利用世界各地的大量信息和服务。因此，世界贸易组织应制定贸易规则，包括确保访问网络的规则，以确保政府不会任意阻止或过滤在线内容，也不会要求互联网中介机构这样做。欧盟则提出"开放式互联网访问"议题，认为在遵守适用政策、法律和法规的前提下，各成员应保持或采取适当措施，以确保其境内的最终用户能够，"（1）在合理且非歧视的网络管理下，访问、分发和使用互联网上选择的服务和应用程序；（2）将他们选择的设备连接到互联网，只要这些设备不会损害网络；（3）可以访问有关网络服务提供者的网络管理实践的信息。[①]"日本在探索性文件中指出，为了使在线商业环境公平和竞争，应确保消费者访问互联网上的服务以及供应商在国内和跨境提供互联网上的服务。政府对某些网站和互联网服务的单方面和任意干预，将给有关国家的消费者和服务提供者造成严重损失，并给他们带来负担。中国在提案和探索性文件中都没有提及与互联网自由访问相关的话题，说明中国在这个问题上是持保留态度的，短期之内，世界贸易组织在这个问题上应该不会达成共识。

（四）网络安全

与前几年世界贸易组织成员的提案相比，2019年的探索性文件一个明显的变化是世界贸易组织成员更加重视网络安全问题。网络安全强调网络系统中的数据得到保护，网络系统能够持续平稳地运行。但是，

---

① *Joint Statement on Electronic Commerce EU Proposal for WTO Disciplines and Commitments Relating to Electronic Commerce Communication from the European Union*, WTO INF/ECOM/22, April 26, 2019.

不同的世界贸易组织成员对网络安全的表述不同，例如，美国在2016年的提案中没有提及网络安全的问题，但是在其探索性文件中，明确提出了"网络安全"的问题。美国认为："对于客户和公司而言，确保数字网络、数据和交易的安全性都日益受到关注。幸运的是，现有工具和策略可帮助缓解网络安全威胁，并在事件发生时将其影响最小化。不幸的是，一些政府对网络安全采取了高度规范的方法，从而严重限制了数字贸易。网络安全也越来越被认为是限制信息自由流通的理由。"[1] 也就是说，美国虽然回应了其他成员日益关注的网络安全问题，但是美国提出的解决方法和跨境数据流动类似，即依靠行业自律来保护网络安全。同时美国批评了利用政府干预来保护网络安全的做法，认为这会阻碍数字贸易的发展。美国凭借其数字技术方面的强大实力，将数字贸易自由化的重要程度置于网络安全之上："尽管网络安全威胁损害了人们对数字贸易的信心，但为保护网络安全而进行的过度努力可能扼杀数字经济，甚至降低安全性。[2]" 同时，美国指出了使用加密方法可以有助于实现网络安全，美国认为加密是确保数字领域隐私和安全的重要工具。但是美国在文件中说："考虑到加密在整个数字生态系统中的普遍性，限制其使用或强制使用特定国家/地区的加密标准可能会严重阻碍数字贸易。[3]" 这表明美国的真正目的不是维护网络安全，而是基于其自身的利益推广美国的数字产品和技术标准，其实是一种不负责任的行为。

---

[1] *Joint Statement on Electronic Commerce Initiative Communication from the United States*, WTO INF/ECOM/5, March 25, 2019.

[2] *Joint Statement on Electronic Commerce Initiative Communication from the United States*, WTO INF/ECOM/5, March 25, 2019.

[3] *Joint Statement on Electronic Commerce Initiative Communication from the United States*, WTO INF/ECOM/5, March 25, 2019.

日本在 2016 年 7 月的提案中提出了网络安全问题，认为各成员应共同合作，发展对网络空间的共同理解，并努力建设负责计算机安全事件的国家实体的反应能力。同时应进一步改进成员之间的合作，利用现有的合作框架来识别和减轻恶意侵害或传播恶意代码，从而避免对当事人的电子网络产生不利影响。这份提案应该代表了日本在网络安全问题上的立场，即主张世界贸易组织成员进行合作应对网络风险。在 2019 年的探索性文件中，日本没有再提到网络安全问题。欧盟在 2016 年与加拿大等 12 个成员的联合提案中指出，应采取"打击网络犯罪的措施"，但是没有做进一步地说明，在探索性文件中也没有提到。与欧日相反，中国在提案中没有就网络安全问题表达立场，但是在探索性文件中却做了详细说明。中国首先提出网络安全问题的重要性，认为随着电子商务提供的新机遇，网络安全等问题也日益受到关注，给世界贸易组织成员带来了前所未有的安全风险和监管挑战。同时，中国又一次提出了"互联网主权"的概念，认为成员之间应互相尊重互联网主权，交流最佳的做法，增强电子商务安全，深化合作，维护网络安全。

2019 年签署达沃斯《联合声明》的成员不仅包括发达成员，还包括发展中成员和最不发达国家。它们在国情和发展阶段上不同，在与数字贸易有关的问题上具有不同的挑战和关注点。对于加入世界贸易组织的全体成员，利益则更加多样化。因此，为了促进谈判，需要充分理解成员各自的产业发展条件、历史文化传统以及法律制度的差异。考虑到上述差异，成员应尊重彼此在数字贸易发展道路上的设计，以及采取监管措施以实现合理的公共政策目标的合法权利。

三、中国的立场和对策建议

中国在探索性文件中明确地表明了《联合声明》框架下相关谈判的最终目的,即"世界贸易组织关于电子商务的谈判应致力于挖掘电子商务的巨大潜力,帮助发展中成员和最不发达成员融入全球价值链,弥合数字鸿沟,抓住发展机会并从包容性贸易中受益,从而更好地参与经济全球化。"[①] 在美国等部分国家纷纷转向贸易保护主义、全球化出现逆潮的背景下,中国认识到世界贸易组织对经济全球化的重要作用,以合作的态度逐步促进谈判。基于这一基本立场,中国应从以下五个方面积极助推世界贸易组织框架下的数字贸易规则谈判。

(一)坚定信心:始终做多边数字贸易治理体系的积极建设者和拥护者

世界贸易组织成员众多,成员间经济发展水平差异巨大,文化背景习俗迥异,互联网和数字化尚处于不同阶段,甚至存在数字鸿沟。世界贸易组织成员在数字贸易相关议题上存在严重分歧,可以预见的是多边数字贸易谈判要取得有意义的成果,道路会很艰难曲折,众多场所甚至会充斥悲观论调。尽管如此,中国应始终对多边数字贸易治理谈判充满信心。首先,数字贸易是新型贸易形态,跟传统贸易的最大区分是将贸

---

① *Joint Statement on Electronic Commerce Communication from China*, WTO INF/ECOM/19, April 24, 2019.

易从线下转移到线上，世界贸易组织框架下的相关协定如《服务贸易总协定》《关税与贸易总协定》《与贸易有关的投资措施协议》《与贸易有关的知识产权协定》等，尽管面临重重挑战，但依然具有一定适用性，这能为后续谈判提供现实基础。其次，2016年以来，部分世界贸易组织成员积极向世界贸易组织提交提案和探索性文件，说明这些成员有意愿在世界贸易组织框架下开展数字贸易规则谈判。最后，也是最重要的是，数字贸易所依托的互联网治理和数据流动本身具有全球属性，在多边层面就这些议题开展谈判无疑更具效率。所以，中国应坚持在世界贸易组织框架下推动数字贸易谈判，做多边数字贸易体制的坚定建设者和拥护者。

（二）积极引领：努力推进甚至引领世界贸易组织框架下跨境电商便利化等规则制定

近年来，中国跨境电商发展迅猛，中国电子商务发展已进入快速扩张和密集创新的新阶段。作为跨境电商大国，中国有底气也有必要成为世界贸易组织框架下数字贸易谈判，尤其是跨境电商规则谈判的积极参与者甚至引领者。在数字贸易领域，中国的比较优势是基于互联网依托电商平台开展的跨境货物贸易。"如何强化微观主体从事跨境电商的信心"是中国目前在构建全球数字贸易治理体系中的核心关切。中国至少可基于如下四点提出符合自身利益诉求的相关规则。第一，构建简便高效地针对跨境电商的争端解决机制。中国对外缔结的贸易协定尚未涵盖适用于跨境电商的争端解决机制，国内电商市场通行的"不签则退""七天无理由退货"机制可尝试多边适用。为实现以较小的人力、物力来解决跨境电商纷争，eBay 推出的基于社区法庭的电商争端解决机制值得世界贸易组织成员借鉴。第二，进一步强化消费者保护，维护消费者在跨境交易中的权益。中国有必要推进跨境消费者权益立法，加强个人数据保护，积极推动世界贸易组织成员间就消费者个人隐私保护开展政策协调与合作。第三，提出有利于"促进跨境电商贸易便利化自由化"的系列主张，积极推动世界贸易组织成员能够简化"跨境零售电商商品进口税收征管流程"，倡导"针对低价值货品的免关税待遇"和"对中小微企业参与跨境电商给予关税优惠"，甚至可主张"设立数字贸易单一窗口直至建立全球数字关境"。第四，加强各成员在与跨境电商相关的物流运输、金融支付和专业服务等领域的合作，如推动贸易伙伴之间服务监管程序（包括电子和网上支付服务、物流和速递服务、在线通关等）信息交换，促进全球跨境互联网金融业合作，尝试建立全球网络信用和认证体系等。

（三）理性对接：合理应对"美式模板"是中国参与多边数字贸易治理的关键

2019 年全球市值排名前 15 的互联网企业，分属于中国和美国。中美可谓全球名列前茅的数字贸易大国，这是支撑中美能共同为构筑全球数字贸易治理体系而不懈努力的现实基础。但两国参与数字贸易所依托的产业比较优势迥异，中国的比较优势是基于电商平台开展的跨境货物贸易，而美国的比较优势是数字服务贸易。因此，在多边数字贸易谈判中，中美会有各自不同的规则诉求。为促进数字价值和数字服务输出，在过去的 20 多年中，美国一直致力于在其主导的区域贸易安排中不断输出符合其诉求的数字贸易规则，数字贸易规则的"美式模板"已经成型并不断演进升级。概括而言，数字贸易规则"美式模板"的形成发展可区分为三个主要阶段：《跨太平洋伙伴关系协定》之前美国主导的双边自由贸易协定（美韩、美澳、美新等）中的数字贸易规则可称作"美式模板"1.0 版，《跨太平洋伙伴关系协定》代表 2.0 版，《美墨加协定》实现了向 2.5 版的升级。根据在世界贸易组织框架下美国提交的最新版探索性文件来看，特朗普政府致力于将《美墨加协定》中的数字贸易规则"美式模板"进行多边扩展适用，其雄心水平非同一般。概括而言，中美在数字贸易治理上的核心分歧主要包括：首先，基于"安全可控"目标，中国会继续对数字内容加以审核排查和对网络访问实施管控，并在某些敏感部门坚持"数据存储强制本地化"要求，这与美国一贯主张的"网络开放"和"数据跨境自由流动"理念存在本质冲突。其次，与数字相关的知识产权保护问题牵涉美国的核心利益，中国存在的数字侵权现象、知识产权执法效率低下、以开放源代码作为市场准入的条件等问题，与美国的期待存在相当距离。最后，中国政府实施的"加密使用限制""资格审查、合资要求等外资准入限制"也会对美国数字服务提供者进入中国市场形成壁垒。面对这些分歧，中美要力争求同存异，中国政府有必要理性对接数字贸易规则"美式模板"中的合理成分。例如，与数字贸易相关的知识产权保护问题，中国在知识产权保护的立法及执行标准、效率上确实需要提升。重视知识产权，着力于提高"知识产权保护"水平，不仅是为了满足美国诉求，也是促进中国新兴知识产业发展的必然选择。在数据跨境流动管理上，中国可尝试对数据实施"分类管理"，涉及国家公共安全需要的加以严格管制，商业数据则根据其安全级别来决定是否放开，以部分应对美国

"跨境数据自由流动"和"数据存储非强制本地化"的诉求。在这些关键规则上，中国可尝试接受《全面与进步跨太平洋伙伴关系协定》中的相关规则，理由有如下几点：第一，《全面与进步跨太平洋伙伴关系协定》的前身《跨太平洋伙伴关系协定》，比较完整地代表了数字贸易规则"美式模板"的全部内容，对接《全面与进步跨太平洋伙伴关系协定》的数字贸易规则有助于中国适应美国的立场和主张。第二，美国退出《跨太平洋伙伴关系协定》之后，日本继续主导《全面与进步跨太平洋伙伴关系协定》，但其规模和影响力都不可与《跨太平洋伙伴关系协定》同日而语，中国如果对接甚至加入《全面与进步跨太平洋伙伴关系协定》，可以在亚太区域的数字贸易规则制定中起到引领作用。第三，美国退出后，《全面与进步跨太平洋伙伴关系协定》废止了部分条款，尤其是与数字知识产权有关的条款，这说明其他成员受到了美国的压力不得不接受《跨太平洋伙伴关系协定》中的部分规则，而并非真的达成一致。在这种情况下，中国对接《全面与进步跨太平洋伙伴关系协定》规则的可接受程度大大提高。

（四）求同存异：在保障国家安全基础上努力兼顾甚至尽可能弥合美欧分歧

数字贸易议题具有较高的主权、政治、经济、文化及安全敏感性。整体上看，多边数字贸易谈判是否能取得成效，主要取决于世界贸易组织主要成员的期待与彼此妥协的艺术。在支撑数字经济和数字贸易发展的互联网治理理念上，美欧可谓各具特色。美国出于其数字产业无可匹敌的竞争优势和自由主义的传统，主张跨境数据自由流动、反对数据存储本地化以及实行行业自律式的个人信息保护；欧盟则担忧自身数字经济受到冲击以及受欧洲相对保守的民族心理和文化传统影响，建立了以《一般数据保护条例》（GDPR）为代表的严格的个人隐私保护标准。美欧在谈判和博弈中虽已建立起诸如"隐私盾"等协调机制，但在许多问题上仍各行其是，互不相让。从已有的法律和政策来看，与美国相比，中国与欧盟的主张更为接近，立场也相似，比如中国对跨境数据自由流动持保守态度，并出台了一些数据本地化存储、密钥源代码技术本地化等相关规则，以保护国家安全。中国在互联网治理中，将国家主权、经济安全放在重要位置。要想促进多边数字贸易谈判取得进展，美国需要采取令人信服的措施以确保跨境消费者的数据隐私不被滥用，欧盟则应该避免故步自封，采取更灵活更自由的规则来鼓励技术创新以促进数字经济发展。中国应在美欧的分歧对立中寻找平衡点，努力在保障国家安全的基础上努力兼顾并尽可能弥合美欧分歧。

（五）务实推进：兼顾各方诉求推动数字贸易谈判尽快取得实质性进展

2019 年在瑞士达沃斯参与签署《联合声明》的 76 个世界贸易组织成员中，既有大的发达经济体，如美国、欧盟、日本、澳大利亚、加拿大等，又有巴西、墨西哥、缅甸等发展中经济体。与 2017 年在阿根廷布宜诺斯艾利斯发布的《关于电子商务的联合声明》相比，此次签署《联合声明》的成员数量更多，成员间的差异性更大。《联合声明》强调，"我们将寻求在现有世界贸易组织协定和框架的基础上，实现高标准的结果，并让尽可能多的世界贸易组织成员参与"，"我们认识并将考虑到包括发展中国家和最不发达国家在内的世界贸易组织成员以及中小微企业在电子商务方面面临的独特机遇和挑战"。[1] 以上表述充分说明，此次谈判具有明显的发展导向和开放包容性。中国应秉持"包容务实"的基本原则，尽量协调各方利益诉求，从易到难，尽快推动取得一些务实成果。结合世界贸易组织成员自身的立法以及世界贸易组织争端解决机制的判案实践，世界贸易组织成员可先从《信息技术协定》扩围、升级《与贸易有关的知识产权协定》、构建新的跨境数据流动协调机制、合理界定和阐释《服务贸易总协定》规则及承诺的适用范围等方面来努力构建和变革多边数字贸易体制。

---

[1] *Joint Statement on Electronic Commerce*, WTO WT/L/1056, January 25, 2019.

国际贸易治理体系的构建与变革

佟家栋　张俊美[*]

第二次世界大战以后,国际贸易在相对稳定和自由的国际经济秩序之下获得了长足的发展。国际贸易总量、结构、范围和模式都有了很大发展与调整。国际贸易的发展,同时也对贸易领域的国际治理的不断完善提出了要求,进一步推动了国际贸易组织及其贸易规则的演进。从《关税与贸易总协定》(GATT),提升为规范的国际贸易组织——世界贸易组织(WTO),从约束单纯的有形产品贸易到服务贸易、与贸易有关的知识产权保护、与贸易有关的投资,乃至向更广泛的内容不断扩展,从着眼于缔约方扩大到世界贸易组织的约束力不断增强,贸易领域的国际治理实现了从注重覆盖面扩大到标准不断提升,体现了国际贸易治理方面的不断完善。在此期间,当全球贸易治理面对难以突破的障碍时,区域一体化的选择成为国际贸易的次佳选择。全球乃至区域的国际贸易治理体系的探索和改革还在不断进行之中。

---

[*] 佟家栋,南开大学经济学院教授;张俊美,南开大学经济学院博士研究生。

一、《关税与贸易总协定》的签订与作用

1950年以后,全球经济在经历了一段艰苦的战后恢复后,有了一定的发展,国际贸易有了较快的增长,根据世界贸易组织(WTO)统计数据,1950年全球出口总额为620亿美元,到2000年,全球出口总额达到64540亿美元,2019年全球出口总额达到188887亿美元。[①] 二战以后国际贸易的迅速发展得益于一个稳定、规范、有约束力的国际贸易治理体系的运转。

(一)《关税与贸易总协定》的宗旨与基本原则

第一次世界大战结束后,随后世界经济的恢复,各国纷纷效仿"以邻为壑"的贸易保护政策。闭关锁国的政策使全球贸易规模下降,发生了历史上最为严重的经济大萧条。第二次世界大战后,各国普遍认识到,没有一个良好的贸易环境,很难避免各国在开拓市场方面的竞争。1945年12月6日,美国政府单方面提出《扩大世界贸易和增加就业的建议》,主张在这个建议基础上制定国际贸易宪章,以重建国际贸易秩序。这是战后国际贸易治理的第一个具有法律性质的建议。美国在提出这些建议的同时,照会各国政府,提出召开世界贸易和就业会议。各国在美国提出的方案的基础上进行贸易谈判,实施关税减让。经过讨

---

① 数据来源:World Trade Organization, https://data.wto.org/。

论，一个有23个国家代表签字的《国际贸易组织宪章》产生了。其宗旨是：通过促进国际贸易的发展，稳定生产和就业，鼓励落后地区的经济发展，为在世界范围内提高生活水平作出贡献。[①] 因此，维护国际贸易的顺利进行，创造更多的就业机会，成为战后国际贸易秩序的基本追求。

为此，23个国家的代表在日内瓦进行关税减让谈判，并将此内容的贯彻与国际贸易组织宪章今后的执行相联系，签订一个临时性协议，一旦《国际贸易组织宪章》（俗称《哈瓦那宪章》）被各国国会正式批准，这个临时性协议就完成了自己的历史使命。在这23个国家中，澳大利亚、比利时、加拿大、法国、卢森堡、荷兰、英国和美国于1947年10月30日签署了《关税与贸易总协定临时议定书》，中国等15个国家也相继在"临时议定书"上签字。因此，最初的《关税与贸易总协定》是临时性或过渡性的协议，只有《国际贸易组织宪章》才是建立国际贸易组织的基石。然而，1950年美国突然宣布不打算寻求国会批准《哈瓦那宪章》，建立国际贸易组织的努力就此中止。由于各国仍然希望有一个比较自由的贸易环境，因此，在临时协定缔约方讨论并修改之后，"临时议定书"得以继续执行。虽然《关税与贸易总协定》是临时性协定，但是它一直作为协调多边贸易与关税关系的、对缔约方具有约束力的重要文件，并主导安排缔约方之间的旨在追求贸易自由化的谈判。因而，《关税与贸易总协定》的正式生效，对形成一个比较自由的国际贸易环境作出了重要贡献。因此，早期的国际贸易治理是一个妥协基础上的、尝试性的治理体系。

---

① 参见世界贸易组织官网，"The GATT years: from Havana to Marrakesh," https://www.wto.org/english/thewto_e/whatis_e/tif_e/fact4_e.htm。

《关税与贸易总协定》是以贸易自由化为基本目标的,其宗旨和原则总体上是以推进贸易自由化为内容的。《关税与贸易总协定》明确指出,缔约方在处理他们的贸易和经济事务的关系方面,应以提高生活水平、保证充分就业、保证实际收入和有效需求的巨大增长、扩大世界资源的充分利用、发展生产和交换为目的,并期望通过达成互惠互利的贸易协议,促进进口关税和其他贸易壁垒的大幅度削减,取消国际贸易中的歧视待遇。因此,《关税与贸易总协定》积极倡导贸易自由化的取向是十分突出的。

《关税与贸易总协定》的基本原则主要包括自由贸易、非歧视、关税减让、一般禁止数量限制、公平贸易、自我保护、透明度和磋商调解。《关税与贸易总协定》的内容体现了以市场经济为基础开展自由贸易的原则,规定缔约方应该是市场经济体,并以市场经济的竞争为基础开展自由贸易。

非歧视原则是《关税与贸易总协定》的重要原则。它规定,缔约方之间的贸易要平等互惠,避免歧视和差别待遇,这主要包括两个方面的内容,一是最惠国待遇,二是国民待遇。最惠国待遇是指,缔约方一方现在和将来给予任何第三个缔约方的一切贸易特权、优惠和豁免,也应同样无条件地给予其他缔约方。这里的适用范围包括:(1)一切与进出口货物有关的关税和费用;(2)与进出口货物有关的国际支付转账所征收的关税及费用;(3)征收上述关税和费用的办法;(4)进出口的规章手续;(5)与进出口货物有关的国内税与国内规章制度的国民待遇等。国民待遇是指,缔约方一方保证缔约方另一方的公民、企业、船舶及产品在本国境内享受与本国公民、企业、船舶、产品的同等待遇。

关税减让原则主要是：（1）关税保护原则。缔约方只能用关税作为保护本土工业的唯一手段，而不能用关税以外的其他办法来保护。（2）关税减让原则。在确定关税作为唯一手段的基础上，各缔约方要逐步降低关税水平。（3）关税稳定原则。关税水平一旦降低，不能借故重新提高关税。

一般地取消数量限制原则就是，反对以关税以外的办法保护本土经济。但是，它只是一般的原则，实际上也有一些例外。《关税与贸易总协定》从实际出发，也允许某些成员方采取关税以外的贸易保护措施。

《关税与贸易总协定》提倡，缔约方之间进行公平、平等和互惠的贸易，反对不公平贸易或人为地干预贸易，改变自由竞争的基本格局，因此，《关税与贸易总协定》反对倾销和补贴。所以，该协定本质上是约束缔约方政府行为，维护贸易走向自由化。

在自我保护方面，各缔约方如果因为加入《关税与贸易总协定》和执行其各项条款和原则而给它们带来损失，它们可以实施自我保护。这主要指三种情况：（1）保护幼稚工业。《关税与贸易总协定》允许发展中成员方对某些幼稚工业实施保护，以利其经济发展。（2）保障条款。《关税与贸易总协定》规定，当一缔约方承担了总协定的义务而导致某一产品进口激增时，对于受到严重伤害或威胁的国内同类产品的生产者，政府可以采取紧急措施，撤销或修改已承诺的进口减让。（3）利用《关税与贸易总协定》中规定的各种例外条款。这些条款包括国际收支平衡例外、关税同盟和自由贸易区例外、安全例外等。

关于透明度原则，《关税与贸易总协定》要求缔约方对实施的贸易条例，应该提前予以公布。总协定明确规定，缔约方海关对产品的分类、税费、进出口限制，以及影响进出口贸易货物销售、分配、运输、保险、仓储、检验、展览、加工的法律，一般引用的司法判断及行政决定都应迅速予以公布，以使各国政府和贸易商熟悉它们，但是要以不泄露国家机密为界限。

关于磋商调解原则，《关税与贸易总协定》规定，一旦缔约方之间发生争端，首先在总协定范围内，由当事双方进行磋商，如果磋商不能解决问题，交由专门的工作组解决并向《关税与贸易总协定》理事会报告。如果理事会作出的决定有一方拒绝执行，理事会可以授权另一方实行报复。

(二)《关税与贸易总协定》推动的多边贸易谈判

自《关税与贸易总协定》签字以来，在其组织下进行了八个回合多边贸易谈判，以便在《关税与贸易总协定》之下，形成相互推动的缔约方之间的贸易自由化进程。从谈判所要解决的主要问题来看可以分为三个阶段，即以进口关税减让为主的阶段、以减少或消除非关税壁垒谈判为主的阶段和一揽子解决多边贸易体制问题的阶段。

1. 以进口关税减让为主的阶段

在《关税与贸易总协定》的安排下，以关税减让为目的的谈判共进行了六个回合。第一回合谈判是从 1947 年 4 月至 10 月的日内瓦谈判，23 个缔约方参加了该回合谈判，达成双边减税协议 123 项，占当时资本主义国家进口总值 54% 的商品平均降低关税 35%。第二回合谈判于 1949 年 4 月至 10 月在法国的安纳西举行，有 13 个国家参加，达成 147 项关税减让协议，使占进口总值 56% 的商品平均降低关税 35%。第三回合谈判于 1950 年 9 月至 1951 年 4 月在英国拖奎举行，有 38 个国家参加,达成关税减让协议150项,使占进口总值的11.7%的商品平均降低关税26%。第四回合谈判于1956年1月至5月在日内瓦举行,共有26个国家参加,使工业品的进口关税下降了15%。第五回合谈判于1960年9月至1961年7月在日内瓦举行,共有62个国家参加,使工业品的进口关税下降了35%。在这次谈判中,第一次涉及非关税壁垒问题,通过了第一个反倾销协议。第六回合谈判于1964年至1967年在日内瓦举行,有102个国家参加了此次的关税和某些反倾销措施的谈判。经过缔约方的一系列谈判,发达成员之间的关税壁垒从40%下降到5%以下。发展中成员也下降到13%以下。①

2. 以非关税壁垒谈判为主的阶段

以消除非关税壁垒为主的《关税与贸易总协定》第七回合谈判于1973年9月至1979年4月在日本东京举行,有123个国家参加此次谈判。在1979年谈判结束时达成一揽子大范围的关税减让和一系列的非关税壁垒措施、新协议,以及对《关税与贸易总协定》的法律框架的修改意见。

就关税方面而言,总协定的一揽子协议规定,经过8年的时间,使世界9个主要工业国家制成品的加权平均进口关税从7%降到4.7%。②

在非关税壁垒方面,针对政府采购和其他公共机构提供的采购合同达成一致原则,规定了作为贸易壁垒的技术标准、证书及其检验制度的实施纪律,规定了进口许可程序不被用作制止贸易的手段,提出了关于为海关估价建立公平、统一和公正的制度。

---

① World Trade Organization, "GATT bilateral negotiating material by Round," https://www.wto.org/english/docs_e/gattbilaterals_e/indexbyround_e.htm#tokyo.

② World Trade Organization, "GATT bilateral negotiating material by Round," https://www.wto.org/english/docs_e/gattbilaterals_e/indexbyround_e.htm#tokyo.

在这次谈判中,参加国还签署了补贴和反补贴措施的新协议。并且修改了反倾销守则。总之,在这次谈判中共达成 9 项反对非关税壁垒的协议,但并非每个缔约方都在文件上签了字。从总的趋势上,缔约方之间不仅决心减少关税壁垒,还向非关税壁垒延伸,对缔约方非关税措施的实施加以约束。

3. 一揽子解决多边贸易体制问题的阶段

《关税与贸易总协定》的第八回合谈判是 1986 年 9 月在乌拉圭埃斯特角城召开的,125 个国家和地区派代表参加了谈判。

参加谈判的贸易部长达成了总体的政治承诺,共有两大部分。第一部分是货物贸易的谈判。其目标是促成国际贸易的进一步自由化,增强《关税与贸易总协定》对不断变化的国际经济环境的适应性,鼓励合作,以加强国际经济增长和发展与其他经济政策相互间的联系。第二部分概述了服务贸易规则新框架的目标。

这些承诺的具体谈判事宜包括 15 个议题,即关税问题、非关税壁垒、热带产品问题、自然资源产品、纺织品和服装、农业、《关税与贸易总协定》条款、保障条款、多边贸易谈判协议和安排、补贴和反补贴措施、争议的解决、与贸易有关的知识产权包括假冒商品贸易、与贸易有关的投资措施、《关税与贸易总协定》的作用、服务贸易。

乌拉圭回合的谈判原定于 1990 年 12 月在布鲁塞尔贸易委员会的部长会议上结束,在部长会议之前和期间,许多领域都有明显进展,但是未能结束。经过多方努力,乌拉圭回合谈判的最后文件于 1993 年 12 月 15 日草签,这些文件经各国议会通过后,于 1994 年 4 月正式签署。

尽管《关税与贸易总协定》在执行过程中遇到多方面的困难,但从其签署到 1995 年正式被世界贸易组织取代的 47 年间所取得的成就也是十分显著的。其一，通过《关税与贸易总协定》组织的八个回合谈判，使各缔约方的进口关税水平都有明显下降。发达经济体的平均关税从1947年的40%左右下降到4%左右，发展中经济体的平均关税也下降到13%左右。这样就保证了战后的国际贸易能够在一个比较自由的贸易环境下展开。据统计，1913—1938年，世界贸易的年平均增长率仅为0.7%，而1948—1973年，世界贸易的增长率为7.8%。1950年时世界贸易总额为603亿美元，到1994年时世界贸易总额已达到5万多亿美元，平均增长率达6%[①]，这为各国经济增长创造了良好的条件。其二，《关税与贸易总协定》创造了良好的国际贸易秩序。尽管《关税与贸易总协定》还不是真正意义上的世界贸易组织或国际贸易治理体系，但是由于它的存在，使国际贸易能够有一个比较公认的法律或规章制度，从而能够规范国际贸易朝着自由化的正确方向发展。其三，作为具有组织性的《关税与贸易总协定》，其吸引力越来越大。由于《关税与贸易总协定》在很大程度上符合世界上大多数国家自身的经济利益，而且这种利益大于由此带来的损失，所以它的吸引力逐渐增加，以致使《关税与贸易总协定》的缔约方从23个增加到128个（截至1994年年底）。

《关税与贸易总协定》是第二次世界大战以后，为避免因各国市场分割，实施以邻为壑贸易保护政策而采取的"临时性"国际贸易治理体系，不过由于该体系的有效性，极大地推动了国际贸易的发展，吸引了越来越多的国家加入该体系，从而使《关税与贸易总协定》在发挥国际贸易治理方面的覆盖面，能力不断增强，形成了战后国际贸易治理体系的基本框架，为国际贸易治理体系的长期化制度化奠定了良好的基础。

[①] 佟家栋：《国际经济学》，北京：中国高等教育出版社2016年版，第125页。

二、世界贸易组织下的国际贸易治理

《关税与贸易总协定》是作为替代国际贸易组织的临时协议发挥作用的。伴随各国贸易经济相互联系的加强,建立一个法理基础上的世界贸易组织成为各国追求的目标。经过一段时间的谈判,原来《关税与贸易总协定》的缔约方签署协定,同意建立世界贸易组织,替代《关税与贸易总协定》,形成真正意义上的世界贸易组织。1995年1月1日,世界贸易组织正式开始运行。世界贸易组织负责调整成员方之间的经济与贸易秩序的组织。其基本原则是通过实施市场开放、非歧视和公平贸易等原则,实现世界贸易自由化的目标。经过一年的过渡,1996年1月1日,世界贸易组织正式取代《关税与贸易总协定》,发挥国际贸易治理体系的作用。世界贸易组织是具有法人地位的国际组织,在调解成员争端方面具有更高的权威性和约束力。与《关税与贸易总协定》相比,世界贸易组织涵盖货物贸易、服务贸易以及知识产权贸易。

世界贸易组织是《关税与贸易总协定》基础上的升级。其基本宗旨是:提高生活水平,保证充分就业和大幅度、稳步提高实际收入和有效需求。它强调通过扩大货物和服务的生产与贸易,保证充分就业,提高各国的实际收入水平和有效需求;坚持走可持续发展之路,各成员方应促进对世界资源的最优利用、保护和维护环境,并以符合不同经济发展水平下各成员方需要的方式,加强采取各种相应的措施;积极努力确保发展中经济体,尤其是最不发达经济体在国际贸易增长中获得与其经济发展水平相适应的份额和利益;建立一体化的多边贸易体制,形成规范的国际贸易治理体系和组织结构。

世界贸易组织的目标是建立一个完整的,包括货物、服务、与贸易有关的投资及知识产权保护等内容的,更具活力、更持久的多边贸易治理体系,使之可以包括《关税与贸易总协定》贸易自由化的成果和乌拉圭回合多边贸易谈判的所有成果。通过实质性削减关税等措施,建立一个完整的、更具活力的、持久的多边贸易治理体系;以开放、平等、互惠的原则,逐步调降各会员国关税与非关税贸易障碍,并消除各成员方在国际贸易上的歧视待遇。

部长级会议是世界贸易组织的最高决策权力机构,一般每两年举行一次,讨论和决定涉及世界贸易组织职能的所有重要问题并采取行动。部长级会议的主要职能是:任命世界贸易组织总干事并制定有关规则;确定总干事的权力、职责、任职条件和任期以及秘书处工作人员的职责及任职条件;对世界贸易组织协定和多边贸易协定作出解释;豁免某成员对世界贸易组织协定和其他多边贸易协定所承担的义务;审议其成员对世界贸易组织协定或多边贸易协定提出修改的动议;决定是否接纳申请加入世界贸易组织的国家或地区为世界贸易组织成员;决定世界贸易组织协定及多边贸易协定生效的日期等。下设总理事会和秘书处,负责世界贸易组织日常会议和工作。世界贸易组织成员资格有创始成员和新加入成员之分,创始成员必须是《关税与贸易总协定》的缔约方,新成员必须由其决策机构——部长会议以三分之二多数票通过方可加入。

在部长级会议休会期间,其职能由总理事会行使,总理事会也由全体成员组成。总理事会可视情况需要随时开会,自行拟订议事规则及议程。同时,总理事会还必须履行其解决贸易争端和审议各成员方贸易政策的职责。总理事会下设货物贸易理事会;服务贸易理事会;知识产权理事会。这些理事会可视情况自行拟订议事规则，经总理事会批准后执行。所有成员方均可参加各理事会。部长会议下设立专门委员会，以处理特定的贸易及其他有关事宜。已设立贸易与发展委员会；国际收支限制委员会；预算、财务与行政委员会；贸易与环境委员会等10多个专门委员会。理事会的主要职能是制定监督，管理和执行共同构成世界贸易组织的多边及诸边贸易协定；作为多边贸易谈判的讲坛；寻求解决贸易争端；监督各成员贸易政策，并与其共同制订与全球经济政策有关的国际机构进行合作。

世界贸易组织负责对各成员方的贸易政策和法规进行监督和管理，定期评审，以保证其合法性；为实现各项协定和协议的既定目标，世界贸易组织有权组织实施其管辖的各项贸易协定和协议，并积极采取各种有效措施；世界贸易组织协调其与国际货币基金组织和世界银行等国际组织和机构的关系，以保障全球经济决策的一致性和凝聚力；当成员方之间发生争执和冲突时，世界贸易组织负责解决；世界贸易组织为其成员方提供处理各项协定和协议有关事务的谈判场所，并向发展中国家提供必要的技术援助以帮助其发展。

参加世界贸易组织的成员方享有明确的基本权利，也承担相应的义务。参加世界贸易组织能使产品和服务及知识产权在成员中享受无条件、多边、永久和稳定的最惠国待遇以及国民待遇；对大多数发达经济体出口的工业品及半制成品受普惠制待遇；享受发展中国家成员的大多数优惠或过渡期安排；享受其他世界贸易组织成员开放或扩大货物、服务市场准入的利益；利用世界贸易组织的争端解决机制，公平、客观、合理地解决经贸摩擦，营造良好的经贸发展环境；参加多边贸易体制的活动获得国际经贸规则的决策权；享受世界贸易组织成员利用各项规则、采取例外、保证措施等促进本国经贸发展的权利。世界贸易组织成员方的基本义务包括：在货物、服务、知识产权等方面，依世界贸易组织规定，给予其他成员方最惠国待遇、国民待遇；依世界贸易组织相关协议规定，扩大货物、服务的市场准入程度，即具体要求降低关税和规范非关税措施，逐步扩大服务贸易市场开放；按《与贸易有关的知识产权协定》规定进一步规范知识产权保护；按争端解决机制与其他成员公正地解决贸易摩擦，不能搞单边报复；增加贸易政策、法规的透明度；规范货物贸易中对外资的投资措施；按在世界出口中所占比例缴纳一定会费等。

争端机制是世界贸易组织的重要职能之一，也是国际多边治理有效性的重要体现。随着国际社会经济贸易的不断发展，国际经贸领域的贸易摩擦也日见频繁。在解决国际经济贸易纠纷方面，世界贸易组织自成立以来就发挥着重要作用。世界贸易组织的争端解决机构负责处理围绕乌拉圭回合最后文件所包括的任何协定或协议而产生的争端。根据世界贸易组织成员的承诺，在发生贸易争端时，当事各方不应采取单边行动对抗，而是通过争端解决机制寻求救济并遵守其规则及其所作出的裁决。争端解决的程序是：（1）磋商：根据《争端解决规则和程序谅解》规定，争端当事方应当首先采取磋商方式解决贸易纠纷。磋商要通知争端解决机构。磋商是秘密进行的，是给予争端各方能够自行解决问题的一个机会。（2）成立专家小组：如果有关成员在10天内对磋商置之不理或在60天后未获解决，受损害的一方可要求争端解决机构成立专家小组。专家小组一般由3人组成，依当事人的请求，对争端案件进行审查，听取双方陈述，调查分析事实，提出调查结果，帮助争端解决机构作出建议或裁决。专家组成立后一般应在6个月内向争端各方提交终期报告，在紧急的情况下，终期报告的时间将缩短为3个月。(3) 通过专家组报告：争端解决机构在接到专家组报告后20—60天研究通过，除非当事方决定上诉，或经协商一致反对通过这一报告。(4) 上诉机构审议：专家小组的终期报告公布后，争端各方均有上诉的机会。上诉由争端解决机构设立的常设上诉机构受理。上诉机构可以维持、修正、撤销专家小组的裁决结论，并向争端解决机构提交审议报告。(5) 争端解决机构裁决：争端解决机构应在上诉机构的报告向世界贸易组织成员散发后的30天内通过该报告，一经采纳，则争端各方必须无条件接受。(6) 执行和监督：争端解决机构监督裁决和建议的执行情况。如果违背义务的一方未能履行建议并拒绝提供补偿时，受侵害的一方可以要求争端解决机构授权采取报复措施，中止协议项下的减让或其他义务。

当前，世界经济的发展面临新的形势，世界贸易组织本身的发展也面临改革的巨大压力。世界贸易组织要能继续在国际经贸中发挥中流砥柱的作用，一是要反映经贸发展的新结构、新形势，二是要包容成员反映的诉求。

首先，世界贸易组织作为协调国际贸易关系的国际组织，应该伴随经济全球化的发展，管辖更多的方面，更广的领域。原有的《关税与贸易总协定》和现行的世界贸易组织主要约束成员方的有形产品贸易，而对服务贸易、知识产权保护、与贸易有关的知识产权保护、劳工标准问题、国有企业问题、现代信息产品、高技术产品贸易等方面则少有涉及。不能约束成员方政府的干预贸易的相关行为或政策将有损于当代国际贸易的公平竞争和发展。

其次，"发展中国家"的特殊待遇问题。一些成员方，特别是经济发达成员方认为，一些发展中国家尽管人均收入比较低，但是，因为这些发展中大国的经济和贸易总量已经很大，甚至超过一些发达经济体。这些国家应该重新定义，并从"发展中国家"的队伍中毕业。比如，中国、印度。但是对"发展中国家"的特殊优惠不是建立在发展中国家的体量上，而是建立在人均收入水平和国家工业化发展水平上的。然而，发达经济体希望，是否有一个更详细的国家类型划分。

最后，争端解决机制的公平及约束力。一些成员认为，现行的世界贸易组织争端解决机制约束力远远不够强大，一些经济和贸易实力比较强的成员，可能自行其是，没有任何机构或组织可以约束它。另外一些成员认为，现存的世界贸易组织争端解决机制不能公平地裁决国际贸易的争端，甚至明显地偏袒一些成员方。由于一些成员（比如美国）以自身的特权，阻止该组织争端解决机制的正常运行。

目前，这种改革还在探索之中，主要成员方都提出了自己的改革方案。总体来看，由于分歧很大，特别是美国坚持符合美国利益的单边主张，阻止世界贸易组织争端机制正常的更新程序，反对给予发展中国家优惠待遇等，不仅使改革进程异常艰难，而且使得世界贸易组织难以行使正常的职能。

三、逆全球化下的多边贸易体系改革

自 2008 年国际金融危机和经济衰退以来，全球政治经济格局发生了显著变化。金融危机使很多国家深陷困境，单边主义、保护主义盛行。逆全球化的成为近年来的重要特征。本次逆全球化期以 2008 年国际金融危机为起点，在特朗普 2017 年入主白宫后进一步加剧，深度影响并推动着国际经济秩序的重塑以及全球贸易治理体系的变革。

逆全球化进程,既有内在因素,也以各国全球化选择逆转为导火索。其中,美国的逆全球化行为成为当前逆全球化进程最主要的推动力量。特朗普执政以来,美国的各项对外政策发生了翻天覆地的变化,根源在于美国的治国理念发生改变,不再愿意承担国际义务。特朗普上任以来,宣布退出《跨太平洋伙伴关系协定》,重新谈判《北美自由贸易协定》《美韩自由贸易协定》,挥舞关税大棒,对中国、欧盟、日本、加拿大、墨西哥、澳大利亚、俄罗斯等征收钢铁、铝品关税,破坏了国际贸易的环境,导致贸易战、贸易摩擦、分割市场等不确定状态。特朗普的"美国优先"实则是美国对外战略目标的重新洗牌,试图打破这个曾经由美国推动打造的国际治理体系,认为在这个旧的体系中,美国的利益并未得到充分维护,反而频频遭受源于欧洲、日本、中国的威胁,所以转而谋求建立新的"国际共识",而这一国际共识以美国的利益来定义。纵观整个过程,这一系列的贸易保护主义表征有着深层次的原因,也有着必然性因素。

第一,自1979年中美建交以来,双方贸易逐渐增多,特别是中国加入世界贸易组织以来,双方的经贸合作更加深入。同时,中美之间的贸易逆差规模不断扩大,从1999年的674亿美元(占美国贸易逆差总额的26%)上升到2018年的3808亿美元(占逆差的61.7%)。[①] 自"301调查"开始,美国开始了对中国一系列商品的加税行动。实际上,美国的巨额贸易逆差主要是源于其自身的因素。一方面,美国的贸易逆差是由自身国家储蓄与消费之前的失衡所造成的,美国消费意识的超前

---

① 数据来源:美国经济分析局(Bureau of Economic Analysis)。

使得本国只能通过进口来维持超出其本国生产能力的消费水平，因此贸易逆差是必然的。另一方面，美元作为国际货币，美国也必须通过进口商品来为别国提供国际贸易所需的结算货币。因此，在当前的国际金融体制下，美国的贸易逆差是必然的。

第二，经济的全球化是由资本驱动的全球化，而资本全球化过程中不平衡的利益分配加剧了社会矛盾。美国所倡导的新自由主义加强了资本收益优化配置的导向，加剧了社会利益分配的失衡，从而使得社会矛盾突出。社会矛盾激化，为民粹主义的蔓延提供了土壤，而这又被右翼政治势力利用，被用来推行"美国优先"的政策。贸易制裁不仅难以解决美国的贸易不平衡，而且会破坏以共守规则为基础的国际经贸秩序。

显然，当前特朗普政府实行的逆全球化战略，实际上不仅仅是简单地为了实现贸易收支平衡，而是要摆脱作为国际经济秩序维护者和引领者的责任，强化"美国优先"。实际上，二战以后，美国推动建立起了国际秩序，在承担国际责任的同时，也依靠霸权获得了利益补偿。但当前，美国政府决意放弃维护者和引领者的责任，只希望维护美国自身的利益。在这样的情况下，如何维护现行国际贸易体系，能否通过调整与变革让多边体系获得新生，这是对国际社会的考验。

2008年国际金融危机后多数国家深受其害，维护经济的发展与增长成为多数国家的共识。在全球化受挫的当下，区域一体化成为当今世界各国、各国际组织的主要努力方向，每个国家都在尽力探索维护着本国的贸易合作关系的措施和方针。但是，经济的开放、全球化仍然是维护各国发展的重要保障。因此，如何引领世界继续走开放与合作的道路，成为当今国际社会的重要选项，各国应在维护现有国际贸易体系框架的前提下，通过改革形成一个适合各国经济平等合作、相互依赖的新国际贸易治理体系，继续保持经济、贸易、金融及其国际资本流动的正常运行。新型的国际贸易治理体系的构建应遵循以下原则。

首先，坚持市场开放的基本原则。实践证明，二战后的市场开放原则有效推动了全球经济贸易的增长，是进行国际贸易必须坚持的核心原则。但是，鉴于各经济体的经济发展水平不同，同样的开放水平和速度是无法实施的，但是，世界贸易组织也要考虑发展水平的变化与进步，对于水平提升的成员，及时进行过则更新，比如，可以研究制定自动"毕业"升级的机制。

其次，保证各经济体的利益公正实现。一个国际贸易治理体系或规则要行之有效，必须保持对所有经济体的吸引力，必须照顾到所有成员方的利益，建立公正的贸易环境。国际经济贸易治理的核心是共同遵守的公平规则，同时，也需要增加合作发展的内容，比如，开放机制下对后发展的成员的能力建设给予支持，通过提高他们的参与能力来增强其发展能力，从而形成包容性强的国际经济新秩序。

最后，世界贸易组织的规则已存在 20 多年，随着世界格局的不断变化，许多规则需要更新和增加。目前，美国、欧盟、日本、中国、加拿大、印度等国家都已提出世界贸易组织改革的方案，应该建立一个贤人委员会，把各方的意见汇聚起来，提出能平衡所有成员的利益的改革方案和规则制定标准。改革后的世界贸易组织将在新形势下扮演国际贸易治理体主要角色，通过多边机构解决相应领域的争端，增强争端解决机制的约束性。

全球化、多边治理体系是现实存在，也是世界发展所需，倒退的风险和代价是巨大的。在迈向新治理体系构建的过程中，需要动员各方面的力量，尽最大可能凝聚共识，推动变革。变革不是要抛弃现行的体系，而是在其基础上进行调整与改革。

全球价值链变迁与重构对国际贸易的影响

吕越　陈泳昌*

　　自20世纪50年代开始，各国的贸易、投资自由化政策和出口导向的产业政策在全球经济发展中占据主导地位，跨境劳动力成本的落差创造了套利空间、信息技术和物流技术进步不断拉低国际贸易的成本，而技术发展也进一步让生产实现精细化分工、让复杂国际供应链上的跨国协作成为可能，这些因素的交织作用，促进了全球价值链分工布局的三次转移和调整。然而，自2008年国际金融危机以来，发达经济体经济复苏乏力，逆全球化思潮不断泛起，加剧了全球贸易格局的不确定性。尤其是2020年受新冠病毒疫情全球大流行的影响，现有产业链布局中的部分环节存在断裂风险，全球价值链面临重构的新挑战。本章将通过回顾全球价值链分工布局的历史变迁，分析全球价值链分工发展的新趋势，探讨全球价值链变迁对国际贸易以及对中国的影响，并提出在全球价值链重构背景下中国的应对策略体系。

---

　　* 吕越，对外经济贸易大学中国世界贸易组织研究院研究员；陈泳昌，对外经济贸易大学中国世界贸易组织研究院研究生。

一、全球价值链分工的历史变迁

日本经济学家赤松要（Kaname Akamatsu）于20世纪30年代提出"雁行模式"①，用于分析日本工业化进程中某一产业发展所历经的新产品进口、本地化生产和出口市场开拓几个阶段。此后，哈佛大学教授雷蒙·弗农（Raymond Vernon）提出了"产品生命周期理论"，认为产品的整个生命周期即从进入市场到最终淘汰往往发生在不同国家不同历史时段中。正是这一市场表现反映了国家间的技术及国际竞争力的差距，从而深刻影响了国际贸易和国际投资的变迁历程。这一理论侧重从技术创新、技术进步和技术传播的视角来对国际贸易根源进行分析，将国际贸易中的比较利益动态化，进而研究产品出口优势在不同国家间的传导。此后，日本经济学家小岛清（Kiyoshi Kojima）以"边际产业转移"进一步对国家间的产业转移问题剖析，他认为由于经济发展层次不一，部分产业在发达经济体属于相对劣势产业，但在发展中经济体却恰恰是相对优势产业，并认为产业转移更多地发生在此类产业当中。1985年，美国哈佛大学教授迈克尔·波特（Michael Porter）在其著作《竞争优势》中提出了"价值链"的概念，2001年，美国杜克大学教授加里·杰里菲（Gary Gereffi）等人提出了"全球价值链"理论，全球价值链分工从经济现象上升到学术理论研究的迈进变得更加清晰。进而，国际生产分工、全球采购、外包、公司内贸易等新型的生产和贸易模式成为

---

① ［日］赤松要：《我国羊毛工业品的贸易趋势》，《商业经济论丛》1935年第8期，第129—212页。

国际生产与贸易的主要模式，全球价值链在各国之间不断延展细化，并逐步塑造了国际分工与贸易的新体系。全球价值链的理论演进与发展，是与全球化发展变迁的过程密不可分的，具体来说，从20世纪50年代开始共发生了三次主要的价值链转移。

（一）第一次价值链转移（20世纪50年代）

二战后美国成为全球制造业中心，国内产业的过度繁荣引发了美国局部地区的产能过剩，产业发展的可持续性引发关注。随着"马歇尔计划"的实施，美国凭借其完善的工业体系及制造业领域的绝对优势展开对于西欧经济体以及日本等国的援助，借此构建一个融入多边世界经济的盟友集团来遏制苏联发展，同时为国内过剩产能开辟出广阔市场以保证产业发展的可持续性。因此，这一阶段的全球首次大规模价值链转移主要表现为发达经济体之间的转移，这一转移为美国自身后续多年的发展开辟了新的增长路径，推动了欧洲及东亚诸国的经济飞速发展。就德国而言，价值链的承接为其日后加入欧盟、推动欧洲一体化奠定了重要基础；而日本在这一阶段，则充分把握了美国战略计划中的技术外溢，包括积极承接来自美国的价值链转移，学习美国企业的先进管理经验等，进而为20世纪六七十年代第二次价值链转移打下坚实基础。

（二）第二次价值链转移（20世纪六七十年代）

得益于二战之后美国的产业扶持、迁移红利及战前积累的完备工业体系，日本于20世纪六七十年代开始向以亚洲"四小龙"为代表的一系列新兴经济体发起了全球范围内的第二次大规模价值链转移。二战后，日本大力发展以机械、钢铁及有色金属、石油化学、合成纤维等为代表的重工业，同时推动形成企业资本积累和生产规模化、范围化。价值链的承接及针对工业化的政策倾斜有力推动了日本经济发展，但资源瓶颈等要素限制也逐渐成为该国经济进一步攀升的重要阻力。因此为突破经济发展桎梏，日本于1960年前后向地理距离较近、发展基础和前景较好的韩国、中国香港、中国台湾以及新加坡等新兴经济体开启价值链转移调整。这些经济体一方面经历了20世纪50年代的稳定发展，内部已初具工业形成能力，另一方面保持开放型发展战略，有着低廉的劳动力成本优势，但资金和技术缺口较大，对发展工业急需的资金和技术要求十分迫切，因此，第二次大规模价值链转移主要发生在日本和亚洲"四小龙"之间。

（三）第三次价值链转移（20世纪80年代）

20世纪80年代开始中国将改革开放作为国家的顶层战略。一方面，农村剩余劳动力资源被释放，具备承接生产制造等环节的廉价劳动力优势；另一方面，迫切需要引进国外的先进技术、资金，"以市场换技术"等一系列极具吸引力的引资政策，为大规模国际投资选择中国市场提供了政策土壤，中国具备了参与东亚、美国、欧洲等跨国公司全球价值链部分环节的能力和要素。2001年年底，中国加入世界贸易组织，融入全球价值链的门槛进一步降低，对外开放的步伐得到更大程度地迈进，庞大的市场规模和需求潜力被不断激发。优惠的土地和税收政策、人口红利以及不断完善的基础设施有助于中国迅速建立起完整的工业体系,释放出巨大的产能,并一跃成为全球最大贸易国,"中国制造"也成为中国在全球分工体系下的"新标识"。中国制造业产值在2004年超过德国、2006年超过日本,并在2010年超过美国,成为世界第一制造业大国。图1显示,至2018年,中国外贸总量已高达5.20万亿美元,占GDP的比重超过37.46%。与第一、二次全球价值链调整不同,发展中经济体成为第三次国际产业分工调整的承接主力,"北—南""南—北""南—南"等新型的价值链分工模式在全球化中的份额逐步提升。

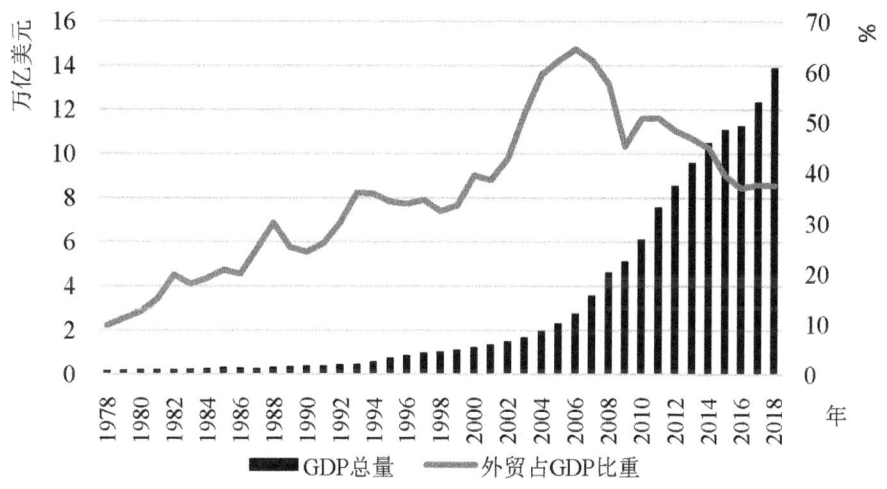

图1 1978—2018年中国GDP总量及外贸占GDP比重

说明:左竖轴表示GDP总量,右竖轴表示对外贸易总量占GDP的比重。
资料来源:世界银行数据库。

二、全球价值链发展的新趋势

2008年国际金融危机爆发,全球经济陷入增长乏力困境,部分发达经济体在产业结构调整中存在失衡现象，国内制造业"空心化"问题突出，导致不少国家倒流回保护主义的阵营，逆全球化的势头迭起。自 2010 年以来，跨境投资增长停滞，全球贸易增长放缓，传统的依托于全球价值链分工的产业链出现转移甚至萎缩的趋势。疫情与中美经贸摩擦这两个因素的互相交织，更进一步催化了新一轮全球贸易保护主义背景下的价值链重构。具体来说，当前全球价值链分工具有以下新的发展趋势。

（一）"多峰式"价值链中心逐渐形成

得益于区域一体化进程及信息技术革命，以分工为主要形式的全球价值链合作更加细化，并逐步塑造了国际分工与贸易的新体系[①]。通过三次大规模产业转移与承接，当前全球价值链体系当中，中国、美国和德国分别为亚洲、美洲和欧洲三大区域的中心国，在相互依存的同时逐渐形成各自区域内的价值链"闭环"，"三足鼎立"的新格局也因此逐渐呈现。[②] 这一新型价值链分工模式以中心生产地为核心，带动周边经济体充分发挥自身比较优势，通过利用区域的规模经济、范围经济效应，最终实现产品的较低成本制造，并通过国际贸易实现产业利润最大化。对于中心国而言，能够充分利用其中心区位优势将国内不再具备比较优势的产业转移至周边经济体，集中国内力量发展高新技术产业或向价值链上游攀升，同时能够基于比较优势获取来自周边经济体的廉价产

[①] Gary Gereffi, "International Trade and Industrial Upgrading in the Apparel Commodity Chain," *Journal of International Economics*, Vol. 48, No. 1, 1999.

[②] World Trade Organization, Global Value Chain Development Report, 2019.

品用于国内消费或进一步的生产。对于周边经济体而言,能够通过承接来自中心国的转移产业,缓解就业民生问题,充分发挥各自的要素及资源优势,逐步向工业化推进。同时,这一模式的演变与近年来区域贸易协定的发展同样有着高度关联,协定成员方通过缔结合作协议能更好地优化配置区域内资源和要素,实现区域内福利的帕累托改善。

(二) 发达经济体制造业"空心化"加速全球价值链重构

传统的全球价值链分工体系下,发达经济体主要承接了价值链中更高技术、更高附加值产品生产环节,并通过全球优化资源配置将劳动密集型、低附加值、低技术含量的生产环节布局到发展中经济体。这样的分工体系让发达经济体的跨国公司实现了利润最大化的目标,但也导致了发达经济体在一定程度上陷入制造业"空心化"的困局。2008年国际金融危机后,美国等国家的经济复苏进程缓慢,失业率居高不下,导致发达经济体纷纷提出"制造业回流",进而推动国内"再工业化",以期缓解制造业"空心化",实现就业创造。发达经济体的"再工业化"进程并非纯粹地追求制造业的规模化增长,更多旨在推动其国内高端制造业及科技创新技术向更高水平的发展[①],尤其是推动第二产业和第三产业的深度融合。发达经济体主导的此次"再工业化",不仅是对国际金融危机产生原因的反思和修正,更是旨在借助互联网和智能制造技术打造新的"标准化生产",通过提前布局战略性新标准化生产的关键环节以继续把持重要产业链环节的领先优势,抢占全球产业分工格

---

① 郭进、杨建文:《美国再工业化战略对中国产业发展的影响及对策》,《经济问题探索》2014年第4期,第139—144页。

局重构下的制高点。

(三) 新冠病毒疫情下全球价值链的脆弱性凸显

2019年年底暴发的新冠病毒疫情，于3月11日被世界卫生组织（WHO）正式评估为已具备全球大流行特征。疫情对全球经济造成了巨大损失，世界银行预测2020年全球GDP下降约5.2%[①]，这期间，全球价值链也遭遇了前所未有的重大冲击甚至出现局部断裂的危险，如何维系全球供应链的韧性成为当前全球贸易体系下最重要的议题之一。一方面，为了有效防控疫情的快速传播，多数经济体相继采取了不同程度的外贸及人员流动管制，直接阻碍了国际货物贸易、服务贸易的业务开展，阻断了新市场的开拓；另一方面，随着海外疫情形势的日趋严峻，主要价值链和区域产业链均遭遇了不同程度的冲击，包括部分上游技术和资本密集型零部件的供应生产及下游劳动密集型的加工组装等。以受疫情冲击较大的航空业为例，尽管已经接收了美国政府的高额补贴支持，波音公司为对冲疫情的负面冲击，依然于4月29日宣布全球裁员约10%，并继续削减多型客机的产量。此外，部分跨国公司如本田汽车、罗姆半导体等受制于原材料供应短缺、物流运输等问题也被迫重新调整其全球产业布局。

---

① 参考世界银行数据库，www.worldbank.org/。

三、全球价值链变迁对贸易模式和格局的主要影响

全球价值链的动态变迁会引发国际贸易模式、种类及范围等的深度调整,从而对国际贸易格局带来影响。下文将从价值链布局的多中心格局、数字经济等新工业浪潮的演变及疫情影响三方面进行梳理。

(一)全球价值链布局的多中心促进了区域一体化的深度发展

全球价值链的多中心"闭环"式发展,显著提升了区域内经济体间的经济联系及贸易往来。为满足全球价值链深度整合的诉求、实现更大程度的贸易便利化和谋求更深层次的经贸合作,邻近经济体间致力于从签订和完善双边及多边贸易协定的路径上寻求突破,从而带动区域经济一体化进程。回顾全球价值链蓬勃发展的进程,伴随多中心全球价值链闭环的逐步形成,各区域的双多边贸易协定无论是绝对数量还是条款深度都得到了显著提升。截至 2018 年 11 月,全球已实际生效的自贸协定或优惠贸易协定有 284 个,正处于谈判阶段的有 385 个[①]。

具体来看,首先,亚洲地区,《中国—东盟自贸协定("10+1")升级》已经签署,中日韩自贸协定和区域全面经济伙伴关系协定(RCEP)正在进一步谈判中。就区域全面经济伙伴关系协定而言,该

---

① 国家统计局贸经司:《对外经贸开启新征程全面开放构建新格局》,《中国信息报》2019年8月28日,第1版。

协定涉及东盟 10 国、中国、日本及韩国等 16 个国家，覆盖世界近一半人口和近三分之一贸易量，倘若谈判顺利完成，将进一步提升自贸区内国家的贸易便利化水平，推进东亚地区一体化发展。其次，美洲地区，1994 年 1 月，《北美自由贸易协定》（NAFTA）正式签署，形成当时世界上最大的区域经济一体化组织。随全球价值链分工的深化，美国、墨西哥及加拿大三国在 2018 年将《北美自由贸易协定》更新升级为《美墨加协定》（USMCA），该协定进一步满足了全球价值链分工发展对高水平服务贸易规则和知识产权保护等议题的诉求，有力推进了北美洲的深层次一体化进程。同时，美国与多米尼加共和国及中美洲五国（尼加拉瓜、洪都拉斯、萨尔瓦多、危地马拉、哥斯达黎加）也在 2005 年签署了贸易协定。最后，欧洲地区，在全球价值链分工不断深入的背景下，生产的融合和贸易的发展增强了成员国对欧盟一体化信念的认同，加快了欧盟的一体化建设。近年来，欧盟作为整体与日本签订的《经济伙伴关系协定》、与加拿大签订的《综合经济与贸易协定》以及与越南签订的《越南与欧盟自由贸易协定》等，都是对欧盟在当前多边主义困局下寻求经济一体化合作的最新探索。

（二）数字经济等新工业革命的浪潮将改变现有的价值链竞争模式

近年来，以数字经济、人工智能、工业互联网等为代表的新兴技术引领了新一轮工业革命，不仅可以显著降低国际贸易成本和有力提升企业参与价值链生产的效率，而且能够逐渐推动国际生产向服务化转型，从而必将带来现有价值链竞争格局及贸易模式的改变，并成为全球经济发展的新引擎。数字经济、人工智能等新兴技术对全球价值链的影响首先体现在其对企业生产成本结构的改变和生产效率的提升。以人工智能发展为例，智能化机器人的使用将会从劳动密集型生产工序开始，逐渐代替人力使用。在长期中通过代际转变，提升高技能工人占比，显著优化企业的要素使用结构，不断提升其生产率。这一生产模式的转变将导致长期依赖于劳动密集型产业发展的经济体逐渐丧失国际竞争力，价值链生产地位也会进一步降低，不同经济体参与价值链模式及嵌入程度面临调整。其次，新兴技术能够降低国际贸易成本，扩大国际贸易规模，促进全球价值链进一步发展。信息技术、跨境电商的发展不仅能够从广度和深度两方面扩展贸易边界，如延伸现有业务覆盖区位，提升产品贸易种类，而且有利于缓解信息不对称问题及降低跨境贸易成本。具体而言，一方面消费者能够对于商品生产信息、其他消费者评价信息及物流信息等有着更加及时全面地了解；另一方面生产企业在进行海外投资前能够掌握更多目标市场、目标消费群体的关键信息，从而降低投资风险。最后，服务贸易在全球价值链中地位将得到进一步加强，并催生价值链竞争新模式。数字经济在一定程度上缓解服务业发展中的部分服务不可贸易性问题，从而提升服务贸易在国际贸易当中占比，推动服务业自身以及制造业企业的服务化发展。生产性服务业的不断形成，不仅将为企业提供向全球价值链中高端不断攀升的新对策，还将推动价值链竞争模式的变革与创新。

(三) 新冠病毒疫情引发基于生产布局多元化的价值链安全思考

以往，为获取分工带来的效率提升及成本优势，跨国公司倾向于在全球范围内展开生产布局以实现生产边界的最优化，其中的经典案例包括苹果手机、波音飞机等。但专业化分工也不可避免地加剧了经济危机的传染与传播风险，且这一影响会随着生产网络链条扩张而不断扩散并越发被放大[1]。疫情暴发后，诸多经济体展开边境封锁、中断国际贸易及物流运输，使得中间品在上下游企业间的流转受限，价值链上各方的生产合作遭遇阻断。由于此前多数企业对产业链分工模式中的安全性因素考虑有限，从而不得不面临断供风险甚至倒闭压力。此次疫情冲击充分暴露出当前全球价值链以及基于价值链分工合作之上的国际贸易的脆弱性。当位于不同生产环节的企业通过价值链分工紧密联系在一起，链条上的任何突发性需求冲击或是重大意外事件都会将全球价值链分工固有的单个环节的生产风险和环节之间的交易风险不断放大。受此影响，疫情的暴发迫使企业增强风险意识，提升今后跨国公司对于产业链安全的考量。基于目前生产资源全球化配置的情况，跨国企业强化自身生产链条韧性，保障生产环节自主可控的途径主要是通过缩短产业链长度，从而直接降低风险发生可能并发挥多元化产业关联优势。显然，产业链分工链条纵向长度的缩短，能够在很大程度上保障企业面临风险时保有更多替代方案和转换机制，通过及时调整上下游合作伙伴从而间接降低

---

[1] Daron Acemoglu, et al., "The Environment and Directed Technical Change," *American Economic Review*, Vol. 102, No. 1, 2012, pp. 131–166.

或规避产业链传导带来的风险放大效应。实际上，部分企业已经采取了相关措施与行动，譬如，丰田公司声明将其在武汉工厂的产能转移至菲律宾工厂以应对本次国内疫情的暴发导致本田汽车面临零部件断供风险。与此类似，罗姆半导体此前同样表示为了降低疫情带来的损失，预计在泰国、马来西亚等国进行替代性生产以履行对客户的供货责任。

四、全球价值链重构对中国的影响与对策分析

中国经济的发展与全球价值链的转移和调整密不可分。改革开放以来，中国凭借传统的劳动力要素优势和基础设施建设，积极融入发达经济体跨国公司主导的全球价值链分工体系中，并一跃成为"世界工厂"。但不容忽视的是，伴随劳动力成本上升，发达经济体"制造业回流"，传统的要素禀赋优势正在式微，继续获取"李嘉图租金"的空间愈发有限，探索"熊彼特租金"才是中国新发展战略目标所在。因此，在深入思考全球价值链重构对中国影响的同时，及时探索在新一轮全球价值链重构背景下，如何实现竞争新优势培育和向价值链高端跃升，是中国在百年未有之大变局中实现高质量发展的关键议题。

（一）全球价值链重构给中国带来的机遇与挑战

全球价值链重构将给中国带来新的机遇。第一，当前中国已从战略层面开展全面对外开放，并通过"一带一路"、自贸区（港）建设等多举措提升贸易和投资便利化，这为中国把握新一轮全球价值链重构机遇

建立起制度保障。第二，中国在 5G 建设、移动支付、电子商务、物流运输、高铁建设等方面处于全球领先位置，在未来数字经济发展趋势下，中国将具有较强的竞争优势。第三，吸引国际资本流动的关键在于本国市场具备较强的发展潜力、较高的经济效率，而中国是全球最重要的消费市场之一，同时拥有联合国认定的全部门类的产业，无论是在本土市场规模、吸收能力，还是产品生产配套方面都有着突出优势，因此对外资来华有着较强的吸引力。第四，作为亚洲区域"闭环"产业链的中心国，中国与周边各经济体长期保持密切的经贸往来及深度的国际联系，这为进一步的经济一体化及全球价值链合作奠定了历史基础。

就全球价值链重构对中国的挑战而言，第一，部分发达经济体通过一系列政策支持吸引本土"制造业回流"，这会对中国造成局部的产业迁出压力，同时以美国为首的部分发达经济体意图通过区域协定《美墨加协定》等"毒丸条款"等将中国排除在国际贸易体系之外，这一不确定性加剧了中国参与全球价值链分工的挑战。第二，中国一跃成为"世界工厂"的背后是国内大量企业长期从事劳动密集型、低附加值利润的加工贸易，事实上部分企业在核心技术方面遭遇发达经济体的"卡脖子"封锁，从而来自发达经济体的高新技术掣肘成为中国参与价值链重构所面临的重要挑战。第三，疫情将产业链供应链安全问题提升到了前所未有的新高度，这也促使作为全球价值链中重要参与者的中国迫切需要深入思考如何防范化解产品链供应链安全，提升价值链韧性的实际问题。表 1 数据显示，中国与美国、欧盟、日本、韩国的进口链条捆绑紧密，尤其是在车辆、航空器、船舶及运输设备贸易方面，中国自美日韩及欧盟的进口总额占到中国此类商品全部进口的 87.70%。因此，现有的价值链分工模式下，一旦发生外部负向冲击，任何产业链环节的断裂都将迅速传导到中国的关联企业。

表1 中国进口链条与美、欧及东亚部分国家或地区的关系

中国进口金额较高的七类商品	进口商品在主要来源国或地区的分布（%）					该类商品在总进口中的占比及2019年进口额	
	韩国	日本	欧盟	美国	总计	在总进口中的占比（%）	2019年进口额（万亿美元）
机电、音像设备及其零件、附件	14.63	11.62	11.26	5.46	42.98	33.12	0.69
矿产品	1.97	0.35	0.72	0.90	3.94	24.99	0.52
化学工业及相关工业的产品	13.25	13.37	26.52	9.86	63.00	7.45	0.15
光学、医疗等仪器；钟表；乐器	12.57	15.31	18.68	11.98	58.55	4.98	0.10
车辆、航空器、船舶及运输设备	1.86	18.83	48.68	18.32	87.70	4.68	0.10
贱金属及其制品	9.17	13.33	13.75	4.45	40.70	4.64	0.10
塑料及其制品；橡胶及其制品	13.57	12.85	10.92	8.10	45.43	4.18	0.09

资料来源：中国海关总署。

（二）中国应对全球价值链重构的策略分析

为应对全球价值链的重构，中国应主要在三个方面筹划相应策略。一是依托"一带一路"和自贸区（港）建设提升中国在区域价值链中的作用，二是把握数字经济发展战略机遇期推动中国制造业高质量发展，三是依托国内市场构建国内国际双循环相互促进的新发展格局。

1. 依托"一带一路"和自贸区(港)建设,提升中国在区域价值链中的作用

当前区域经济一体化不断加深,区域贸易协定成为世界贸易组织多边主义框架的重要补充,中国应当充分利用双边或区域经贸合作框架,推动自身与区域经贸合作伙伴关系的深度发展。同时,"一带一路"倡议是中国在全球治理变局中提出的重要国际合作方案,是进一步强化中国区域经贸合作的重要窗口,为在全球产业链出现松动和逆转趋势背景下,中国在区域价值链中地位和作用的提升带来了重要机遇。为此,首先应依托"一带一路"框架,继续发挥中国在基础设施建设方面的独特优势,保持这一合作内容的纽带作用,以期打通中国与沿线各国的贸易阻隔障碍,提升贸易便利化水平;其次,中国应在"一带一路"框架内进一步寻求与更多经济体开展合作项目,充分发挥各自比较优势提升生产效率,推动彼此福利水平增长;此外,还应进一步提升"一带一路"合作质量,包括对沿线经济发展水平不同的经济体进行综合审视,制定差异化的合作模式进而挖掘更多合作可能,以及沿服务贸易、跨境电商等视角拓展合作深度等,进而逐渐增强中国在区域价值链中的作用。

自贸区(港)建设是近年来中国推进落实对外开放战略的重要举措,由点到线,从线成面,能够不断提升中国在全球价值链参与及国际贸易往来中的主导地位,这对于进一步增强中国对区域内周边经济体的辐射能力有着重要意义。具体而言,当前自贸区(港)建设已在以下层面对中国在区域价值链地位的提升产生了重要作用。其一,多数自贸区(港)以负面清单管理模式逐渐建立起更加公平、透明的准入方案,从而为外资来华提供了方向性指引,降低了要素及产品来华的流动限

制，为国内企业生产及贸易开辟了更多可能。其二，自贸区（港）要求地方政府大力推进以"放管服"为主要方式的职能转变，这一举措有效简化了以往企业投融资中的烦琐程序，提升了市场运转效率。此外，自贸区（港）还通过建设与中国推进市场化、法治化及国际化营商环境相适应的法制保障从而为企业提供了更加安全稳固的市场环境。以上举措显著提升了中国的贸易及投资便利化水平，为更大限度地发挥中国在区域产业链中的作用提供了重要支撑。在此基础上，服务更高水平的对外开放需要进一步优化自贸区（港）建设，结合市场需要及承受力，进一步探索并放宽金融、运输、医疗等服务领域的准入限制，增强国内服务产品及配套的供给能力，并与国内制造业协同发力，与此同时，进一步深化地方政府"放管服"举措，在国际贸易单一窗口、人才制度优化等深水区持续发力，提升上下级部门间的政策协调性，增强国内与国际标准对接性等都是未来自贸区（港）推动中国成为区域内部资源及要素供给能力更强，开放度更高，制度更具优势的重要环节。

2. 把握数字经济发展战略机遇期，推动中国制造业高质量发展

数字经济依托现代化信息技术，通过新业态开拓，赋能传统制造业转换生产模式、挖掘新增长动力，以及缓解传统国际贸易遭受的地理距离制约等，是中国制造业高质量发展的关键支撑。事实上，中国是全球工业部门最为齐全的制造业大国，但从以往国内企业参与全球价值链生产历程看，部分企业虽然通过加工贸易融入全球价值链中，却由于其长期依靠劳动密集型产业发展，进而多遭遇发达经济体的技术"卡脖子"封锁，这在很大程度上牵制了中国制造业进一步向价值链高端的攀升。数字经济为中国突破关键核心技术瓶颈、实现制造业高质量转型发展提供了新的机遇。更重要的是，新工业革命催生的数字经济在世界范围内仍处于各国竞相发展的重要领域，包括其所依托的人工智能及大数据等高新技术，在国际上均未出现绝对的垄断经济体，因此，数字经济为中国制造业在未来破除发达经济体掣肘，实现弯道超车提供了有利窗口，同时对于中国制造业在未来国际产业布局的优化及国际贸易中的话语权的提升有着重要意义。

发展数字经济，要从强化技术支撑、推进产业融合及标准体系建设三方面发力。首先从强化技术支撑一侧看，5G、云计算、区块链、大数据等新一代高新技术是数字经济蓬勃发展的基石，是突破发达经济体技术封锁的关键所在，因此应通过增进研发投入、健全人才培养体系等方式大力推进。其次，从推进产业融合，深化数字技术在制造业领域中的应用一侧看，应进一步加强数字技术领域与应用场景和行业的紧密对接，鼓励创新型数字经济业态和模式的研究和实践，推进数字技术在深度和广度上与制造业无缝衔接，形成一批具有亮点的解决方案和应用案例。此外，从标准体系建设一侧看，新型产业及经济模式的成熟离不开配套标准及健全的法制保障，从而应充分结合数字经济发展特征，完善包括数据开放、产权保护、数据交易、跨境传输、安全保护等诸多方面的标准体系，建立数字经济国民经济核算的标准，规范数字经济的统计和管理，推动数字产业化和产业数字化的有序开展。

3. 依托国内市场，构建国内国际双循环相互促进的新发展格局

在新冠病毒疫情的全球性危机影响下，全球价值链的平衡被打破，企业在生产资源全球化配置中将更加重视对风险因素的考量，中国面临着跨国公司全球价值链纵向长度缩短，关键生产环节转移的风险。然而从跨国公司生产资源的全球配置和价值链国际分工浪潮的产生角度来看，成本优势始终是企业价值链行为的决定因素，追逐生产边界的优化和成本的降低仍是跨国企业参与价值链的关键,因此疫情并不会彻底改变中国长期的全球价值链合作模式。为此,需要从战略角度把握未来中国产业链建设的方向,既要保持以国内大循环为主体,更要内外兼修,强化风险转换机制,推动国内国际双循环相互促进的新发展格局。

全球价值链深度及广度的拓宽依赖于一个稳定、开放及潜力巨大的消费市场,而中国广大的内需市场规模和巨大的市场发展潜力一直以来都是吸引跨国企业来华投资和生产的关键因素。受到疫情的持续性影响,各国的消费需求出现萎缩,在此背景下国家紧急出台相关的统筹疫情防控和恢复经济发展的政策,帮助企业复工复产,促进国内消费需求的恢复,利于促进中国经济在全球低迷经济形势下逆势回稳。在保持国内市场良性大循环的基础上,还要注重推动国内国际双循环新格局的实现,一方面,应继续鼓励国内企业结合自身发展诉求在疫情稳定后积极"走出去",依托多元化海外市场为自身上下游产业链关联开辟更多替代性供应链关系;另一方面,利用国内产业配套优势,在国内市场寻求合适的替代产品,同时进一步优化国内的外资营商环境从而更大限度地吸引优质外资流入,形成双向大循环之下的双向资本高质量流动。

中美贸易争端和美国贸易政策转向对国际贸易治理的影响

李 伟[*]

中美贸易争端长期存在,在特朗普2017年执政后,争端激化,烈度不断升级,对中国实施贸易制裁,提升关税,在科技领域对中国进行封堵,甚至声言与中国脱钩,远超出两国贸易争端的范畴。美国的这种战略和政策转向,不仅对中美两国的经济关系造成巨大影响,而且对国际经济秩序和国际贸易治理产生重要影响。

一、特朗普执政后中美贸易争端回顾

特朗普在总统竞选中即表达了对中国贸易政策的不满,竞选期间提出了涉及贸易的"七点计划"纲领:退出《跨太平洋伙伴关系协定》(TPP);任命最强硬、最聪明、最能为美国工人利益奋争的人出任贸易谈判代表;指示商务部部长甄别外国目前违反贸易协定、损害美国工人

---

[*] 李伟,商务部国际贸易经济合作研究院研究员。

的行为,并要求美国所有相关机构运用美国法律和国际法下的一切手段终止这些违约;重新谈判《北美自由贸易协定》(NAFTA)以便让美国工人获得更大利益,否则将根据《北美自由贸易协定》第2205条款申请退出;指示财政部部长将中国列为"汇率操纵国",并对所有利用货币贬值占美国便宜的国家采取加征关税等严厉措施;针对中国不公平补贴,将中国上诉至美国法庭和世界贸易组织;若中国不停止有关行为,将运用一切合法的总统权力解决贸易争端,包括根据《1974年贸易法》的第201条和第301条款及《1962年贸易扩展法》(The Trade Expansion Act of 1962)第232条款加征关税。①

2017年8月19日,美国总统特朗普签署备忘录指示美国贸易代表办公室(USTR)对中国开展"301调查"。2018年3月23日,美国贸易代表办公室发布《基于〈1974年贸易法〉第301条款对中国关于技术转移、知识产权和创新的相关法律、政策和实践的调查结果》,认定中国在技术转移、知识产权和创新等领域存在不公平行为,并借此对中国输美产品加征关税,宣布对中国部分商品加征25%关税。此后中美贸易争端不断升级,双方持续加征关税。

中美虽已在2020年1月15日签署了第一阶段经贸协议,但双方已经加征的关税仍未取消,美国仍对中国2500亿美元商品征收25%的关税、对1200亿美元商品征收7.5%的关税;中国也对1100亿美元的美国商品加征5%—25%的关税。② 中美持续了两年左右的贸易争端已外溢到投资、科技、金融等其他领域。

---

① "Trump's 7-Step Trade Plan," GHY, November 9, 2016, https://www.ghy.com/trade-compliance/trumps-7-step-trade-plan/.

② 《中美贸易协议:关税未除,中国承诺两年进口2000亿美元商品》,BBC,2020年1月15日,https://www.bbc.com/zhongwen/simp/business-51117695。

（一）贸易领域

贸易是中美相互加征关税受影响最为直接的领域，双方自贸易冲突不断升级以来，随着加征关税涉及的产品越来越多，两国间贸易额出现了明显的下降。按照中国海关统计，中国 2019 年对美出口下降 12.5%，自美进口下降 20.9%，导致中国对美贸易顺差也下降 8.5%；美国在中国总出口中的比重从 2016 年来 18.4%—19.2% 的水平降至 2019 年的 16.8%，自美进口在中国总进口中的比重也降至 5.9% 的低点。2019 年，美国退居为中国第三大贸易伙伴和第二大出口目的地，参见表 1 和表 2。

表 1　中国统计中美货物贸易　　　　单位：亿美元，%

年份	对美出口	自美进口	顺差	出口增幅	进口增幅	顺差增幅
2016	3850.85	1344.02	2506.82	−5.9	−9.1	−3.9
2017	4297.55	1539.43	2758.12	11.5	14.5	10.0
2018	4784.23	1550.96	3233.27	11.3	0.7	17.2
2019	4186.74	1227.14	2959.59	−12.5	−20.9	−8.5

资料来源：中国海关统计（2016—2019 年）。

表 2　中国统计中美货物贸易在整体贸易中占比

年份	对美出口占比	自美进口占比	对美顺差占比
2016	18.4%	8.5%	49.1%
2017	19.0%	8.4%	65.3%
2018	19.2%	7.3%	91.9%
2019	16.8%	5.9%	70.1%

资料来源：中国海关统计（2016—2019 年）。

按照美国数据统计,中国 2019 年对美出口下降 16.2%,自美进口下降 11.3%,导致美国对华贸易逆差大幅下降 17.6%;美对华出口、进口、逆差也均低于奥巴马执政最后一年的水平。中国在美国总进口的比重从多年的 20% 以上降至 18.1%,对华逆差占美国总逆差的比重也大幅降至 40.5%,参见表 3 和表 4。

表 3 美国统计中美货物贸易　　　　单位:亿美元,%

年份	美自华进口	美对华出口	美对华逆差	自华进口增幅	对华出口增幅	对华逆差增幅
2016	4624.20	1155.95	-3468.25	-4.3	-0.2	-5.6
2017	5052.20	1297.98	-3754.23	9.3	12.3	8.2
2018	5396.76	1201.48	-4195.27	6.8	-7.4	11.7
2019	4522.43	1066.27	-3456.17	-16.2	-11.3	-17.6

资料来源:美国国际贸易委员会(USITC)(2016—2019 年)。

表 4 美国统计中美货物贸易在其整体贸易中占比

年份	美自华进口占比	美对华出口占比	与华贸易逆差占比
2016	21.1%	8.0%	47.2%
2017	21.6%	8.4%	47.3%
2018	21.2%	7.2%	48.0%
2019	18.1%	6.5%	40.5%

资料来源:美国国际贸易委员会(USITC)(2016—2019 年)。

从美国对中国加征关税的产品清单也反映出美方利益最大化的意图。一是优先选择对中国依赖度低的商品。在 500 亿美元和 2000 亿美元清单中,美国对中国进口依赖较大的商品占全部清单商品比重递增,就美国从中国进口占其从全球进口比重大于 50% 的商品来看,此类商品在两次清单中占比分别为 3.7% 和 47.3%。二是优先选择资本品和中间产品加征关税,在 500 亿美元和 2000 亿美元清单中,最终消费品占商品清单比重逐渐增加,分别为 1.4% 和 21.3%,原因在于对资本品和中间产品加征的关税可由生产商、消费者共同分担,而最终消费品主要由美国居民直接承担。[①] 三是集中打击中国高科技制造业,2018 年美国对华加征的 500 亿美元商品清单主要集中于高科技制造制造业,如核反应堆锅炉机械器具、电机电气设备、光学照相医疗设备等,分别占 500 亿美元关税名单总额的 38.5%、36.9% 和 10.9%,合计 86.3%。2000 亿美元关税清单仍以重工业制品为主,主要集中于电机电气设备、核反应堆锅炉机械器具、家具、车辆及零部件和钢铁制品等,占比分别为 25.6%、19.9%、15%、6.2% 和 4.1%,合计 70.8%。[②]

(二) 投资领域

特朗普政府更加强调投资开放的对等性,认为中国政府在投资等领域的开放与美国不对等,导致美国优势产业无法进入中国,对中国营商环境的批评也逐渐增多。为对中国施压以给美国投资提供更有利准入机会,特朗普政府加强了对中国投资美国的国家安全审查机制,并用其他方式阻止中国企业尤其是中国国有企业收购美国资产。

2018 年 8 月,美国出台《外国投资风险评估现代化法案》(FIRRMA),2019 年 9 月,《外国投资风险评估现代化法案》实施细则草案公布,在审查对象、内容、程序等方面均作了一定修改。这一法案

---

① 作者根据美国贸易代表办公室(USTR)加征 301 关税税目(https://ustr.gov/issue-areas/enforcement/section-301-investigations/tariff-actions)及美国国际贸易委员会(USITC)数据统计。
② 作者根据美国贸易代表办公室(USTR)加征 301 关税税目(https://ustr.gov/issue-areas/enforcement/section-301-investigations/tariff-actions)及美国国际贸易委员会(USITC)数据统计。

虽然并非专门针对中国，但由于中国的特殊地位以及中美两国之间的竞争性，对中国的指向比较明显。法案进一步扩大了对"国家安全"的解释，美国外国投资委员会（CFIUS）可能会成为阻碍外国尤其是中国科技企业对美投资的新武器。中国企业赴美投资面临美国外国投资委员会更为严苛的审查，同时，结合以往的经验看，美国外国投资委员会对中国的关注度极高，在高技术领域对来自中国的投资进一步加以限制，2017年和2018年美国外国投资委员会对华投资审查为60项和55项，分别占当年审查总数的25.3%和24.0%，均高于2016年奥巴马政府时期水平。特朗普执政头两年，对华审查项目数达115项，接近奥巴马任期后4年总计128项审查的水平。美国对中国投资审查中，制造业接受审查的比重最高，2016—2018年合计达到36.5%，参见表5。

表5　2016—2018年中国接受美国外国投资委员会审查行业领域分类占比

类别	中国数量（个）	美国整体审查数量（个）	中国占比
金融、信息与服务	58	262	22.1%
制造业	84	230	36.5%
采矿、基础设施与建筑	16	92	17.4%
批发、零售与运输	11	54	20.4%
合计	169	638	26.5%

资料来源：The Committee on Foreign Investment in the United States (CFIUS), *Annual Report to Congress, Report Period: CY 2018, PUBLIC/UNCLASSIFIED VERSION*, https://home.treasury.gov/system/files/206/CFIUS-Public-Annual-Report-CY-2018.pdf。

据美中关系全国委员会和荣鼎咨询公司（Rhodium Group）2020年发布的报告《双向街：美中投资趋势2020年》（Two-Way Street: 2020 Update U.S.-China Investment Trends）称，2019年，中国对美国的直接投资降至50亿美元，这已是特朗普上台之后中国对美投资连续三年下降,从 2016 年的 450 亿美元分别降至 2017 年的 290 亿美元和 2018 年的 54 亿美元,也是自 2009 年以来中国对美外商直接投资(FDI)的最低点。其中,美国的监管审查、中美关系的不确定性前景是影响投资者风险偏好的因素之一。中国对美国的风险投资也从 2018 年的 47 亿美元降至 26 亿美元,但对美国风险投资的下降仅发生在中国身上,美国整体吸收的风险投资在 2019 年基本接近其 2018 年吸收风险投资金额的峰值。

根据中国商务部《中国外资统计公报 2019》显示,2018 年,美国对中国实际投入外资金额为 26.9 亿美元,占当年全部实际投入外资金额的 1.9%,位列中国外资来源地第 8 位。

(三)科技与金融领域

特朗普上台后,在科技领域以对中兴和华为的打压最为典型,采取"封锁断供"和封闭市场的方式,动用国家力量对中国科技公司进行打压,越来越多的中国高科技公司被美方以各种理由列入"实体清单",对外业务往来受到很大限制,中国企业对美科技公司的并购与合作也受到严格审查。

2018 年 4 月 16 日,美国商务部工业和安全局(BIS)宣布对中兴实施制裁:未来 7 年禁止美国公司向中兴通讯销售零部件、商品、软件和技术;6 月,中兴与美国政府达成和解协议,中兴缴纳 10 亿美元的罚款,还支付了 4 亿美元的保证金,并且 30 天内更换了董事会及高层,还接受对方派遣人员入驻审查。2019 年 5 月 16 日,特朗普签署总统令,宣布美国进入"国家紧急状态",以禁止美国企业与包括华为公司在内的一切被控会"威胁"美国国家安全的公司进行商业交易，以切断供应链的方式将华为及其68家附属公司列入"实体名单"，要求美国企业在向这家中国公司出售产品和技术之前必须获得许可，也禁止美国企业购买其设备及服务。8月7日，特朗普政府根据《2019财年国防授权法案》发布一项暂行规定，禁止美国联邦机构购买华为、中兴、海能达通信、海康威视和大华科技五家中国企业的通信和视频监控设备以及服务。

伴随中美贸易摩擦升级，美国提高对中国施压的筹码，将经贸摩擦延伸至金融领域，突破汇率层面的问题，并为创设更多制裁中国的政策工具寻求依据。2019年6月，美国法院裁定中国三家大型银行蔑视法庭，拒绝遵守违反朝鲜制裁调查的传票，美国将贸易摩擦引向金融领域的意图已初步显现。2019年8月，在人民币市场化贬值、中国并不符合美国"汇率操纵国"认定标准的前提下，美方将中国认定为"汇率操纵国"，并称"将与国际货币基金组织接洽，消除中国的行动带来的不公平竞争优势"。

（四）经贸规则

中美双边贸易摩擦扩展到经贸规则领域。2020年2月10日，美国宣布取消中国等25个经济体世界贸易组织"发展中国家"[①] 优惠待遇，试图利用美国权力优势更新规则体系，制定美国主导、更符合美国利益的新规则，使其自身利益最大化。特朗普虽在上台后即兑现其竞选承诺

---

① USTR, *Designations of Developing and Least Developed Countries Under the Countervailing Duty Law*, February 10, 2020, https://ustr.gov/sites/default/files/Designations_Notice_2020-02524.pdf.

退出《跨太平洋伙伴关系协定》，但同时以市场准入为胁迫，修改与主要贸易伙伴的多项贸易协议，除重新谈判《美墨加协定》取代原有的《北美自由贸易协定》外，美韩、美日贸易谈判也按其意愿成功达成对美有利的协定，美国也发出与欧盟、英国进行贸易协定谈判的信号并已采取实质行动。

随着中美竞争关系逐步加强，特朗普上台后对中国的遏制意图也越来越明显。美国拒不承认《中国加入世界贸易组织议定书》中关于市场经济地位的条款，并且利用《美墨加协定》在市场经济问题上设置实质针对中国的"毒丸条款"。自2017年以来，美国还将中国定位为"战略竞争对手"，对中国进行"修正主义国家"的指责。[①] 2020年以来，美国政府高官借新冠病毒疫情频频"甩锅"中国，更加剧了中美两国之间的紧张关系。

二、影响中美贸易争端持续升级的主要因素

特朗普竞选中即表示，将针对中国的有关"不公平行为"，运用一切合法的总统权力解决美国在贸易领域"吃亏"的问题，上台以来正逐步兑现这些承诺，挑起中美贸易争端且将摩擦不断升级，其中既有特朗普本人的经贸政策理念影响，也受美国国内政治因素影响。

---

① *National Security Strategy of the United States of America*, December 2017, http://nssarchive.us/wp-content/uploads/2020/04/2017.pdf; *Summary of the 2018 National Defense Strategy of The United States of America: Sharpening the American Military's Competitive Edge*, https://dod.defense.gov/Portals/1/Documents/pubs/2018-National-Defense-Strategy-Summary.pdf.

中美贸易争端和美国贸易政策转向对国际贸易治理的影响

（一）特朗普政府的经贸政策理念

特朗普本质上奉行经济民族主义和贸易保护主义，不满意全球化给美国经济和就业带来的负面影响，其反对全球化、反对自由贸易的理念根深蒂固，自20世纪80年代起就把美国工人面临的工资、就业等问题归咎于国际贸易。从竞选至今，特朗普一直强调"美国优先"、公平贸易，要通过削减贸易逆差增加美国工人就业，并以"公平贸易"为名，试图改变现行多边体系对不同发展阶段国家予以差别化对待。特朗普政府主要经贸政策理念既有以往政府的延续，也具有鲜明的"特氏风格"。①

特朗普在"民粹主义""美国优先""公平贸易""对等贸易"等方面的主张，正是为了迎合受全球化冲击、未能公平分享全球化增长利益的群体，不仅仅包括美国中西部"铁锈带"的蓝领工人，也包括受经济全球化冲击而大规模衰落的中产阶级队伍。据报道，由于贫富分化加剧，曾占美国人口大多数、富有的美国中产阶级人口正在逐年减少。最新调查显示，曾被视为美国社会稳固基石的美国中产阶级人口40年来首次跌破美国人口总数的50%。② 此外，随着中国等新兴市场和发展中经济体群体性崛起，美国经济实力出现相对衰落，奉行现实主义的美国转而寻求背离其强大时期的开放主张，经贸政策转向保护主义。

---

① "Trump-O-Meter: Tracking President Donald Trump's campaign promises," https://www.politifact.com/truth-o-meter/promises/trumpometer/?ruling=true; Angle Drobnic Holan, "TRUMP-O-METER: PolitiFact rates Donald Trump's first year," January 16, 2018, https://www.politifact.com/trumpometer-year-one/all-promises/.

② 《美国中产阶级人口逐渐萎缩 社会贫富分化加剧》，来源：中国新闻网，参考消息网，2015年12月11日，http://www.cankaoxiaoxi.com/world/20151211/1023433.shtml。

从经贸理念的延续方面看,一是特朗普政府认为美国国内法高于国际法,将根据国内法律更坚定捍卫贸易政策方面的国家主权,试图以"贸易主权"的名义规避世界贸易组织规则;二是强化实施自由且公平贸易、对等贸易(reciprocal trade),要求市场对等开放,并依照美国法律和多边规则解决贸易伙伴的不公平行为,核心是保护美国国内市场、扩大对外出口。

特朗普政府主要政策理念基于以下五个方面。

第一,推崇"美国优先"原则,强化实施自由且公平贸易、对等贸易,要求市场对等开放,核心是保护美国国内市场、扩大对外出口。多管齐下,利用税收政策和产业政策助力贸易政策,推动美国企业扩大出口,挽留国内制造业并吸引外资流入。

第二,认定贸易逆差是导致美国经济问题和制造业就业减少的根源,美国经贸政策将以解决贸易不平衡为切入点和焦点。

第三,不重视多边贸易协定,曾扬言退出世界贸易组织,表示将根据美国内法律更坚定捍卫贸易政策方面的国家主权,试图以主权至上名义规避世界贸易组织规则。认为按照美国《1995年乌拉圭回合协议法》规定,当世界贸易组织争端解决裁定对美国不利时,美国有权不执行。[①] 执政之初即宣布退出《跨太平洋伙伴关系协定》,虽完成《美墨加协定》谈判,但仍积极寻求谈判新的、"更公平"的双边贸易协定,并依法解决贸易伙伴的不公平行为通过阻止部分贸易伙伴"搭便车"行为,实现自身利益最大化。

---

① USTR, Office of the United States Trade Representative, *2017 Trade Policy Agenda and 2016 Annual Report of the President of the United States on the Trade Agreements Program*, https://ustr.gov/sites/default/files/files/reports/2017/AnnualReport/AnnualReport2017.pdf.

第四，倾向于采取进攻性贸易政策，认为美国贸易政策此前执行不力，本届政府将通过加强贸易执法的方式防止被他国占便宜。美国商务部已启动多项政府自主立案的贸易救济调查程序，以加快案件调查速度并保护美国企业。此外，特朗普还要求商务部和贸易代表办公室全面评估美国签订的贸易投资协议是否有利于美国经济增长，实现美国贸易平衡，增强美国制造业基础，对于那些所谓的"不公平的"、损害了美国经济和美国企业、工人利益的协议，将进行重新谈判或终止协议。①

第五，笃信"交易的艺术"，将非经贸议题与经贸议题挂钩，利用非经贸筹码获得更大经贸利益。同时，认为美国拥有足够强大的经济杠杆可以对外施压，中国对美国市场的依赖大于美国对中国市场的依赖，美国对中国有巨大的经济牵制力，中美经贸摩擦对中国的负面影响可能要高于美国。2016年，中国对美国出口占其总出口的18.4%（参见表2），美国对中国出口仅占其对外总出口的8.0%（参见表4），到2019年，这两个数字虽降至16.8%（参见表2）和6.5%（参见表4），但仍可以看出，中国对美贸易依存度明显高于美国对华贸易依存度。

从特朗普就任后所出台的经贸政策措施看，特朗普仍是美国所有经贸政策的最终决策人，其内阁经贸团队包括美国贸易代表莱特希泽、商务部部长罗斯、贸易与制造业政策办公室主任纳瓦罗，是美国政府内全

---

① The White House, "Remarks by President Trump, et al. at Signing of Trade Executive Orders," March 31, 2017, https://www.whitehouse.gov/briefings-statements/remarks-president-trump-et-al-signing-trade-executive-orders/; The White House, *Presidential Executive Order on Establishing Enhanced Collection and Enforcement of Antidumping and Countervailing Duties and Violations of Trade and Customs Laws*, March 31, 2017, https://www.whitehouse.gov/presidential-actions/presidential-executive-order-establishing-enhanced-collection-enforcement-antidumping-countervailing-duties-violations-trade-customs-laws/; The White House, "President Donald J. Trump is Keeping His Promise to Renegotiate NAFTA," August 27, 2018, https://www.whitehouse.gov/briefings-statements/president-donald-j-trump-keeping-promise-renegotiate-nafta/.

力推行贸易保护主义的典型代表。三人都反对自由贸易，强烈支持美国更加趋向保护主义，赞成采取国家干预经济的方式同他国竞争；也均属对华"鹰派"人物，将美国贸易赤字、制造业就业减少等都归咎于中国，并指责中国操纵汇率、推行重商主义，坚决主张不承认中国的市场经济地位。他们与特朗普经贸理念一致，特朗普反对自由贸易、退出世界贸易组织、轻多边而重双边协定等观点均来自他们三人。罗斯和纳瓦罗在特朗普竞选期间即担任其顾问，并在2016年9月共同推出《特朗普经济计划》（Scoring the Trump Economic Plan: Trade, Regulatory & Energy Policy Impacts），特朗普的很多政策主张即源自这份计划。

贸易政策方面，罗斯认为自由贸易就像不可能存在的免费午餐，还将美国经济问题归咎于包括中国在内的其他国家不公平贸易行为。汇率方面，罗斯认为中国通过人民币汇率低估获得了不公平竞争优势。莱特希泽的提名在参议院内以高票通过，显示出两党国会议员对其国际贸易谈判能力的期许。他在里根政府做过副贸易代表，对相关贸易规则熟悉，是坚定的贸易保护主义者。莱特希泽认为中国存在汇率操纵、专利窃取及其他各种形式的国家支持补贴、政府组织的不公平贸易行为，导致美国巨额贸易逆差及失业问题，并主张对中国征收惩罚性关税。贸易方面，他除了寻求借助世界贸易组织争端解决机制外，还主导对华发起"301调查"，并根据"201条款"对特定行业采取救济措施，并继续将中国认定为非市场经济国家。纳瓦罗主要负责在贸易谈判方面为总统提供具有"革新性战略"的建议，协同其他机构评估美国制造业和国防工业基础，帮助美国失业者重获合适的就业机会。纳瓦罗认为美国对华贸易逆差是美国经济的主要问题，而中国不公平贸易做法则是中国优势的来源。他认为不应该准许中国通过加入世界贸易组织而获得进行

"不公平"贸易行为的便利。①

(二) 美国国内政治议题

特朗普上台后,美国转而从国内角度、从中美竞争的角度看待中美关系。而且,美国的两党关系、府院关系也发生重组,美国国内出现政治极化,其国内政治议题对双边经贸关系的负面影响也显著上升。

1. 选民基础继续驱动现政府对华经贸政策

特朗普上任已经三年多,但特朗普当选的反全球化、反贸易自由化的宏观背景和民意基础并未改变,特朗普也已兑现许多竞选承诺,上任后经济发展良好,失业率持续下降,就业稳步增长,这让许多原来对美国未来发展不自信的投票选民感到满意。据盖洛普最新调查显示,2020年6月8日—30日,特朗普在美国全国的支持率虽从5月1日—13日的49%降至38%,但在共和党中的支持率仍高达91%。②

从特朗普在共和党内较高的民意支持率看,也显示出当初将其抬入白宫的蓝领和受全球化冲击的低收入群体的信任。在此背景下,这部分认为中国抢走了他们工作的美国选民仍期待特朗普继续解决国内面临的贫富差距问题,并继续保持制造业就业稳步增长。作为标榜"美国优先"并渴望连任的特朗普,对其"票仓"群体的不满和关切不能忽视。特朗普一直得意于成功与墨西哥和加拿大达成《美墨加协定》,尤其是其中针对墨西哥的劳工、环保标准等条款,认为此举保障了美国工人的

---

① Wilbur Ross, https://en.wikipedia.org/wiki/Wilbur_Ross; Peter Navarro, https://en.wikipedia.org/wiki/Peter_Navarro; Robert Lighthizer, https://en.wikipedia.org/wiki/Robert_Lighthizer.

② https://news.gallup.com/poll/203198/presidential-approval-ratings-donald-trump.aspx.

公平竞争地位。特朗普将在大选年继续迎合其选民基础，在中美第一阶段贸易协议的基础上，对中国提出新的要求，继续寻求在政策目标上"谋利"，减少中美在全球议题的互动与合作，并在劳工和环境标准等问题上对中国施压，进而影响中美经贸关系。

2. 对中国"战略竞争对手"定位引发美进攻性政策

随着中国在经济、科技、军事、影响力等方面的全方位崛起，美国某些人士认为这预示着守成大国与崛起大国之间出现根本性矛盾，这也导致美国对华认知和对华战略定位发生根本性改变，美方认为中美之间的竞合关系更多转为竞争关系，美国《国家安全战略报告》中明确将中国定义为"战略竞争对手"，提出经济安全也是国家安全，认为中国的崛起对美国构成国家安全威胁。美国指责中国靠国家主导的经济发展模式对美国进行"经济侵略"，希望通过贸易争端乃至全面经济脱钩对中国的崛起进行"先发制人"。美国对华鹰派人士鼓吹将原来的对冲战略即遏制加接触、融合加牵制的模式完全转向进攻性政策。[①]

在美国现有的政治制度下，民主党和共和党尽管有着明确的对立，也在众多议题上有着不同的态度，但特朗普任期以来，两党在对华问题上逐渐趋同。历年来，对华强硬往往发生在大选或中期选举期，此后，美国总统在任内逐渐展示更多的合作意愿，但特朗普推崇的对华贸易强硬做法和关税大棒并未收手。2020年大选的两党候选人都不愿意对华

---

① The White House, *How China's Economic Aggression Threatens the Technologies and Intellectual Property of the United States and the World*, White House Office of Trade and Manufacturing Policy, June 2018, https://www.whitehouse.gov/wp-content/uploads/2018/06/FINAL-China-Technology-Report-6.18.18-PDF.pdf；吴心伯：《竞争导向的美国对华政策与中美关系转型》，《国际问题研究》2019年第3期。

示弱，民主党候选人拜登甚至批评特朗普对华"硬话多、行动少"。[①] 与奥巴马时期相比，对华强硬成为新的"政治正确"，使得中美双边贸易环境改善的难度显著增加。特朗普自诩在对华政策上比以往任何总统都要强硬，为追求成功连任，势必将继续对华保持进攻性经贸政策。

在特朗普政府推出对华单边贸易保护主义政策，并不断挥舞关税大棒施压后，虽有部分国会议员不认同其加征关税的做法，但在对华强硬问题上却与其保持高度一致，甚至鼓吹采取更为极端的政策，议员们也不会软化美国现政府的对华强硬谈判立场。在美国政府和国会议员选民基础有较大差别的背景下，府院在对华政策上可谓竞相比拼哪方更强硬，国会甚至出台法律推动特朗普政府采取更为严格的保护主义措施。尤其是在具有特殊意义的大选年，府院对华政策强硬将进一步影响中美经贸关系。

3. 美对华战略鹰派助推美国对华强硬政策

美国共和党极右派、安全及战略鹰派主导了美国的权力中枢，并正在利用中国的所有关切点攻击中国，试图遏制中国的发展势头。取代博尔顿升任国家安全顾问的奥布莱恩就曾经撰文称中国对美国形成巨大的挑战。而美国的涉华法案或政策的出台根本不顾及中美之间的经贸争端持续升级。

此外，在特朗普任期内，与其持异议的官员持续被炒，与内阁其他成员相比，他的经济团队相对稳固，姆努钦、莱特希泽、罗斯、纳瓦罗这些人一直稳稳在位，这些鹰派人士积极推动对中国采取进攻性经贸

---

① "Biden to hammer Trump's 'tough talk, weak action' on China, top adviser says," Reuters, May 13, 2020, https://www.reuters.com/article/us-usa-election-biden-china-exclusive/exclusive-biden-to-hammer-trumps-tough-talk-weak-action-on-china-top-adviser-says-idUSKBN22P02B.

政策。

美国的利益集团主导了美国政治体制与政治文化，往往对政府决策有较大影响力。但在此次中美经贸冲突爆发且不断升级的两年时间里，美国利益集团的对华态度却与以往历次发生冲突时不同，甚至变化显著，展示出其较为复杂的心理状态。尽管多数跨国公司并不认同关税等贸易保护主义举措是合理的，但直接站出来反对和劝阻特朗普对华打压的公司数量不多。它们对中美贸易争端既有作壁上观者，也有待价而沽者，还有落井下石者，但对中国雪中送炭者与以往相比却并不多。这既反映了他们试图分享中国市场开放进程中的更多红利，也有对中国国有经济的疑虑和不安，担心中国科技行业在国家支持下的赶超，并在第三方市场对美国企业构成竞争态势。这些公司希望通过特朗普的强势推动获得更多的在华利益。

三、美国贸易政策转向对国际贸易治理的影响

美国贸易政策的转向，将对国际贸易治理产生深远影响。

（一）美国贸易单边主义的影响

美国贸易单边主义的影响主要体现在两个方面。

一方面，美国实施贸易单边主义并不断挑起中美贸易冲突升级。美国试图利用单边政策，压制、遏制其作为守成大国的主要竞争对手，尤其是中国，力图守住领先优势。从中美两国经济实力看，2009 年，中

国的 GDP 总量只有美国的 34%，到 2019 年已达到美国的 68%，从两国企业实力看，《财富》500 强企业名单中，2008 年中国企业只有 37 家，2019 年达到 119 家，仅比美国少两家。[①] 从贸易看，中国已超越美国成为全球货物贸易第一大国。[②] 中国的崛起引发了美国的疑虑和顾忌，虽然中美经贸关系互利共赢的基础曾经足够扎实，中美经济间高度相互依存也曾决定了两国还会深入推进经贸合作，但随着中美经济增长呈现出相对性的此消彼长态势，双方经贸利益相互深化交融也会强化中美合作中的矛盾，导致中美间"竞合态势"中的竞争性加强。特朗普奉行"美国优先"战略、致力于以经济民族主义方式重振美国经济的背景下，美国部分人士试图推动中美经济脱钩，在新冠病毒疫情背景下也试图推动产业链回归，中美两国竞争会更加突出，贸易摩擦形势或将更为严峻。[③] 双方虽已达成第一阶段经贸协议，但美国常态化的进攻性贸易政策将对中美经贸合作造成很大不确定性。无论特朗普是否得以连任，但两党对华强硬态度不会改变，预计接下来的中美经贸关系将会更加复杂，经贸争端和摩擦将趋于常态化。[④]

同时，当美国传统优势产业受到挑战时，美国对其传统盟友欧盟、韩国、日本等国也采取单边政策进行施压并获得好处。2018 年 3 月 2 日，美国以国家安全为由宣布对钢铁、铝征收关税。其后谈判的《美

---

① 引自北京大学国家发展研究院院长姚洋在北大国家发展研究院 EMBA 论坛第 35 期暨总裁读书会特别课上的演讲。https://news.caijingmobile.com/article/detail/419630?source_id=40。
② 《11.3 亿美元到 4.6 万亿美元 70 年我国成长为全球货物贸易第一大国》，新华网，2019 年 8 月 27 日，http://www.xinhuanet.com/fortune/2019-08/27/c_1124928623.htm。
③ Sagatom Saha, Ashley Feng, "Global Supply Chains, Economic Decoupling, and U.S.–China Relations, Part 1: The View from the United States," https://jamestown.org/wp-content/uploads/2020/04/Read-the-04-01-2020-CB-Issue-in-PDF.pdf?x76624.
④ 唐遥：《贸易争端常态化，中美经贸关系向何处前行？》，北大光华，2018 年 4 月 2 日，http://www.gsm.pku.edu.cn/info/1316/20018.htm。

墨加协定》《美日贸易协定》、重谈《美韩自由贸易协定》以及中美第一阶段经贸协议,无一不是让其他国家作出改变,而美国并未作出改变。① 针对法国参议院 2019 年 7 月投票通过征收数字服务税的法案,美国贸易代表办公室在 2019 年 12 月发布了针对法国数字税的"301 调查"报告,称法国的数字服务税"歧视美国公司,对美国公司构成沉重负担,如谷歌、苹果、脸书和亚马逊等公司"。美政府拟向 63 项总价值为 24 亿美元的法国输美产品加征最高达 100% 的关税,并表示"正在研究是否对奥地利、意大利和土耳其三国的数字服务税进行 301 调查。美国致力于反击欧盟成员国日益增长的贸易保护主义"。②

另外,美国针对中国的打压既有其对中国崛起的担忧,也有对全球规则重塑的考量,最终目的仍是保住其在世界各项规则制定方面的领导权。特朗普在 2017 年 4 月签署的总统令中指出,美国并未从世界贸易组织中获得预期的利益,因此,将不再受世界贸易组织国际贸易规则的约束,将单方面向与美国贸易中有不公平行为的成员征收制裁关税。③ 特朗普启动"232 调查"和"301 调查",以国内法代替世界贸易组织规则,严重背离以规则为基础的多边贸易机制,试图抛弃最惠国待遇和关税约束这两条世界贸易组织的基本原则,是对以世界贸易组织为代表的多边贸易体制的严重破坏,冲击正常的国际贸易秩序,影响了国际

---

① 苏庆义:《WTO 能否打破上诉机构停摆僵局》,《世界知识》2020 年第 1 期。

② USTR, *Conclusion of USTR's Investigation Under Section 301 into France's Digital Services Tax*, December 2, 2019, https://ustr.gov/about-us/policy-offices/press-office/press-releases/2019/december/conclusion-ustr's-investigation.

③ 李杨、孙俊成:《特朗普政府的贸易保护主义政策——基于政党政治的研究视角》,《美国研究》2019 年第 3 期。

合作。①

美国不断威胁退出世界贸易组织,事实上也有借此谋求美国国家利益最大化的考量。美国曾经主导建立了世界贸易组织的前身《关税与贸易总协定》,并在其中发挥了重要作用,而多边贸易体制为全球贸易的顺利开展奠定了制度基础。但随着经济全球化的发展和新兴经济体的兴起,美国认为自身领导力和利益均受到了一定程度的挑战,美国的种种主张和做法,正显示了其试图继续保持美国在全球经济治理体系中的主导权,以期实现美国利益最大化的双边对话甚至单边行动来重构全球治理规则。②

(二) 美国贸易政策转向对多边体系的影响

中美经济总量和贸易总量均居世界前两位,经济总量合计约占全球的40%,货物出口占全球的近四分之一,对外投资和吸引外资占全球的比重均接近30%。③ 中美发生贸易争端、相互加征关税,影响的不只是中美两国,对于已深深嵌入全球产业链和供应链的世界各国都将产生冲击。中国对美出口很大一部分仍是加工贸易,据中方统计,中国对美货物贸易顺差的59%来自外资企业,61%来自加工贸易。④ 中国从欧盟和

---

① 陈伟光、蔡伟宏:《大国经济外交与全球经济治理制度——基于中美经济外交战略及其互动分析》,《当代亚太》2019年第2期。
② 陈伟光、蔡伟宏:《大国经济外交与全球经济治理制度——基于中美经济外交战略及其互动分析》,《当代亚太》2019年第2期。
③ 《关于中美经贸关系的研究报告》,商务部网站,2017年5月25日,http://images.mofcom.gov.cn/mds/201708/20170823160652982.pdf。
④ 《关于中美经贸关系的研究报告》,商务部网站,2017年5月25日,http://images.mofcom.gov.cn/mds/201708/20170823160652982.pdf。

北美进口贸易中的中间产品占比均在 4 成以上,中国从日本与东盟的进口贸易中的中间产品占比超过 6 成,而从韩国进口中间产品占比甚至超过 7 成以上。[①] 美国对中国 3700 亿美元出口商品已加征的关税,已影响到中国对美出口,而中国出口受阻,势必将影响中国从这些国家中间品和原材料的进口。

中美两国除了经济体量庞大外,在全球贸易治理体系中也发挥着重要作用,美国对中国挑起贸易冲突并持续升级,不但恶化了两国合作的环境,也危及多边贸易治理体系下的合作。美国明确反对给予中国市场经济地位,美国副贸易代表兼驻世界贸易组织代表谢伊强调,"应对中国非市场经济因素将是世界贸易组织改革的中心议题,必须提出针对非市场经济的改革计划"。[②] 尤为令人担忧的是,美国以所谓上诉机构"越权裁决""审理超期""法官超期服役"等多项问题为由,将上诉机构裁决与遴选挂钩,频频动用一票否决权,单方面反对启动对新法官的遴选程序。[③]

受美国阻挠,世界贸易组织上诉机构仅剩一名法官,并在 2019 年 12 月 11 日陷入停摆状态。这是该机构成立近 25 年来首次停摆,也是世界贸易组织有史以来遭遇的一次严重危机。美国单边主义贸易政策破坏了现有国际经贸规则体系和秩序,上诉机构停摆对各国参与和制定相关规则提出了挑战,作为三大功能之一的争端解决机制停摆,很容易导致更多国家在无法得到多边贸易体系保护情况下,更多谋求单边或双边方

---

① 张玉来:《全球价值链重塑与东亚——中日合作的空间与潜力》,《东北亚论坛》2019 年第 3 期。
② 转引自倪月菊:《国际贸易不能重回"发达国家俱乐部"》,半月谈网,http://m.banyuetan.org/gj/detail/20181105/1000200033136201541384096653698005_1.html。
③ 苏庆义:《WTO 能否打破上诉机构停摆僵局》,《世界知识》2020 年第 1 期。

式解决争端,"以规则为基础的多边贸易体系"将被破坏,其效应甚至会波及世界贸易组织中与其关联紧密的谈判机制和贸易政策审议机制,导致世界贸易组织地位弱化并陷入更多混乱,全球贸易治理体系的改革进程受阻。

(三) 美国贸易政策转向对世界经济贸易的影响

2019年,受中美贸易紧张局势和世界经济增长放缓影响,2019年全球货物贸易量已下降0.1%。但随着2020年新冠病毒疫情暴发,且中美经贸关系出现新的不确定性,2020年世界经济、贸易形势面临着更复杂的局面。4月8日,世界贸易组织发布年度《全球贸易数据与展望》报告显示,受新冠病毒疫情影响,2020年全球贸易将缩水13%到32%,全球贸易缩水幅度可能超过2008年国际金融危机时的水平。[1] 新冠疫情也对世界经济增长造成了巨大冲击,疫情发展形势仍为各国经济重新恢复蒙上一层阴影。国际货币基金组织2020年6月发布的最新《世界经济展望报告》中,预测2020年全球经济增长将萎缩4.9%,其中发达经济体萎缩8.0%,新兴市场和发展中经济体萎缩3.0%。[2] 虽然中国仍在采取实质举措进口美国商品和服务,但疫情引发的国际物流受阻等因素,仍为双方落实中美第一阶段经贸协议添加了不确定性,各国也都密切关注中美两国如何妥善处理这一问题。

---

[1] World Trade Organization, "Trade Statistics and Outlook: Trade Set To Plunge as COVID-19 Pandemic Upends Global Economy," April 8, 2020, https://www.wto.org/english/news_e/pres20_e/pr855_e.htm.

[2] IMF, *World Economic Outlook Update*, June 2020, https://www.imf.org/en/Publications/WEO/Issues/2020/06/24/WEOUpdateJune2020.

而在新形势下,特朗普政府推行的保护主义造成的破坏,仍可能进一步发酵。特朗普上台后已致力于通过税收政策和产业政策吸引投资回流及制造业回迁,以创造国内就业机会、推动美国经济发展,曾多次表示要求海外美国企业迁回美国,并在新冠病毒疫情期间表示将动用总统行政令命令美国企业回归。以往几届美国政府虽也多次提出制造业回归,但基本上是针对高技术、高附加值的制造业,而特朗普所主张的制造业回归更多指向传统制造业,如制造业、建筑业、钢铁、石油等,其主张也是为了弥补美国产业金融化、制造业空心化,并更大限度地为中低层劳工创造就业机会,稳住其选民基本盘,同时也试图减少对国外产业链的过度依赖。由于中国的世界工厂地位,对中国的指向首当其冲。特朗普政府将会进一步提高制造业回归的调门,以稳住其曾经引以为豪的低失业率。

然而,无论特朗普如何大力推行保护主义,世界经济深入融合已是不争事实。从2008年国际金融危机后二十国集团合作带来的积极效果看,在当前形势下,作为全球最大的两个经济体,在面临当前史无前例的新冠病毒疫情形势下,全球健康受扰、全球经济发展受阻,中国和美国尤应化解争端,加强合作,发挥引导力,共同促进全球经济增长,为全世界公共卫生事业作出贡献,携手为全球提供更多公共产品。

四、结语

特朗普执政后,大幅度调整对华经贸战略和政策,从未来发展看,中美经贸冲突具有长期性特征。在美国两党对华政策逐步趋同、白宫与国会对华强硬态度也相对一致且竞相比拼的背景下,即使特朗普卸任,美国整体对华经贸政策也可能将无法再回到过去。

此轮持续升级的中美经贸争端体现的是美国贸易政策理念的变化,已从原有的自由主义转向保护主义。从美国国内影响因素看,跨国公司为获取更大利润持续将制造业外包,部分导致了其国内制造业工人失业、收入下降,并造成产业空心化和对某些产品进口的过度依赖,而外包和美元霸权导致的贸易逆差持续扩大也正契合了特朗普对于贸易不平衡的执念;从国际因素看,美国面临的外部竞争也日益增多,尤其是中国作为"世界工厂"成为美国最大逆差来源国,随着中国经济、产业、科技实力的快速发展,也引发了美国对中国的战略疑虑。美国对外限制进口、扩大自身出口的努力将进一步强化。2020年暴发的新冠病毒疫情进一步放大了中美经贸关系中的潜在问题,美国鹰派人士所鼓吹的"脱钩"论调在疫情下得到了更多呼应,美国采取实质性行动推动产业链回归、摆脱"产业空心化"或许会有所加速。

美国整体对外经贸政策的转向,将对世界经济、多边体系和国际贸易治理产生重大影响。美国仍是当今世界最大的经济体,其政策明显内顾并滑向贸易保护主义和单边主义,或将导致美国对世界经济增长的带动作用减弱,而中国重信守诺进一步扩大对外开放,未来对世界经济增长引擎的作用将会进一步凸显。美国对外贸易谈判出现从"多边"到"双边"转向的趋势,特朗普执政后与加拿大、墨西哥、韩国、日本重新谈判了贸易协定,2020年5月5日与英国开启贸易协定谈判,并表达了与欧盟进行贸易谈判的意愿,中美签署的第一阶段经贸协议,也是通过双边谈判方式完成。此外,美国持续将世界贸易组织边缘化,阻挠世界贸易组织争端解决机构法官人选遴选,并试图以"贸易主权"的名义规避世界贸易组织规则,同时又渴望进行使其利益最大化的世界贸易组织改革,这将使以规则为基础的多边贸易体系作为谈判、争端解决平台的作用大为减弱。美国去全球化的"引领"行为对迫切需要变革的全球经济治理体系产生何种深远影响,是否会催化区域经济治理合作的加速,值得继续密切关注。